"十四五"职业教育国家规划教材

高等职业教育商科类专业群

物流类专业新目录·新专标配套教材

U0610192

icve
智慧职教 高等职业教育在线开放课程
新形态一体化教材

运输管理实务

（第四版）

主编　井　颖

　　　　乔　骏

中国教育出版传媒集团

高等教育出版社·北京

内容提要

本书是"十四五"职业教育国家规划教材。

随着职业教育的快速发展，市场对人才培养提出了新要求。"1+X"人才培养模式的落地，数字化教学服务的提升，以及物流行业的新趋势、新技术、新变化，使教材的修订势在必行。

本书包括九章内容，讲述了运输管理基础知识，系统介绍了公路货物运输、水路货物运输、铁路货物运输、航空货物运输及管道运输五种基本货物运输方式和多式联运高级运输组织方式，以及作为物流管理人员应掌握的货物运输保险与货物运输合同、运输决策与管理方面的知识。

本书可以作为高等职业教育专科、本科院校和应用型本科院校物流类及其他相关专业的教材，也可以作为社会物流从业人士的参考读物。

图书在版编目（CIP）数据

运输管理实务 / 井颖, 乔骏主编. -- 4版. -- 北京:
高等教育出版社, 2020.9（2024.1重印）
ISBN 978-7-04-054666-8

Ⅰ.①运… Ⅱ.①井… ②乔… Ⅲ.①交通运输管理
–高等职业教育–教材 Ⅳ.①F502

中国版本图书馆CIP数据核字(2020)第126571号

运输管理实务（第四版）
YUNSHU GUANLI SHIWU

策划编辑 康　蓉　责任编辑 贾若曦　封面设计 赵　阳　版式设计 赵　阳
插图绘制 黄云燕　责任校对 张　薇　责任印制 朱　琦

出版发行　高等教育出版社　　社址　北京市西城区德外大街 4 号　邮政编码 100120
购书热线　010-58581118　　咨询电话 400-810-0598
网址　http://www.hep.edu.cn　　http://www.hep.com.cn
网上订购　http://www.hepmall.com.cn　　http://www.hepmall.com　　http://www.hepmall.cn

印刷　天津鑫丰华印务有限公司　　开本　787mm×1092mm 1/16　印张 20.25
字数　410 千字　　插页 1　版次 2005 年 4 月第 1 版　2020 年 9 月第 4 版　印次 2024 年 1 月第 7 次印刷
定价　49.80 元

第四版前言

党的二十大报告指出："坚持把发展经济的着力点放在实体经济上，推进新型工业化，加快建设制造强国、质量强国、航天强国、交通强国、网络强国、数字中国。"交通运输是国民经济基础性、战略性、先导性产业，是服务构建新发展格局的重要支撑。随着综合交通运输体系的不断完善，交通支撑实体经济降本增效的能力也将不断提升。目前，我国进入了以转型升级为主线的现代物流发展阶段，物流业在国民经济中的产业地位稳步提升，在经济发展中的重要作用和战略地位亦将日趋明显。运输作为国民经济的基础产业和关系国计民生的服务性行业，要建设布局合理、功能完备、有效衔接的交通运输体系，营造公平、公正、公开的交通运输市场环境，提供畅通、高效、安全、绿色的优质文明服务。

运输是物流系统的核心功能之一，其组织方式是否合理及组织技术是否先进，直接决定了物流系统是否能够合理配置生产力要素、降低社会成本等功能的发挥。因此，运输管理在社会经济和物流系统中的突出作用显而易见。在智慧物流新时代，物流专业人才掌握运输管理的新理念、新技术、新方法是做好运输管理工作的前提和基础。

本书于2023年被评为"十四五"职业教育国家规划教材。自出版以来，得到了全国各职业院校师生的一致好评。但随着职业教育的快速发展，市场对人才提出了新要求。"1+X"人才培养模式的落地，课程思政的强化，数字化教学服务的提升，致使教材的修订势在必行。

本次修订是以高等职业教育人才培养目标为出发点，在保留上一版精华的基础上，以党的二十大提出的"育人的根本在于立德。全面贯彻党的教育方针，落实立德树人根本任务，培养德智体美劳全面发展的社会主义建设者和接班人"为指导思想，根据物流管理技能人才所需的职业素养，在教材各章知识目标和能力目标的基础上，新增了具有育人功能的素养目标；在内容设计上，本书以公路运输、水路运输、铁路运输、航空运输和管道运输五种运输方式为基础脉络，更新和完善货物运输管理中的基本概念、原理、运输组织环节的具体操作、单证的缮制、货物保险、运输合同等实务内容。

本书采用校企双元合作开发的作者团队，编写人员与企业专业人士合作，深入物流企业收集、整理第一手资料，以保障教材内容的更新和实用。为了保证内容的丰富，本书保留知识链接模块并更新了相关内容，以拓展读者的知识面，保持阅读的趣味性。

本次修订由山东商业职业技术学院井颖、乔骏担任主编，李娜、李丹蓉、姚微担任副主编。参与编写的还有山东商业职业技术学院陈明泉。在本书编写过程中，得到中储发展股份有限公司青岛分公司、山东宇鑫物流有限公司等企业专家的大力支持。

　　本书在编写过程中，参考的书籍、文献资料均已在参考文献中列出。个别引证由于转载等原因没有列明出处，深表歉意。在此谨向文献资料的作者以及专家学者表示衷心的感谢。

　　鉴于编者团队水平有限，书中难免存在疏漏与不足，恳请业内专家学者和广大读者多提宝贵意见和建议，以便再版时修改，使其日臻完善。

编　者

2023年6月

第一版前言

本书是高等教育出版社组织编写的高职、高专物流专业系列教材之一。

物的流通与人类的生产和生活有着密切的联系，交通运输是现代物流体系中的重要环节，如何利用现有条件组织运输，使物体在流通过程中的运送时间、运输质量和运输成本趋于合理，是现代物流领域不可忽视的课题。

公路运输、铁路运输、水路运输、航空运输和管道运输是现代社会中交通运输的主要方式。由多种运输形式共同组成的综合运输网络已成为现代经济和社会发展中不可缺少的重要组成部分。交通运输不仅在现代物流中占有重要地位，而且是国民经济的基础设施和支柱产业。本书系统地介绍了五种运输方式的概况和发展趋势，简要地叙述了各种运输方式的设施与设备，阐述了各运输系统、综合运输和多式联运的运输能力、组织与管理、运输质量的评价、运输成本核算以及智能运输的发展。

集装箱运输在交通运输领域起着越来越重要的作用，考虑到在系列教材中有一本专门介绍集装箱运输的教材，为避免重复，书中有关集装箱运输的内容尽量减少。高职、高专以培养适应生产、建设、管理、服务第一线需要的高等技术应用性专门人才为目标，为了突出高职、高专教材特色，在本书编写过程中，尽量减少具体运输设备的技术细节和公式推导、论证，突出教材的应用性、通俗性和趣味性，使教材不仅适用于高职、高专物流专业的学生，而且适用于从事实际工作的人员参考。

本书由季永青主编，屠群锋主审，各章的主要编写人员是，季永青：绪论、第二章、第四章、第五章、第七章和第九章；刘长利：第一章和第六章；曹建华：第三章和第八章；曾宪培：第十章。全书由季永青统稿、定稿。

在本书的编写过程中，浙江交通职业技术学院、辽宁交通高等专科学校和广东交通职业技术学院的有关部门和老师给予了大力支持，特别是浙江交通职业技术学院的孟初阳老师为本书的编写提供了大量的资料和很多宝贵意见；高等教育出版社对本书的出版极为重视，对保证质量、及时出版做了大量的工作，在此谨向以上同志和单位表示衷心感谢。

由于时间仓促，水平有限，书中的错误之处，敬请读者批评指正。

主　编
2005 年 4 月

目 录

01

Chapter

第一章

运输管理基础知识

知识目标

- 掌握运输的概念与功能
- 了解运输系统的构成要素
- 理解运输合理化的含义
- 掌握运输成本的构成
- 掌握运输定价的方法

技能目标

- 能够正确选择运输方式
- 能够进行运输合理化分析
- 能够分析计算运输成本
- 能够进行运输定价

素养目标

- 个人发展与货运强国梦相结合，承担物流人的使命与担当
- 培养学生的家国情怀，增强爱国主义精神

● 思维导图

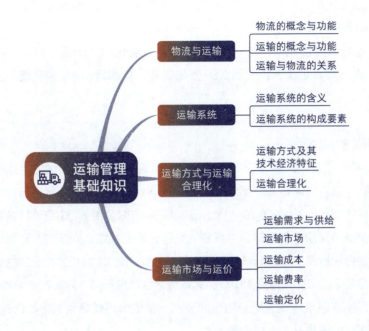

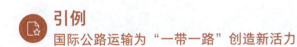
引例
国际公路运输为"一带一路"创造新活力

　　2019年3月13日，司机张建驾驶的重型载重卡车从中国广东佛山出发，踏上了跨越亚欧大陆的旅程。3月17日，卡车驶出中国口岸，3月29日抵达西班牙阿利坎特市，实现了货物的"门到门"运输。

　　得益于"一带一路"建设的最新成果，这趟13 600多千米的旅程，海关手续极大简化，仅用16天就完成了。张建说："以前去中亚国家运货，要接受各国海关的检查，每过一个海关就要开箱、验货、打铅封，如果再赶上货车排长队过关，过一次海关就得用3天。其实只要中途不验货、不开封，公路运输的速度可以相当快。"

　　为了推进"一带一路"建设，中国于2016年7月加入联合国《国际公路运输公约》（简称《TIR公约》）。2018年5月，公约正式在中国落地实施。获得TIR运输资质的企业，可以仅凭一张单据就在同样实施TIR公约的60多个国家间畅通无阻，只需要接受始发地和目的地国家的海关检查，途经国海关一般情况下不再开箱查验。

　　从法国公司代理销售润滑油的某国际贸易有限公司，有了TIR运输后，由于"运输时间更短"，公司"仓储成本更低、资金流转更快、市场反应能力更强"了。以前公司进货都走海运，从天津港上岸，再转火车或卡车运输，至少40天，有时两个月才能到公司。后来用火车运输，也要二十三四天才能到货。使用TIR运输，12天就从法国巴黎拉回了12吨润滑油，速度比海运快且价格便宜许多，比铁路略贵，但时间节省一半。

中国商务部数据显示，2013年至2022年，我国与"一带一路"沿线国家货物贸易额从1.04万亿美元扩大到2.07万亿美元，年均增长8%并且逐步实现高质量发展。

【引例分析】

TIR系统是建立在联合国公约基础上的国际跨境货物运输领域的全球性海关便利通关系统，目前全球有73个缔约国，其中大多数位于丝绸之路经济带沿线重要地区，我国是《TIR公约》的第70个缔约国。基于《TIR公约》框架下的TIR系统是目前唯一的全球性跨境货物运输通关系统，涵盖公路、铁路、内陆河流、海运等多式联运。经联合国授权，由国际道路运输联盟（IRU）管理TIR系统在全球的运作。其中，对陆路运输的促进作用更为明显，尤其适合货品单价高、对时效要求高的企业。

运输是物流系统中最为重要的构成要素，是成本消耗最大的物流活动。因此，运输合理化有助于提升企业核心竞争力。

第一节
物流与运输

一、物流的概念与功能

党的二十大报告指出：加快构建新发展格局，着力推动高质量发展。从20世纪80年代初现代物流概念引入我国开始，历经40多年的发展，我国的物流业规模全球领先。进入新发展阶段，现代物流要实现高质量发展，就要围绕供需适配、内外联通、安全高效、智慧绿色的现代物流发展目标，构筑现代物流发展的新格局。在中华人民共和国国家标准《物流术语》（GB/T 18354-2021）中，物流是指根据实际需要，将运输、储存、装卸、搬运、包装、流通加工、配送、信息处理等基本功能实施有机结合，使物品从供应地向接收地进行实体流动的过程。从其概念中可以看出，物流系统有机地结合了运输、储存、装卸、搬运、包装、流通加工、配送、信息收集和处理等活动。

根据经济学的观点，物流能够为顾客提供时间效用和空间效用，这是因为物流具备一些基本功能，这些基本功能的有效组合，便能高效益、低成本地实现物流系统的总目标。物流的基本功能见表1-1。

表1-1 物流的基本功能

功能要素	功 能
运输	使用设施和工具，将物品从一个地点向另一个地点运送的物流活动
储存	对物资的保护、管理和储藏，可以调节产品供给与需求的不同步
搬运	将物品以人力或机械装入运输设备或卸下以及同一场所内物品的水平搬运
包装	指工业包装或外包装，以及在物流过程中的换装、分装、再包装等活动
流通加工	物品从生产地到使用地的过程中，根据需要施加包装、分割、计量、分拣、刷标志、拴标签、组装等简单作业
配送	根据客户要求，对物品进行拣选、加工、包装、分割组配等作业，并按时送达指定地点
信息收集和处理	对与物流有关的计划、预测、动态信息及有关生产、市场、成本等方面的信息进行收集和处理，使物流活动能有效、顺利地进行

二、运输的概念与功能

在中华人民共和国《物流术语》（GB/T 18354-2021）中，运输是指利用载运工具、设施设备及人力等运力资源，使货物在较大空间上产生位置移动的活动。当产品因从一个地方转移到另一个地方而价值增加时，运输就创造了空间效用；时间效用则是指这种服务在需要的时候发生。所谓运力，是指由运输设施、路线、设备、工具和人力组成的，具有从事运输活动能力的系统。关于人的运输称为客运，关于货物的运输称为货运。本书所讨论的运输专指货运，其中包括集货、分配、搬运、中转、装入、卸下、分散等一系列活动。

物质产品的生产目的是满足社会的各种需求，物质产品在未进入消费领域之前，它的使用价值只是一种潜在的可能性。一般来说，物质产品的生产地和消费地是不一致的，即存在位置背离，只有消除这种位置背离，物质产品的使用价值才能实现。也就是说，物质产品只有通过运输才能进入消费领域，从而达到实现物质产品的使用价值，满足各种社会需求的目的，所以运输的功能主要体现在两个方面。

（一）产品转移

无论产品处于哪种形式，是材料、零部件、装配件，还是在制品或是流通中的商品，运输都是必不可少的。运输的主要功能就是使产品在价值链中移动，即通过改变产品的地点与位置，消除产品的生产与消费之间的空间位置上的背离，或将产品从效用价值低的地方转移到效用价值高的地方，创造出产品的空间效用。另外，因为运输的主要目的是以最少的时间完成从原产地到规定地点的转移，使产品在需要的时间内到达目的地，创造出产品的时间效用。因此，可以说运输过程是一个增值过程，是通过创造空间效用和时间效用来提高产品价值的。

（二）产品储存

如果转移中的产品需要储存，且在短时间内又将重新转移，而卸货和装货的成本费用也许会超过储存在运输工具中的费用，这时，可将运输工具作为暂时的储存场所。所以，运输也具有临时的储存功能。通常在下列几种情况下，需要将运输工具作为临时储存场所：一是货物处于转移中，运输的目的地发生改变时，产品需要临时储存，这时，采取改道是产品短期储存的一种方法；二是起始地或目的地仓库储存能力有限的情况下，将货物装上运输工具，采用迂回线路运往目的地。诚然，用运输工具储存货物可能是昂贵的，但如果综合考虑总成本，包括运输途中的装卸成本、储存能力的限制、装卸的损耗或延长时间等，那么，选择运输工具作短期储存往往是合理的，有时甚至是必要的。

三、运输与物流的关系

运输工具的进步，有效缩短了供应者和消费者之间的经济距离，使得经济活动范围越来越大，运输支持了社会分工和社会交换的不断扩大。物流系统要提升自己增加物质产品空间效用和时间效用的功能，必须依靠运输、包装、装卸、储存和信息等要素，其中运输是最重要的物流构成要素之一，或者说是物流的主干。运输是把物流系统连接在一起的纽带，其为物质产品在空间进行移动，为实现或增加其价值和使用价值提供了基础。要使物流快速而有效地完成，必须具备良好的运输条件。运输是物流中不可缺少的组成部分，没有运输就没有物流。

运输的发展和进步对社会物流结构的变化具有重要影响。随着现代运输工具的不断更新与进步，运输的运能、速度、可靠性和运输频率极大提高，从而保证了大工业原材料的充足供应，促使原材料供货者承担了储存的职能，原材料需求者则实现了原材料的"零库存生产"目标。"零库存生产"的管理理念对运输系统提出了效率和可靠性方面的更高要求，运输业通过本身经营组织方式的不断完善，已成为高效物流体系的有机组成部分。

（一）运输与物流的内在联系

1. 运输是物流的重要构成要素

运输是物流企业发展的基础，没有运输就没有物质资料的移动。运输是物流作业中最重要的要素之一，与物流的其他构成要素关系密切，影响物流其他要素的实现。

（1）运输与包装。物流过程中物质包装材料、包装规格、包装方法的选择都要考虑与运输方式的衔接。

（2）运输与装卸。运输活动必然伴随着装卸活动。一般来说，运输发生一次，往往伴随着两次装卸活动，即运输前后的装卸作业。货物在运输前的装车、装船等活动是完成运输的先决条件，此时，装卸质量的好坏将对运输产生巨大的影响。装卸工作组织得力，装卸活动开展顺利，都可以使运输工作顺利进行。当货物通过运输到达所应到达的地点后，装卸作业为最终运输方式的衔接环节，当一种运输方式变为另一种运输方式时，如铁路运输变为公路运输、水路运输变为铁路运输等，都必须依赖装卸作为运输方式变更的必要衔接手段。

（3）运输与储存。储存保管是货物暂时停滞的状态，是货物投入消费前的准备。货物的储存量虽直接决定于需求量（即使用量），但货物的运输给储存也带来了重大影响。当仓储中储存一定数量的货物而消费领域又急需该货物时，运输就成了关键。如果运输活动组织不善或者运输工具不得力，那么就会延长货物在仓储中的储存时间，这无疑会增大货物储存量，而且还会造成货物消耗增大。

（4）运输与配送。在企业的物流活动中，将货物大批量、长距离地从生产厂直接送达客户或配送中心称为运输；货物再从配送中心就近发送到地区内各客户手中称为配送。

2. 运输合理化是物流系统合理化的关键

运输合理化是指在各种物流系统合理化的基础上形成的最优物流系统总体功能，即系统以尽可能低的成本创造更多的空间效用、时间效用、形式效用。运输是各功能的基础与核心，直接影响着物流子系统，只有运输合理化，才能使物流结构更加合理，总体功能更优，因此，运输合理化是物流系统合理化的关键。

3. 运输促进物流的发展

运输基础设施的发展为物流的发展提供了条件，而物流的发展对货物运输提出了更多要求，促使运输企业的发展转型。近年来，我国交通运输基础设施有了很大发展，集装箱运输业发展迅速，铁路、公路、水运以及国际集装箱多式联运系统正在不断发展和完善，为我国进一步开展物流服务奠定了必要的基础。我国未来的发展规划强调交通运输在国民经济发展中的重要作用，并将进一步开放运输市场，加大对交通运输基础设施的投资力度，加速交通运输基础设施的建设，如修建高速公路、高速铁路，扩建港口和集装箱码头，以及发展集装箱专用车、船等。这些措施为我国物流业的发展创造了有利的条件。

（二）物流与运输的区别

1. 物流是超出运输范畴的系统化管理

物流管理系统的建立和运转，是以服务于生产、流通、消费的全部过程为出发点的。物流系统根据生产企业的供应渠道、生产过程，以及销售渠道，从生产和流通企业中获得的价值远远大于运输的收益。

2. 物流不同于运输只注重实物的流动，同时还关注着信息流和增值流的同步联动

信息流不仅通过电子或纸质媒介反映产品的运送、收取，更重要的是反映市场做出的对物流质量的评价。增值流是指物流所创造的形态效用（通过生产、制造或组装过程实现商品的增值）、地点效用（原材料、半成品或产成品从供给方到需求方的位置转移）和时间效用（商品或服务在客户需要的时间准确地送到）。

3. 物流的出发点是以生产企业和流通企业的利益为中心，运输只是物流管理控制的必要环节，处于从属地位

有物流必然有运输，而再完善的运输也不是物流。运输企业要开展物流，必须主动服务于工商企业产品的生产和销售，服务于产品的市场竞争和利益，主动开展物流市场调查和市场预测，到工商企业中做好推销、宣传等业务，根据工商企业的需要，为其提供全方位的物流服务。

4. 物流的管理观念比运输更先进

现代物流对用户追求高质量无极限的服务，即在服务过程中，凡是用户不满意的地方都要进行改进完善，凡是用户嫌麻烦的事情都尽量去做，一切以满足用户的需要为服务目标，主动开展物流市场调查和市场预测，积极做好推销、宣传工作，并且在不断改进服务质量的附加工作中，寻求与发现新的服务项目或服务产品，为企业带来更多的商机和更高的回报。因此，从服务理念上来说，物流也突破了运输的服务理念，再高质量的运输也不可能具备服务的延伸性，因而物流获取的附加值也远大于运输的回报。

5. 物流比运输更重视先进技术的应用

因为现代物流追求的是服务质量的不断提高，物流系统综合功能的不断完善，总成本的不断降低和服务的网络化、规模化，因此，使用GPS（全球卫星定位系统）对物流的全过程进行实时监控、实时货物跟踪和实时调度是很有必要的。为了与用户特别是与长期合作的主要用户保持密切联系，建立EDI（电子数据交换）系统也是现代物流向专业化方向发展的必备条件。而自动装卸机械、自动化立体仓库、自动堆垛机和先进适用的信息系统更是现代物流朝着专业化、一体化、规模化、网络化发展的必然趋势，这些是无论怎样完善的运输系统都无法相比的。

📺 知识链接

"效益背反"又称为二律背反，即两个相互排斥而又被认为是同样正确的命题之间的矛盾。物流成本的效益背反规律或二律背反效应又被称为物流成本交替损益（trade off），是指在物流的各要素间，物流成本此消彼长。

"效益背反"是物流领域中很普遍的现象，是这一领域中内部矛盾的反映和表现。这是一种此长彼消、此盈彼亏的现象，虽然在许多领域中这种现象都是存在着的，但物流领域中，这个问题似乎尤其严重。"效益背反"说有许多有力的实证予以支持。例如，包装问题，在产品销售市场和销售价格皆不变的前提下，假定其他成本因素也不变，那么包装方面每少花一分钱，这一分钱就必然转到收益上来，包装越省，利润则越高。但是，一旦商品进入流通之后，如果简单的包装降低了产品的防护效果，造成了大量损失，就会造成储存、装卸、运输功能要素的工作劣质化和效益大减。显然，包装活动的效益是以其他的损失为代价的。我国流通领域每年因包装不善出现的上百亿的商品损失，就是这种效益背反的实证。

第二节
运输系统

一、运输系统的含义

运输系统是指与运输活动相关的各种因素组成的整体。运输系统的划分方式不同，形成的运输系统也不同。按照运输领域不同，运输系统有生产领域的运输系统和流通领域的运输系统；按照运输性质不同，运输系统有自营运输系统、营业运输系统、公共运输系统；按照运输方式不同，运输系统有公路运输系统、铁路运输系统、水路运输系统、航空运输系统、管道运输系统等。

随着经济的发展和科学技术的进步，交通运输业也从各种运输方式单独作业向互相合作、合理分工的方向发展，先进的运输设施设备、现代科学技术、高效的组织管理方法越来越广泛地应用到运输领域，使得运输系统各要素和各环节之间的关系更加协调统一，运输效率和服务质量不断提高，现代运输系统已经逐渐朝着合理、高效、经济、优质的综合运输系统方向发展。

二、运输系统的构成要素

（一）运输线路

运输线路是运输系统中的基础设施，是运输工具定向移动的通道。在现代运输系统中，主要的运输线路有公路、铁路、航线和管道。公路和铁路是陆上运输线路，除了引导运输工具定向行驶外，还需要承受运输工具、货物和人的重量；航线分空运航线和水运航线，主要起引导运输工具定向行驶的作用，并为运输工具、货物等提供一定的浮力；管道是相对特殊的运输线路，由于它是密闭的，所以既是运输工具，又具有引导货物流动的作用。

（二）运输节点

运输节点是指分布在运输线路上的，承担运输业务办理、货物集散、运输工具维修、不同运输方式衔接等职能的场所。如公路运输线上的货运站、停车场，铁路运输线上的货运站、区段站，水路运输线上的港口、码头，航空运输线上的空港，管道运输线上的管道站等，都属于运输节点。

（三）运输工具

运输工具是指在运输线路上用于载货并使其发生位移的装置与设备。运输工具是保证运输得以进行的基础设备。根据从事运送的独立程度，可以把运输工具分为：① 仅提供动力，不具有装载货物容器的运输工具，如汽车牵引车、铁路机车、拖船等；② 没有动力，但具有装载货物容器的运输工具，如挂车、车厢、驳船等；③ 有动力，且具有装载容器的运输工具，如飞机、油轮等。前两种运输工具必须配合使用才能完成运输任务。

管道运输是一种相对独特的运输方式，它的动力装置与载货容器的组合比较特殊，载货容器为干管，动力装置为动力泵站，设备总是固定在特定的空间内，不能像其他运输工具一样移动，所以可以把动力泵站和干管视为运输工具。

（四）运输对象及运输参与者

货物是物流运输活动的对象，但是货物本身不能做出是否参与运输的决定，所以运输活动是否进行需要由运输参与者做出决定。运输活动的具体参与者主要包括货物所有者、货物承运人、货物运输代理人等。

1. 货物所有者

货物所有者是指货物托运人和收货人，托运人和收货人有时是同一主体，有时是两方。货物所有者希望在方便获取运输信息的情况下，以尽可能少的费用支出，在规定的时间内，将货物安全地从托运地运送到指定的收货地。

2. 货物承运人

货物承运人是指使用运输工具从事货物运输并与托运人订立货物运输合同的经营者。承运人应根据承运货物的需要，按货物的不同特性，提供技术状况良好、经济适用的运输工具，并能根据委托人的要求，合理地组织运输和配送。承运人可以是各类运输公司、物流公司或者运输代理人等。

3. 货物运输代理人

货物运输代理人，简称货运代理人，是指以自己的名义承揽货物并分别与托运人、承运人订立货物运输合同的经营者。货运代理人以承运人身份签署运单时，应承担承运人责任；以托运人身份托运货物时，应承担托运人的责任。货运代理人的优势在于能把不同托运人小批量的货物集中到一起，委托给承运人运输，并可以把运输到目的地的大批量货物按运单拆分开，送交给不同的收货人。

第三节
运输方式与运输合理化

一、运输方式及其技术经济特征

运输决策的一个重要内容是根据运输商品对运输时间与运输条件的具体要求，选择适当的运输方式和运输工具，使企业能用最少的时间，走最短的路线，花最少的费用，安全地把商品从生产地运送到销售地。

货物的运输方式很多，根据使用的运输工具不同，可以分成如图1-1所示的几种。

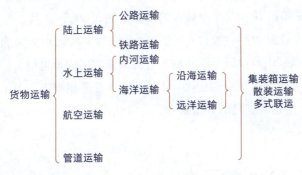

图1-1　货物运输方式

各种运输方式的技术经济特征，主要从以下几方面考察。

（一）运输速度

运输速度是指单位时间内的运输距离。决定各种运输方式的运输速度的一个主要因素是各种运输载体能达到的最高技术速度。目前我国各种运输方式的技术速度分别是：航空运输最快，达到900 ~ 1 000 km/h；铁路运输达到80 ~ 250 km/h；公路运输达到80 ~ 120 km/h；水路运输速度慢、准时性差，海运10 ~ 30 n mile/h（节），河运8 ~ 20 km/h。在运输实践中，由于考虑交通环境、安全、经济等因素，各种运输方式的服务速度低于运输载体的技术速度。

（二）运输成本

运输成本主要由四部分构成：基础设施成本、转运设备成本、营运成本和作业成本。这四种成本在各种运输方式之间存在较大差异，因此，评价各种运输方式的成本水平要考虑多种因素。铁路运输的固定成本很高，但变动成本相对较低，使得近距离的运费较高，对于批量大、运输距离长的货物，运费比较低，适合进行距离长、运输量大、时间性强、可靠性要求高的货物运输。道路运输固定成本低，变动成本相对较高，中小批量商品在一般公路上进行近距离运输，在高速公路上进行中长距离运输时，运费较低。水路运输成本低，沿海运输成本只有铁路的40%，长江干线运输成本只有铁路的84%。在运输大宗货物或散装货物时，采用专用的船舶运输，可以取得更好的技术经济效果，但搬运和装卸费用高，装卸作业量大。航空运输成本高，适用于价值高、重量轻、易损的商品及鲜活商品、急需商品的运输。管道运输耗能少、成本低、效益好、专用性强，适合于大批量不间断的气体、液体和部分固体粉末货物的运输。

（三）运输工具的容量及线路的运输能力

由于技术及经济的原因，各种运输方式的运载工具都有其适当的容量范围，从而决定了运输线路的运输能力。水路运输是运输能力最强的运输方式，从几千吨到几十万吨的船舶都有，世界上最大的油船已超过50万t。其次是铁路运输，铁路货车运载量一般为60 ~ 100 t，一般货物运输列车的运输能力通常在4 000 t左右，重载列车可装20 000 t以上的货物；管道运输的运输量也很大，国外一条直径720 mm的输煤管道，一年可输送煤炭2 000万t，几乎相当于一条单线铁路单方向的输送能力。公路运载工具的容量最小，通常载重量是5 ~ 10 t。航空运输的运输能力也相对较小。

（四）运输灵活性

运输灵活性是指一种运输方式在任意给定两点间的服务能力。道路运输的灵活性最大，因为它能直接连接起点和终点，可以选择不同的行车路线，灵活制定营运时间表，服务便利，实现门到门运输，市场覆盖率高。水路运输营运范围受到江河湖海地理分布的限制。航空运输需要航空港设施。铁路运输需要站场设施，只能在固定线路上实现运输，且要与其他运输手段配合衔接。管道运输不易随便扩展管道，服务的地理区域十分有限，灵活性相对较差。

（五）运输经济性

运输经济性是指单位运输距离所支付费用的多少。运输的经济性与运输距离有紧密的关系，不同运输方式的运输距离与成本之间的关系有一定的差异。铁路的运输距离增加幅度要大于成本上升幅度，而公路则相反。从国际惯例来看，300 km以内被称为短距离运输，该距离内的货运量应该尽量分流给公路运输，300 ~ 500 km以内的运输主要选择铁路运输，500 km以上的运输则选择水路运输。各种运输方式的技术经济特点见表1-2。

表1-2　各种运输方式技术经济特点的对比

运输方式	技术经济特点	适运对象
公路运输	固定成本低、变动成本相对高，占用土地多，机动灵活，适应性强，短途运输速度快，空气污染严重	短途货物、零担货物运输，其他运输方式的集散运输
铁路运输	初始投资大，运输容量大，成本低廉，占用土地多，连续性强，可靠性好	大宗货物、散件杂货等中长途运输
水路运输	运输能力大，成本低廉，速度慢，连续性差，能源消耗及土地占用较少，灵活性不强	中长途大宗货物运输，国际海上货物运输
航空运输	速度快，成本高，空气和噪声污染重	中长途货物、贵重货物、鲜活货物运输
管道运输	占用土地少，运输能力强，成本低廉，能不间断连续输送，灵活性差	长期稳定的液体、气体、固体浆化物的运输

（六）环境保护

运输业是造成环境污染的主要产业，产生环境污染的主要原因有两方面：一是空间位置的移动所消耗的能源及运输工具与空气发生接触带来的噪声振动和大气污染等；二是交通设施建设对自然环境的影响，如汽车运输排放的尾气，油船溢油污染海洋，公路建设占用土地。

二、运输合理化

（一）不合理运输

不合理运输是指违背"及时、准确、安全、经济"总要求的运输，是由于忽视各种运输方式的特点、客货对运输的客观要求，不按经济区划或产销区划组织客货调运，从而造成运力浪费、运输时间增加、运费超支等问题。最常见的不合理运输有下列几种类型：

1. 返程或起程空驶

空车无货载是不合理运输最严重的形式。在实际运输组织中，有时候必须调运空车，从管理上不能将其看成是不合理运输。但是，因调运不当、货源计划不周、不采用运输社会化而形成的空驶，是不合理运输的表现。

造成空驶的不合理运输主要有以下几种原因：

（1）能利用社会化的运输体系而不利用，依靠自备车送货提货，易出现单程实车，单程空驶的不合理运输。

（2）由于工作失误或计划不周，造成货源不实，车辆空去空回，形成双程空驶。

（3）由于车辆过分专用，无法搭运回程货，只能单程实车，单程回空周转。

2. 对流运输

对流运输，又称相向运输或交错运输，是指同一种货物或彼此间可以互相代用而又不影响管理、技术及效益的货物，在同一线路上或平行线路上作相对方向的运送，而与对方运程的全部或一部分发生重叠交错的运输。已经制定了合理流向图的产品，一般必须按合理流向的方向运输，但如果与合理流向图指定的方向相反，也属于对流运输。对流运输如图1-2所示。

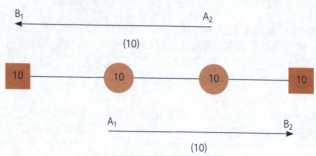

注：○：表示货物发运地，里面的数字表示货物供给量。
　　□：表示货物目的地，里面的数字表示货物需求量。
　　→：表示货物运输方向，下面括号里的数字表示运输里程。

图1-2　对流运输

💻 知识链接

对流运输分为明显对流和隐蔽对流。明显对流指同类或可以互相代替的货物沿着同一线路相向运输；隐蔽对流指同类或可以互相代替的货物以不同运输方式在平行路线上或在不同时间进行相向运输。

3. 迂回运输

迂回运输是舍近求远的一种运输，是可以选取短距离进行运输时却选择路程较长的线路运输的一种不合理形式。迂回运输如图1-3所示。

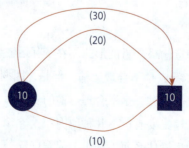

注：○：表示货物发运地，里面的数字表示货物供给量。
　　□：表示货物目的地，里面的数字表示货物需求量。
　　→：表示货物运输方向，下面括号里的数字表示运输里程。

图1-3　迂回运输

4. 重复运输

本来可以直接将货物运到目的地，但是在未达目的地之处或在目的地之外的场所将货卸下，再重复装运送达目的地，这是重复运输的一种形式。另一种形式是，同品种货物在同一地点一面运进，同时又向外运出。

5. 倒流运输

倒流运输是指货物从销售地或中转地向产地或起运地回流的一种运输现象。倒流运输也可看做是隐蔽对流的一种特殊形式。

6. 过远运输

过远运输是指调运物资舍近求远，即近处有资源不调而从远处调。这就造成可采取近程运输而未采取，拉长了货物运输距离的浪费现象。

7. 运力选择不当

运力选择不当是指未利用各种运输工具优势而不正确地选择运输工具造成的不合理现象。常见的有以下形式：

（1）弃水走陆。在同时可以利用水运及陆运时，不利用成本较低的水运或水陆联运，而选择成本较高的铁路运输或汽车运输，使水运优势不能发挥。

（2）铁路、大型船舶的过近运输。未达到铁路及大型船舶的经济运行里程却利用这些运力进行运输的不合理做法。这种方式的主要不合理之处在于火车及大型船舶起运及到达目的地的准备、装卸时间长，且机动灵活性不足，在过近距离中利用，发挥不了运速快的优势。相反，由于装卸时间长，反而会延长运输时间。另外，和小型运输设备相比，火车及大型船舶装卸难度大、费用也较高。

（3）运输工具承载能力选择不当。不根据承运货物数量及重量选择，而盲目选择运输工具，造成过分超载、损坏车辆及货物不满载、浪费运力的现象。尤其是"大马拉小车"现象较为常见。由于装货量小，单位货物运输成本必然增加。

8. 托运方式选择不当

托运方式选择不当是指对于货主而言，可以选择最好的托运方式而未选择，造成运力浪费及费用支出加大的一种不合理现象。

应选择整车而未选择，反而采取零担托运，应当直达而选择了中转运输，应当中转运输而选择了直达运输等都属于这一类型的不合理运输。

9. 无效运输

无效运输是指装运的物资中无使用价值的杂质（如煤炭中的矸石、原油中的水分、矿石中的泥土和沙石）含量过多或含量超过规定标准的运输。

上述各种不合理运输形式都是在特定条件下表现出来的，在判断时必须注意其不合理的前提条件，否则就容易出现错误的判断。例如，同一种产品，商标不同、价格不同，所发生的对流运输不能绝对看成是不合理，因为其中存在市场竞争和优胜劣汰，由于强调表面的对流而不允许出现对流，就会起到保护落后、阻碍竞争的作用。以上对不合理运输的描述是就形式而言的。在实践中，还必须将其放在物流系统中做综合判断，以便有效避免"效益背反"现象，从而优化系统。

（二）运输合理化的要素

运输合理化的影响因素很多，起决定性作用的有五个方面的因素，称作合理运输的"五要素"。

1. 运输距离

在运输时，运输时间、运输货损、运费、车辆或船舶周转等运输的若干技术经济指标，均与运输距离有一定的比例关系，运输距离长短是运输是否合理的一个最基本的因素。

2. 运输环节

每增加一次运输，不仅会增加起运运费和总运费，而且必然要增加运输的附属活动，如装卸、包装等，各项技术经济指标也会因此下降。所以，减少运输环节，尤其是同类运输工具的环节，对合理运输有促进作用。

3. 运输工具

运输工具主要由运输方式决定，如陆运中铁路运输和公路运输的选择。但是同一种运输方式也可以选择不同的运输工具，如公路运输可以选择普通货车或者集装箱货车。对运输工具进行优化选择，按运输工具的特点进行装卸搬运作业，发挥运输工具的作用，也是运输合理化的重要措施。

4. 运输时间

运输是物流过程中需要花费较多时间的环节，尤其是远程运输。在全部物流时间中，运输时间占绝大部分，所以，运输时间的缩短对整个流通时间的缩短有决定性作用。此外，运输时间短，有利于运输工具的加速周转，充分发挥运力的作用；有利于货主资金的周转；有利于运输线路通过能力的提高，对运输合理化有很大贡献。

5. 运输费用

运输费用在全部物流费用中占很大比例，运费高低在很大程度上决定了整个物流系统的竞争能力。实际上，运输费用的降低，无论对货主企业来讲，还是对物流经营企业来讲，都是运输合理化的一个重要目标。

（三）运输合理化的措施

实现运输的合理化可以采取以下途径。

1. 提高运输工具实载率

实载率有两个含义：一是单车实际载重与运距之乘积和标定载重与行驶里程之乘积的比率，这在安排单车、单船运输时，是作为判断装载合理与否的重要指标；二是车船的统计指标，即一定时期内车船实际完成的货物周转量（以吨千米计）占车船载重吨位与行驶公里之乘积的百分比。在计算时车船行驶的千米数，不但包括载货行驶，也包括空驶。

提高实载率的目的是充分利用运输工具的额定能力，减少车船空驶和不满载行驶的时间，减少浪费，从而实现运输合理化。

我国曾在铁路运输上提倡"满载超轴"，其中"满载"的含义就是充分利用货车的容积和载重量，多载货，不空驶，从而达到合理化的目的。当前，国内外开展的"配送"形式，优势就是将多家需要的货物和一家需要的多种货物实行配装，以达到容积和载重充分合理的运用，比起以往自家提货或一家送货车辆大部分空驶的状况，这是运输合理化进展的表现。在铁路运输中，采用整车运输、合装整车、整车分卸及整车零卸等具体措施，都是提高实载率的有效措施。

2. 采取减少动力投入，增加运输能力的有效措施求得合理化

运输的投入主要是能耗和基础设施的建设，在基础设施建设已定型和完成的情况下，尽量减少能源投入是少投入的核心。做到了这一点就能大大节约运费，降低单位货物的运输成本，达到运输合理化的目的。

减少动力投入，增加运输能力的有效措施有以下几种：

（1）"满载超轴"。"超轴"的含义就是在机车能力允许的情况下，多加挂车皮。我国在客运紧张时，也采取加长列车、多挂车皮的办法，在不增加机车的情况下增加运输量。

（2）水运拖排和拖带法。竹、木等物资的运输，利用竹、木本身的浮力，不用运输工具载运，采取拖带法运输，可省去运输工具本身的动力消耗从而实现合理化；将无动力驳船编成一定的队形，一般是"纵列"，用拖轮拖带行驶，可以有比船舶载乘运输运量大的优点，以实现合理化。

（3）顶推法。这是我国内河货运采取的一种有效方法，是将内河驳船编成一定队形，由机动船顶推前进的航行方法。其优点是航行阻力小，顶推量大，速度较快，运输成本很低。

（4）汽车挂车。汽车挂车的原理和船舶拖带、火车加挂基本相同，都是在充分利用动力能力的基础上，增加运输能力。

3. 发展运输社会化体系

运输社会化的含义是发展运输的大生产优势，实行专业分工，打破一家一户自成运输体系的状况。一家一户的运输小生产，车辆自有，自我服务，不能形成规模，且一家一户运量需求有限，难于自我调剂，因而经常容易出现空驶、运力选择不当（因为运输工具有限，选择范围太窄）、不能满载等浪费现象，且配套的接、发货设施，装卸搬运设施也很难有效运行，所以浪费颇大。实行运输社会化，可以统一安排运输工具，避免对流、倒流、空驶、运力不当等多种不合理形式，不仅可以追求组织效益，而且可以追求规模效益。因此，发展运输社会化体系是运输合理化非常重要的措施。

当前火车运输的社会化运输体系已经较完善，而在公路运输中，小生产方式仍

非常普遍，是建立社会化运输体系的重点。

在社会化运输体系中，各种联运体系是其中水平较高的方式，联运方式充分利用面向社会的各种运输系统，通过协议进行一票到底的运输，有效打破了一家一户的小生产模式，受到了欢迎。我国在利用联运社会化运输体系时，创造了"一条龙"货运方式。对产、销地及产、销量都较稳定的产品，事先通过与铁路、交通等社会运输部门签订协议，规定专门的收、到站，专门航线及运输路线，专门船舶和泊位等，有效保证了许多工业产品的稳定运输。

4. 开展中短距离铁路公路分流，"以公代铁"的运输

在公路运输经济里程范围内，或者经过论证，虽超出通常平均经济里程范围但仍可利用公路运输的，尽量利用公路运输。这种运输合理化的表现主要有两点：一是对于比较紧张的铁路运输，用公路分流后，可以得到一定程度的缓解，从而加大这一区段的运输通过能力；二是充分利用公路从门到门和在中途运输中速度快且灵活机动的优势，实现铁路运输服务难以达到的水平。

我国"以公代铁"的现象目前在杂货运输、日用百货运输，以及煤炭运输中较为普遍，一般在200千米以内，有时可达700～1 000千米。山西煤炭外运经认真的技术经济论证，用公路代替铁路运至河北、天津、北京等地是合理的。

5. 尽量发展直达运输

直达运输是追求运输合理化的重要形式，其对合理化的追求要点是通过减少中转过载换载，提高运输速度，省却装卸费用，降低中转货损。直达的优势，在一次运输批量和用户一次需求量达到了一整车时表现最为突出。此外，在生产资料和生活资料运输中，通过直达，建立稳定的产销关系和运输系统，也有利于提高运输的计划水平，用最有效的技术来实现这种稳定运输，从而大大提高运输效率。

特别值得一提的是，如同其他合理化措施一样，直达运输的合理性也是在一定条件下才会有所表现，不能绝对地认为直达一定优于中转。这要根据用户的要求，从物流总体出发做综合判断。如果从用户需求量看，批量大到一定程度，直达是合理的，批量较小时中转是合理的。

6. 配载运输

这是充分利用运输工具载重量和容积，合理安排装载的货物及载运方法以求得运输合理化的一种运输方式。配载运输也是提高运输工具实载率的一种有效形式。配载运输往往是轻重商品的混合配载，在以重质货物运输为主的情况下，搭载一些轻泡货物，如海运矿石、黄沙等重质货物，在舱面捎运木材、毛竹等，铁路运矿石、钢材等重物上面搭运轻泡农、副产品等，在基本不增加运力投入和基本不减少重质货物运输量的情况下，解决了轻泡货的搭运，效果显著。

7. "四就"直拨运输

"四就"直拨运输是减少中转运输环节，力求以最少的中转次数完成运输任务的一种形式。一般批量到站或到港的货物，首先要进入分配部门或批发部门的仓

库，然后再按程序分拨或销售给用户。这样一来，往往出现不合理运输。"四就"直拨，首先是由管理机构预先筹划，然后就厂、就站（码头）、就库、就车（船）将货物分送给用户，而无须再入库。

8. 发展特殊运输技术和运输工具

依靠科技进步是运输合理化的重要途径。例如，专用散装及罐车，解决了粉状、液状物运输损耗大、安全性差等问题；袋鼠式车皮，大型半挂车解决了大型设备整体运输问题；"滚装船"解决了车载货的运输问题；集装箱船比一般船能容纳更多的箱体，集装箱高速直达车船加快了运输速度等，通过先进的科学技术实现运输合理化。

9. 通过流通加工使运输合理化

有不少产品，由于产品本身形态及特性问题，很难实现运输的合理化，如果进行适当加工，就能够有效解决合理运输问题，例如，将造纸材在产地预先加工成干纸浆，然后压缩体积运输，就能解决造纸材运输不满载的问题；轻泡产品预先捆紧并包装成规定尺寸，装车就容易提高装载量；水产品及肉类预先冷冻，就可提高车辆装载率并降低运输损耗。

 知识链接
"四就"直拨的具体形式

主要形式	含　义	具体形式
就厂直拨	物流部门从工厂收购产品，在经厂验收后，不经过中间仓库和不必要的转运环节，直接调拨给销售部门或直接送到车站码头运往目的地的方式	厂际直拨 厂店直拨 厂批直拨 用工厂专用线
就车站、码头直拨	物流部门对外地到达车站或码头的货物，在交通运输部门容许占用货位的时间内，经交接、验收后，直接分拨或运输给各销售部门	直接运往市内各销售部门 直接运往外地要货单位
就仓库直拨	货物发货时越过逐级的层层调拨，省略不必要的中间环节，直接从仓库拨给销售部门	对需要储存保管的货物就仓库直拨 对需要更新库存的货物就仓库直拨 对常年生产、常年销售的货物就仓库直拨 对季节生产、常年销售的货物就仓库直拨
就车船过载直拨	对外地用车、船运入的货物，经交接验收后，不在车站或码头停放，不进库保管，随即通过其他运输工具换装直接运至销售部门	就火车直装汽车 就船直装火车或汽车 就大船过驳小船

第四节
运输市场与运价

一、运输需求与供给

（一）运输需求的概念和特点

运输需求是指在一定时期和价格水平下，社会经济生活在货物与旅客空间位移方面所提供的具有支付能力的需要。运输需求必须具备两个条件，即具有实现位移的愿望和具有支付能力，缺少任何一个条件，都不能构成现实的运输需求。

与市场经济条件下的一般商品需求相比，运输需求的特殊性主要表现在以下几个方面：

1. 运输需求的派生性

市场需求有本源需求与派生需求，本源需求是消费者对最终产品的需求，而派生需求则是由于对某一最终产品的需求而引起的对生产它的某一生产要素的需求。运输活动是产品生产过程在流通领域的继续，它与产品的调配和交易活动紧密相连，因此运输业是工农业生产活动中派生出来的需求。

2. 个别需求的异质性

就整个市场而言，对运输总体的需求是由性质不同、要求各异的个别需求构成的，在运输过程中必须采取相应的措施才能适应这些个别需求的各种要求。它们在经济方面的要求也各不相同，有的要求运价低廉，有的要求送达速度快。因此，掌握和研究这些需求的异质性，是搞好运输市场经营的重要条件。

3. 总体需求的规律性

虽然不同货物的运输需求千差万别。但总体来说还是有一定的规律性，如需求与经济的相关性、货流的规律性等。

（二）运输供给的概念和特点

运输供给是指在一定时期和价格水平下，运输生产者愿意而且能够提供的运输服务的数量。运输供给必须具备两个条件，即运输生产者出售服务的愿望和生产运输服务的能力，缺少任何一个条件，都不能形成有效的运输供给。运输业是一种特殊产业，其产品的供给具有不同于其他产业的特点。

1. 产品的非储存性

运输产品的生产和消费是同时进行的，即运输产品不能脱离生产过程而单独存在，所以不能像工农业那样将产品储存起来，具有非储存性的特点。运输业是通过储存运力来适应市场需求变化的，而运输能力的大小一般按运输高峰的需求设计，具有一定的超前量。运输能力的超前建设与储备对运输市场来说，既可适应市场需求增长的机遇，又可能因市场供过于求而产生风险，因此，保持合理的运力规模是提高运输工具利用率和满足市场需求的重要保证。

2. 运输供给的不平衡性

运输供给的不平衡性既表现在时间上，也表现在空间上。运输需求的季节性不平衡，导致运输供给出现高峰与低谷。由于经济和贸易发展的不平衡性以及各地产业的不同特点，运输供给在不同国家和地区之间也呈现出一定的不平衡性。运输供给的不平衡性还表现在运输方向上：矿区对外运送矿石的运力需求远远大于其他生产及生活资料的向内运输，加上有些运输需求对运输工具的特殊要求等，导致回程运力浪费。由于供给与需求在时间和空间上的差异性所造成的生产与消费的差异，使运输供给必须承担运力损失、空载行驶等经济上的风险。所以，运输活动的经济效果取决于供需在时间与空间上的正确结合，这就要求运输生产者掌握市场信息，搞好生产的组织和调整，运用科学的方法提高经营管理水平。

3. 部分可替代性

运输供给由铁路、公路、水运、航空、管道等多种运输方式和多个运输生产者的生产能力构成。有时可分别由几种运输方式的多个运输生产者完成同一运输对象的空间位移，即运输供给之间存在着替代性，这种替代性构成了运输者之间竞争的基础。同时，由于运输产品在时间和空间上的限制，加之人们对运输服务的经济性、方便性和舒适性的要求等，不同运输方式之间或同一运输方式中的替代性会受到限制，这种限制又使每种运输方式之间或同一运输方式中的具有差别的运输服务都可能在某一领域的运输供给上形成一定程度的垄断。因此，运输供给具有部分可替代性，它的可替代性和不可替代性是同时存在的，而且是有条件限制的，运输市场的供给之间存在竞争也存在垄断。

二、运输市场

运输需求和运输供给构成了运输市场，狭义的运输市场是指运输劳务交换的场所，该场所为旅客、货主、运输业者、运输代理者提供交易的空间。广义的运输市场则包括运输参与各方在交易中所产生的经济活动和经济关系的总和，即运输市场不仅是运输劳务交换的场所，而且包括运输活动的参与者之间、运输部门与其他部门之间的经济关系。

（一）运输市场的构成

运输市场是多层次、多要素的集合体，运输市场由以下几个主要组成部分构成，如图1-4所示。

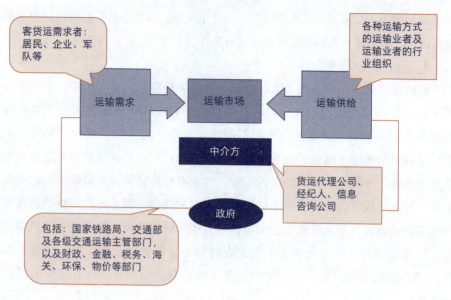

图1-4　运输市场的组成部分

1. 运输需求方

运输需求方是构成运输市场的重要因素。运输的需求方由具有现实或潜在需求的单位、组织和个人组成。运输需求方是运输市场上的买方。运输需求方的总体数量以及单个运输需求者的需求状况决定了运输市场的总体需求规模。

运输市场上的需求方构成比较复杂，包括各类部门、企事业单位和个人。这些需求方在运输需求的质量、数量等方面存在较大差异，客观上形成了不同层次、不同类型的运输需求。

2. 运输供给方

运输供给方指提供各种客货运输服务，满足需求者空间位移要求的各类运输者。运输供给方是运输市场上的卖方，向市场提供各类运输产品。每个运输供给者所提供的运输产品数量和质量，决定于他们所拥有的相关运输资源的数量和质量。运输供给方的构成同样比较复杂，它由具有不同经济性质的企业和不同经营者组成。

运输供给有三层含义：一是由于资源的稀缺性，运输供给在一定条件下是有限的；二是运输供给在不同时空条件下是可以变化的，具有一定弹性；三是随着生产能力的提高和科技进步的加快，运输供给也表现出不断扩大的趋势。

从运输市场上的供需情况来看，不同的运输供给方所提供的运输产品并不一定都能够满足市场需求，这就出现了有效运输供给问题。有效运输供给是符合运输市场需求的供给，由于市场上总存在一部分不符合市场需求的供给，所以有效运输供给小于总的运输供给。运输市场中的供给者并非都提供有效的供给，因此，随着市场的不断变化，运输供给方也在不断调整和变化自己，以使提供的产品更符合运输市场上的需求，提供更多的有效供给。

3. 运输中介方

运输中介方是指为客货运输需求与供给牵线搭桥，提供各种客货运输服务信息及运输代理业务的企业或经纪人。随着经济的不断发展，市场上各种信息越来越多，对于消费者来说，获取有关信息是进行购买的前提和基础。一般来说，运输需求方总是想获得有关信息，达成购买服务质量好、价格又合理的运输产品的协议，这是进行运输购买的前提条件。然而，获取信息是要有代价的，完成交易要付出时间、精力和体力，这种代价对于单个运输需求者来说又可能是比较高昂的，因此，市场客观上需要一种专门从事这项服务的"人"，能够开展这方面的业务，以减少市场交易成本。当运输中介者出现后，越来越多的运输需求者开始把服务要求转向运输中介者。由于运输中介者是专门负责从事专业化的中介服务的，因此，其工作效率相对更高，运输供给者也乐于通过这个专业化的中介机构来扩大市场。

随着运输市场的不断发展，运输中介已经成为市场中不可缺少的阶层或集团。由于专门从事中介活动，运输中介服务成本相对较低，运输中介在扩大市场范围、促进运输交易发展方面也发挥着越来越明显的作用。

4. 政府方

在现代市场经济条件下，政府在经济活动中具有一定的地位和作用，这种地位和作用是其他经济主体不可替代的。在运输市场中，政府对经济的干预是必要的。在运输业方面，运输市场的特点决定了它在某个时期或某些地方有时是极端垄断，而在另一个时期或另一些地方又极富竞争性。过度的垄断和竞争对运输市场都是不利的，有时甚至是灾难性的。如果仅仅依靠市场本身来调节运输供求，决定运输业的发展是不够的，运输市场不能解决所有问题，政府需要在运输市场中发挥必要的作用。

政府在多数情况下并不直接参与企业的具体经营活动，而是通过制定有关法律法规、政策来规范和影响这一市场。在运输市场上，政府代表的是国家和一般公众的利益。

（二）运输市场的特征

我国运输市场除了具有社会主义市场经济的共同特点外，作为市场体系中的一个专业市场，还具有以下几个特征：

1. 运输商品的生产过程和消费过程的同步性

运输商品的生产过程和消费过程是融合在一起的。在运输生产过程中，劳动者不是作用于运输对象，而是作用于交通工具，货物是和运输工具一起运行的，并且随着交通工具的场所变动而改变所在位置。由于运输所创造的产品在生产过程中同时被消费掉，因此不存在任何可以存储、转移或调拨的运输"产成品"。同时，运输产品又具有矢量的特征，不同的到站和发站之间的运输形成不同的运输产品，他们之间不能相互替代。因此，运输劳务的供给只能表现在特定时空的运输能力之中，不能依靠储存或调拨运输产品的方式调节市场供求关系。

2. 运输市场的非固定性

运输市场所提供的运输产品具有运输服务的特性，不像其他工农业产品市场那样有固定的场所和区域生产、销售商品。运输活动在开始提供时只是一种"承诺"，即以货票、运输合同等作为契约保证。随着运输生产过程的进行，通过一定时间和空间的延伸，在运输生产结束时，才将货物位移的实现所形成的运输劳务全部提供给运输需求者。整个市场交换行为并不局限于一时一地，而是具有较强的广泛性、连续性和区域性。

3. 运输需求的多样性及波动性

运输企业以运输劳务的形式服务于社会，服务于运输需求的各个组织或个人。由于运输需求者的经济条件、需求习惯、需求意向等多方面存在比较大的差异，必然会对运输劳务或运输活动过程提出各种不同的要求，从而使运输需求呈现出多样性的特点。农业生产有季节性的特点，因此货物运输需求也有季节性波动，如水果、蔬菜等农产品运输需求的季节性十分明显。由于运输产品无法储存，运输市场供需平衡较难实现。

4. 运输市场容易形成垄断

运输市场容易形成垄断，主要原因有两方面：一是在自然条件和一定生产力水平下，某一运输方式具有技术上的明显优势，使得该运输方式在一定发展阶段形成较强的垄断势力；二是由于历史、政策和巨大的初期投资，其他竞争者不易进入运输市场而容易形成垄断行业。

（三）运输市场的分类

运输市场按照不同的标准，可以有不同的类别。

（1）按照涉及的运输方式划分，运输市场可分为包括两种或两种以上运输方式的不同方式间运输市场，以及某一种方式内的运输市场（如铁路运输市场、公路运输市场、航空运输市场、水路运输市场等）。

（2）按照运输距离的远近划分，运输市场可分为短途运输市场、中途运输市场和长途运输市场等。

（3）按照空间范围划分，运输市场可分为地方运输市场、跨区运输市场和国际运输市场等。

（4）按照运输市场与城乡的关系划分，运输市场可分为市内运输市场、城市间运输市场、农村运输市场和城乡运输市场等。

（5）按照运输市场的客体结构划分，运输市场可分为基本市场和相关市场。

基本市场分为货运市场和客运市场。相关市场分为运输设备租赁市场、运输设备修造市场、运输设备拆卸市场等。

（6）按照竞争性划分，运输市场可以分为垄断运输市场、竞争运输市场、垄断竞争运输市场，以及寡头垄断市场等。这种分类是针对特定时间、特定地点等条件而言的，比如有的运输企业在一些地区是垄断的，在另外一些地区则可能是有竞争性的。

（7）按照时间要求划分，运输市场可分为定期运输市场、不定期运输市场、快捷运输市场等。

上述分类还可以交叉进行，如长途客运市场、短途客运市场，水运长途客运市场、水运短途客运市场，水运长途货运市场、公路长途客运市场，定期船市场、不定期船市场等。

（四）运输市场的结构

运输市场是具有多侧面、多重规律性的经济范畴，因此运输市场的结构也可以从不同的角度，从多方面考察。

1. 运输市场的空间结构

运输市场的空间结构指主体及其所支配的交换对象的活动范围。现实中的运输市场总是具有一定活动空间的市场，各类市场由于其扩散能力和吸引能力大小不同而有所不同。运输市场的空间结构指各等级、各层次的市场空间在整个市场体系中所占的地位及其相互关系。

运输市场的空间结构从大的方面来讲，可以分为三个基本的层次：

（1）区域性的地方运输市场，包括城市运输市场、城间运输市场、农村运输市场、城乡运输市场，以及南方运输市场、北方运输市场等。通常以规模不同的经济区为主，在地域分工和生产专业化的基础上逐步形成，并循序渐进地发展和扩大。

（2）全国统一的运输市场，即以整个国家领土、领空、领海为活动空间，包括各个地区、各种运输方式在内的统一的运输市场。它是以市场经济的充分发展为基础，在区域运输市场充分发展的前提下形成的。

（3）国际运输市场。国际运输市场是随着国际间的商品交换及其他经济社会文化交往的增加而逐步形成的，是国际分工、世界经济的发展和经济生活国际化的必然结果，也是市场经济发展的客观要求和必然趋势。

2. 运输市场的时间结构

运输市场的时间结构指市场主体支配交换客体这一运行轨迹的时间长短，它表现为交换过程的连续性与间断性的统一。在现实的运输市场交易中，市场主体之间对交换对象——运输劳务的权力转移及客货位移，可以有不同的时间轨迹。

一般来说，运输市场按时间结构可包括两种情况：

（1）现货交易市场。指运输市场上出售运输劳务与货币转移是同时进行的，因而也称即期交易，它反映市场主体和交换对象的运动在时间上的同步性。

（2）期货交易市场。期货交易市场是在交易所中进行的，通过签订标准化的运输期货交易合同而成交的运输交易市场。运输期货交易活动是先签订期货交易合同，然后在某一特定时间交易。市场主体之间对运输劳务所有权的转让与客货位移在时间上是分离的，两者不具有同步性，因此与现货交易有很大的不同。

三、运输成本

运输生产的进行，要不断消耗燃料、润滑剂、运行所需物资和零配件，要提取运输工具折旧，支付生产人员工资，还要支付运输权获取和维持费用及企业管理费用等。这些费用是以货币形式表现的在生产过程中所消耗的物化劳动和活化劳动的支出，它们构成了运输企业的成本。

运输服务涉及许多成本，如人工成本、燃油成本、维护成本、端点成本、线路成本、管理成本及其他成本。虽然成本分析主要是承运人关心的事，但由于成本结构影响到运输洽谈的能力，因此在托运人眼里也很重要。运输成本通常可以被划分成以下类别。

（一）固定成本与可变成本

1. 固定成本

固定成本是指短期内不随服务量或运量的变化而变化，但又必须得到补偿的那些费用。固定成本包括获取运输权的成本和维护成本、端点设施成本、运输设备成本和承运人管理成本。之所以将它们归属于固定成本，是因为无论有无运量，这些成本都客观存在。

2. 可变成本

可变成本是指随服务量或运量的变化而变化的费用，只有在进行运输、产生运输服务时才产生的费用。具体而言，可变成本通常包括线路运输成本；端点中与运量相关的成本，如燃油和人工成本；运输工具的维护成本；装卸成本；以及收货、存货和发货成本等。

对固定成本和可变成本的分类并非是一成不变的，如果考察的时期足够长，运量足够大，所有成本都有部分固定特征和部分可变特征。将成本划分到这一类或那一类只是角度不同的问题。但为了对运输服务进行定价，就有必要将在承运人"正常"运量范围内没有变化的成本视作固定成本，其他成本视作可变成本。

（二）联合成本与公共成本

1. 联合成本

联合成本是指决定提供某种特定的运输服务而产生的不可避免的费用。例如，当承运人决定发一卡车的货物从地点A运往地点B时，意味着这项决定中已产生了从地点B至地点A的回程运输的联合成本。于是，这种联合成本要么必须由最初从地点A至地点B的运输弥补，要么必须找一位有回程货的托运人以得到弥补。联合成本对于运输收费有很大的影响，因为承运人索要的运价中必须包括隐含的联合成本，要考虑托运人有无适当的回程货，或者这种回程运输由原先的托运人来弥补。

2. 公共成本

公共成本是承运人代表所有的托运人或某个分市场的托运人支付的费用。公共成本，诸如端点站或管理部门之类的费用，具有企业一般管理费用的特征，通常是按照运输工具的台数、载重量或装运量之类的数目分摊给托运人来承担。我国行政管理部门的各类收费大多属于此类，最终这些费用均需加在运输成本中。

（三）端点成本与线路成本

1. 端点成本

端点成本指在运输过程的起点与终点产生的费用，包括固定成本和与运量有关的装卸、收货、存货和发货成本。

2. 线路成本

线路成本指在运输线路上产生的费用。线路成本通常包括工资、燃料、润滑剂和运输工具的维护成本。线路成本的两个重要的决定性因素是运距和运量。

四、运输费率

运输费率是指在两地间运输某种具体产品时的每单位运输里程或每单位运输重量的运价。运输费率一般由承运人制定并列于费率手册中。

运输费率取决于商品种类、重量、运输距离、服务水平和其他选择性要求。如较坚固的商品费率比易碎商品的费率低，低密度商品单位质量费率比高密度商品单位质量费率高。远距离运输的费率比近距离运输的费率低。货主对服务水平的要求增加了额外费用，例如3天送达比5天送达费率高。选择性要求包括对某次运输的货物集货和配货、部分配送、多据点集货等。不同行业、同一行业不同公司可能使用不同类型的费率形式，这取决于提供的服务类型、费用的分配，为达到特定的目标而采取的定价策略类型等。运输费率的基本形式有如下几种。

1. 基于重量的费率

费率随着运输货物的重量变化而变化，例如邮政费率、快信费率等。采取这种费率的服务费用主要和搬运费用有关，费率在特定的重量点处变化。一般有一个最低费用，如果根据货物重量算出的费用小于最低费用，按最低费用收费。

2. 基于距离的费率

费率随距离和重量的变化而变化，对已给定的重量以线性或非线性形式变化，如整车运输费率。因为这种运输的主要费用与燃料和人力有关，而燃料费随距离的增加而增加，人员费用随时间的增加而增加，所以大多数长途运输费率直接随距离变化。

3. 与需求相关的费率

与需求相关的费率既不取决于重量，也不取决于距离，只是与外部市场需求有关。

4. 契约费率

契约费率是指在货主和承运商之间进行协商的费率。它们一般根据允许的容积、运货时间、服务可靠性、对承运商的印象、商品类型、运输线路等进行协商。

5. 等级费率

等级费率根据运输距离、商品类型而定。根据商品危险程度、不利因素、搬运要求将运输货物分级。不同的运输方式有不同的运输费率表。等级费率不包括提供选择性服务（如要求集货、存储等）的费率。

6. 特殊费率

特殊费率是指在一定时期内，对某些特殊地区或商品实行的费率，可能比正常费率高或低。大宗货运费率一般比非整车装载的费率低。较轻但体积庞大的货物运输费率比正常的或密度大的货物运输费率高。服务水平低的货物运输费率比服务水平高的货物运输费率低。额外服务也将使正常运输费率提高，如半途中要改变目的地，到达目的地后变更收货人、卸货地，运输中途存储及在中间站点部分货物的装卸等，都会使运输费率提高。

五、运输定价

（一）行程费用

在运输定价中，计算行程费用非常关键，行程费用一般由三种费用组成，每种都有不同的特征：第一种是基于载重量的费用，第二种是时间费用，第三种是距离费用。计算公式如下：

行程费用=每次装载费用+每小时功能费用 × 运行时间+每千米功能费用 × 千米数

每次装载费用使用历史费用数据和载货数据进行估计；每小时功能费用以驾驶员工资、利息、折旧及租金、设施费用之和除以人员、设备花费的总时间计算；每千米功能费用以燃油费用、设备维修费用之和除以载货和空载运输的总里程计算。

（二）特殊费用

1. 行程空载费用

行程空载费用的分配及体积或密度系数的调整是特殊运输费用问题中的两个重要方面。行程空载费用的分配可按下述方法折算：

（1）把后面的空程距离加到本次载货运输距离上；

（2）把前面的空程距离加到本次载货运输距离上；

（3）前后两次空程距离的50%分别加到本次载货运输距离上。

2. 混合发载费用

对于车辆的混合发载问题（如货物的一部分是重货，另一些是泡货），要对不同的货物进行不同的费用分配。可以按照下面的步骤安排这种情况：

（1）计算标准密度（载货汽车有效载重量除以车的容积）；

（2）将产品体积通过标准密度转化为重量；

（3）将标准密度下的重量和实际重量相比较，选其中较大的作为收费依据。

（三）运输定价方法

为客户提供运输服务的定价，可以应用以下定价方法。

1. 基于成本的运输定价

基于成本的运输定价包括下面三种方法：

（1）向客户收取发生运输服务的实际成本费用。这种情况大多适用于使用公司内部的运输部门提供运输服务。客户支付运输的实际费用，结果往往造成运输部门把无效的运营费用和不合理的运输费用也全部转嫁给了客户。

（2）按标准费用收取。在这种情况下，无效的运营费用不会转嫁给客户。

（3）收取边际费用。在这种情况下，固定费用作为日常开支不考虑，只收取变动费用。当运能很大时，这种方法比较有效。

2. 基于市场的运输定价

基于市场的运输定价一般可用以下两种方式执行：

（1）按市场上互相竞争的承运人相似服务的费用收取。市场价格可能比实际价格高，也可能比实际价格低，如市场中过剩的运输能力可能会使运输价格降低，因此需要经常进行检测。

（2）按调整后的市场价格进行收费，如果运输组织效率高，调整后的市场价格就会低，反之就高。

3. 两者相结合的运输定价

这种定价方式包括以下两种执行方法：

（1）在运输组织和客户之间先签署一个协议价格。为了使协议更有效，必须有一个可以比较的市场价格，客户也有选择其他承运人的灵活性。

（2）根据运输组织的目标利润定价。在这种方法中，价格等于实际费用或标准费用加上部门的目标利润。

习题与训练

一、名词解释

运输系统　迂回运输　对流运输　货物承运人

二、选择题（1 ~ 2题为多选题，3 ~ 5题为单选题）

1. 运输需求的基本条件是具有（　　　　　）。
   A. 实现位移的愿望
   B. 基本的运输基础设施条件
   C. 基本的运输工具
   D. 基本的运输线路
   E. 支付能力

2. 运输合理化的要素包括（　　　　　）。
   A. 运输距离　　　B. 运输环节　　　C. 运输工具
   D. 运输费率　　　E. 运输定价

3. 运输需求的内在实质表现为运输需求的空间效用和运输需求的（　　　）。
   A. 波动性　　　B. 普遍性　　　C. 派生性　　　D. 经济性

4. 以下（　　）不是"就厂直拨"的具体表现形式。
   A. 厂际直拨　　　B. 厂店直拨　　　C. 厂批直拨　　　D. 就火车直装汽车

5. 运输业只能采取运输供给能力的储备来适应运输市场的变化，这一特点反映了运输供给的（　　）。
   A. 不可替代性　　　B. 不平衡性　　　C. 可存储性　　　D. 不可存储性

三、简答题

1. 简述物流与运输的关系。
2. 说明运输系统的构成要素。
3. 简述不同运输方式有哪些技术经济特征。
4. 简述运输市场的种类。
5. 简述运输合理化可采取的途径。

案例讨论

　　新中国成立70年来，中国基础产业和基础设施实现了重大飞跃，为经济社会持续发展提供了坚实保障，特别是交通运输发展成就斐然。党的二十大报告指出：建成世界最大的高速铁路网、高速公路网。到2022年底，全国铁路营业里程15.5万千米，其中高铁里程4.2万千米，高居世界第一；中国公路总里程已达535万千米，其中高速公路里程达17.7万千米，高居世界第一。2022年末，定期航班航线里程1032.79万千米。

　　中国交通运输网络的完善和服务水平的提高，推动了中国经济运行效率的提升，降低了物流成本，带动了汽车、船舶、冶金、物流、电商、旅游、房地产等相关产业的发展，创造了大量就业岗位。当前，中国正在向交通强国迈进，着力构建安全、便捷、高效、绿色、经济的现代化交通经济体系。

案例研讨：

1. 运输在中国经济发展中的作用是什么？这些作用至今依然重要吗？

2. 谈谈你对运输发展趋势的看法。

本章综合实训

实训1

一、实训名称

认识货物运输。

二、实训目标

1. 通过实地调查和查找资料，加强对运输系统的认识，感受货物运输与经济发展的关系。

2. 掌握一些调研方法和途径，培养研究分析问题的能力。

三、实训内容

1. 认识各种运输工具。

2. 运输合理化的表现。

3. 运输合理化的要求。

四、实训步骤

1. 在某条运输线路（例如公路、铁路线路）上选择一个观测点，对一定时间内通过的货运车辆进行记录。

2. 可以按照车辆行驶方向、重空车、车型等分类记录统计。

3. 查阅与调查内容相关的资料。

4. 学生分组完成以上工作内容。

五、评价标准

1. 学生能够熟悉各种运输工具。

2. 能够进行相关资料的查询。

3. 学生能够对观察到的信息进行分析整理。

六、成果形式

1. 将调研获得的资料做成统计报告，提出结论、观点等。

2. 组织各组进行交流讨论。

3. 各组相互评议、打分，以小组为单位进行成绩评估。

实训 2

一、实训名称

运输方式的选择。

二、实训目标

通过对物流运输基本知识的训练，理解运输的含义，了解运输的功能，清楚五种基本运输方式的特点，了解常见货物（如煤炭、原油、蔬菜、贵重物品等）应该采用的运输方式，清楚运输成本的构成，有效控制运输成本。

三、实训内容

1. 运输的基本功能。

2. 运输方式及运输工具的选择。

3. 运输成本的控制。

四、实训步骤

1. 按技能训练要求有目的地收集、准备资料。

2. 整理相关资料。

3. 通过对下述材料的讨论，检测对运输基本知识的掌握情况。

材料：海南，自然风光秀美，素有"天涯海角"之称。进入12月，当北方已是冰天雪地，海南三亚却依然艳阳高照。海南的气候具有使农作物保持"稻可三熟，菜满四季"的有利条件。今天，无论在什么季节，都可以吃到海南的新鲜水果和蔬菜。

4. 学生选择比较典型的货物运输案例，在课堂上进行讨论。

5. 上交实训作业。将材料分析的结果与学生自己选择的案例分析情况形成书面文稿。

五、评价标准

1. 学生能够熟悉运输的功能、运输方式及工具的选择。

2. 学生有运输成本控制的理念。

3. 学生能够有条理地对自己所选择的案例进行分析。

六、成果形式

实训作业。

02

Chapter

第二章

公路货物运输

知识目标

- 了解各种运载工具
- 掌握货物的概念及货物的分类
- 熟悉公路零担货物运输的含义及工作程序
- 熟悉公路整车货物运输的含义及工作程序
- 了解特殊货物运输的种类及特点

技能目标

- 能够设计公路货运的作业操作流程
- 能够承担零担货运、整车货运等运输的组织工作
- 具备公路货运费用计算的能力

素养目标

- 提高学生知法、守法的意识，坚定支持国家治理违规货运，规范公路货运行业相关政策，养成自觉遵守制度的习惯
- 树立学生"务实、认真、负责、进取、奉献、合作"的职业观

● **思维导图**

公路货物运输概述
- 公路货物运输的基本功能与特点
- 运载工具
- 运输货物

整车货物运输组织
- 整车货物运输的概念
- 整车货物运输的组织形式
- 整车货物运输的一般流程

零担货物运输组织
- 零担货物运输概述
- 零担货物运输的组织形式
- 零担货物运输的一般流程

特种货物运输组织
- 危险货物运输
- 大件货物运输
- 鲜活易腐货物运输
- 贵重货物运输

公路货物运输费用
- 计价标准与类别
- 货物运价价目
- 货物运输其他收费
- 货物运费计算

中心主题：公路货物运输

引例
中国公路货物运输的发展

公路货物运输是我国最主要的也是最重要的货物运输方式。2022年，我国货物运输总量为506亿吨，其中公路货运总量为371.2亿吨，占全年货运总量的73%，远超水路货运总量和铁路货运总量。

我国公路货运行业发展趋势有两方面：一是转变运力结构，通过实施《促进道路货运行业健康稳定发展行动计划（2017—2020年）》，加快第三方物流、冷链运输、集装箱运输等运力发展；推进公铁联运、公水联运、甩挂运输、无车承运人等新兴运输方式，加快公路货运企业转型升级步伐；全国统一治理超限超载和禁用黄标车，增加重型专用车辆，促进运力结构大调整；二是试点"互联网＋"的模式，依托于互联网平台，大力推动大数据、云计算等先进技术在货运物流领域的广泛应用，发展无车承运人模式，提高货运物流的整体效率，降低企业运营成本。

根据我国《"十三五"现代综合交通运输体系发展规划》，"十三五"期间，国家将继续推进公路建设，提升公路运输服务水平，加快国家公路运输枢纽场站建设，公路客、货运输场站建成率力争分别达到50%和40%，基本形成适应综合运输体系发展要求的公路交通网络。

【引例分析】

公路货物运输是我国货物运输最主要运输方式，从事相关业务，应了解公路货物运输工具及其适合运输的货物种类，熟悉公路货物运输两种主要运营形式，了解特种运输的组织。加强公路货物运输成本控制，必须了解有关计价标准和类别、运价价目、运费计算方法等知识。

第一节
公路货物运输概述

一、公路货物运输的基本功能与特点

（一）公路货物运输的基本功能

微课：
公路运输

公路货物运输的基本功能通常可划分为通过功能和送达功能。通过功能是指在干线上完成大批量的运输。送达功能，又称集散功能，是指为通过性运输承担客货集散任务的运输。

一般情况下，货物运输全过程的完成都需要有公路运输方式的参与。在高速公路投入使用以前，公路运输的主要功能是送达功能，也就是主要为其他运输方式承担集散货物的任务。在五种运输方式中，管道运输所占的比例很小，适应性也较差，目前只是一种辅助性运输方式。航空运输、水路运输和铁路运输都只有单一的通过功能，只有依靠公路运输才能送达最终用户。在公路等级低的情况下，通过功能较差。随着高速公路建成使用，公路运输方式的通过功能大大加强。公路运输如图2-1所示。

图2-1　公路运输

（二）公路货物运输的特点

1. 适应性强

由于公路运输网的密度一般比铁路运输网、水路运输网的密度要大十几倍，且分布面广，因此，公路运输车辆可以"无处不到、无时不有"。公路运输在时间方面的机动性也比较大，车辆可随时调度、装运，各环节之间的衔接时间较短。公路运输对客运量、货运量的多少具有很强的适应性，汽车的载重吨位有小（0.25 ~ 1 t）、有大（200 ~ 300 t），既可以由单个车辆独立运输，也可以由若干车辆组成车队同时运输。

2. 直达运输

由于汽车体积较小，中途一般也不需要换装，除了可沿分布较广的公路网运行外，还可离开路网深入到工厂企业、农村田间、城市居民住宅等地，即可以把旅客和货物从始发地门口直接运送到目的地门口，实现"门到门"直达运输。这是其他运输方式无法与公路运输比拟的特点之一。

3. 运送速度较快

在中、短途运输中，由于公路运输可以实现"门到门"直达运输，中途不需要倒运、转乘就可以直接将客、货运达目的地，因此，与其他运输方式相比，其客、货运送时间较短，运送速度较快。

4. 资金周转快

公路运输与铁路运输、水路运输、航空运输方式相比，所需固定设施简单，车辆购置费用一般也比较低，因此，投资兴办容易，投资回收期短。据有关资料统计，在正常经营情况下，公路运输的投资每年可周转1 ~ 3次，而铁路运输则需要3 ~ 4年才能周转一次。

5. 技术易掌握

与火车司机或飞行员的培训要求相比，汽车驾驶技术比较容易掌握。

6. 运量较小

世界上最大的汽车是美国通用汽车公司生产的矿用自卸车，长20多米，自重610吨，载重量350吨左右，但仍比火车、轮船少很多；由于汽车载重量小，行驶阻力比铁路大9 ~ 14倍，所消耗的燃料又是价格较高的液体汽油或柴油，因此，除航空运输外，公路运输成本最高。

7. 持续性差

据有关统计资料表明，在各种现代化运输方式中，公路的平均运距是最短的，运行持续性较差。

8. 安全性低

近年来，每年因汽车交通事故的死亡人数急剧增加，超过了艾滋病、战争和结核病人每年的死亡人数。汽车所排放的尾气和引起的噪声也严重地威胁着人类的健康，是造成大城市环境污染的最大污染源之一。

二、运载工具

运载工具包括公路运输车辆、人力车、畜力车。而在现代化的运输生产中，主要考虑公路运输车辆。公路运输车辆是指具有独立原动机与载运装置，能自行驱动行驶，专门用于运送旅客和货物的非轨道式车辆。从事货物运输的车辆按用途一般可分为载货汽车、专用车辆、特种车、牵引车和挂车等。

（一）载货汽车

载货汽车是指专门用于运送货物的汽车，又称载重汽车。依据公路运行时厂定最大总质量（GA）不同，载货汽车可划分为：微型货车（GA ≤ 1.8 吨）、轻型货车（1.8 吨 < GA ≤ 6 吨）、中型货车（6.0 吨 < GA ≤ 14 吨）、重型货车（GA > 14 吨）。重型货车和中型货车核发大型货车号牌（俗称"黄牌"）；轻型货车和微型货车核发小型货车号牌（俗称"蓝牌"）。

重型货车多用于经常性的大批量货物运输，如大型建筑工地、矿山等地区的货物运输；微型货车和轻型货车服务于规模不大、批量很小的货物运输，通常用于城市运输；中型货车适用范围比较广泛，既可以在城市承担短途运输任务，也可以承担中、长途运输。在我国，中型货车是主要车型，数量较多。各种货车类型如图2-2 ~图2-5所示。

图2-2　重型货车

图2-3　中型货车　　　　　　　　　　　　图2-4　轻型货车

图2-5　微型货车

（二）专用车辆

专用车辆是按照运输货物的特殊要求设计的，主要包括以下几种。

1. 厢式汽车

厢式汽车指具有独立的封闭结构车厢或与驾驶室联成一体的整体式封闭结构的车厢，装备有专用设施，用于载运人员、货物或承担专门作业的专用汽车和专用挂车，如图2-6所示。例如，救护车、售货车、淋浴车、冷藏车、电视转播车、邮政车。

2. 敞式汽车

敞式汽车即顶部敞开挂车，可装载高低不等的货物，如图2-7所示。

图2-6　厢式汽车

图2-7　敞式汽车

3. 平板汽车

平板汽车即挂车，无顶也无侧厢板，主要用于运输钢材和集装箱货物，如图2-8所示。

4. 罐式汽车

罐式汽车指装有罐状的容器，并且通常带有工作泵，用于运输液体、气体或粉状物质，以及完成特定作业任务的专用汽车和挂车。例如，油罐车、沥青运输车、液化气罐车、洒水车、消防车等，如图2-9所示。

图2-8　平板汽车

图2-9　罐式汽车

5. 冷藏汽车

冷藏汽车一般用于运输需要控制温度的货物，如图2-10所示。

6. 高栏板车

高栏板车指车厢底架凹陷或车厢特别高，以增大车厢容积的汽车。如图2-11所示。

图2-10 冷藏汽车

图2-11 高栏板车

（三）特种车

特种车通常是在普通汽车底盘上安装专用的设备或车身，专供特殊用途而制造的汽车。例如，消防车、救护车、垃圾车、洒水车和各种工程车，如图2-12所示。

图2-12 工程车

（四）牵引车和挂车

牵引车又称拖车，也称为车头，一般不设载客或载货车厢，是专门用以拖挂或牵引挂车的车辆，如图2-13所示。车头和车厢之间是用工具牵引的（也就是该车车头可以脱离原车厢而牵引其他的车厢，而车厢也可以脱离原车头而被其他的车头牵引）。一般的大型货车多是牵引车。牵引车可分为全挂式牵引车和半挂式牵引车两种。半挂式牵引车与半挂车一起使用，半挂车的部分重量由半挂式牵引车的底盘承载。全挂式牵引车则与全挂车一起使用，其车架较短。除专门的牵引车以外，一般的载货汽车也可作为全挂式牵引车使用。

图2-13 牵引车

牵引车和挂车的连接方式有两种，一种是半挂车，另一种是全挂车，如图2-14所示。半挂车是指本身没有牵引驱动能力、被牵引车拖着走的挂车。全挂车是指挂车的前端连在牵引车的后端，牵引车只提供向前的拉力，拖着挂车走，但不承受挂车的向下的重量。

图2-14　挂车

三、运输货物

（一）运输货物的概念

在运输领域，凡是由承运人接受托运的，直到交付收货人为止的货物，统称为运输货物。货物的种类繁多，性质各异，对运输要求大多不相同。有的可以配载，有的则必须有特殊包装并需要单独装载，有的甚至需要提供专用车辆。因此，认识各类货物的特性，对提高运输的安全性，降低运输成本，确保货物运输质量有重要的现实意义。

（二）运输货物的分类

种类繁多的货物，根据其物理属性、装卸方法、运输条件、托运批量和品名（种）、运输时间等不同，可分类如下。

1. 按照货物的物理属性分类

按照货物的物理属性，可以将货物划分为固体、液体、气体三种不同性质的货物。

在不同地理环境、经济区域及产业发展的不同阶段，三种不同物理属性货物的货运量构成是不同的。在我国现阶段的货物物理属性构成中，以固体货物的运输量为最大，而其中又以块状货物（如煤炭、矿石等）和粉末状货物（如水泥、化肥等）居多。

2. 按照货物的装卸方法分类

按照货物的装卸方法，可以将货物划分为件装货物、散装货物和罐装货物。

（1）件装货物，是指按件计数、按件重或体积装运的货物。每一件货物都有一定的质量、形状和体积。带运输包装的件装货物，按照其包装物的形状不同，可分为桶装货物、箱装货物和袋装货物；按照其包装物的性质不同，又可分为硬质包装、软质包装、玻璃瓶包装和专门包装等多个种类。集装单元可以视作件装货物的特殊形式，如托盘、集装笼，以及用特种包装物固定在普通货板上的货物等。

（2）散装货物，也称堆积货物，是指采用堆积、灌注、输送、铲抓、倾卸等方法装卸的货物，如煤炭、矿石、砂石等。大批量运输或专门运输此类货物，对车辆性能、装卸设施和承载器具等有一定的要求。

（3）罐装货物，一般是指无包装的液体货物。随着装卸技术的发展，许多粉末和小颗粒状的货物，如水泥、粮食等也采用罐装运输。

3. 按照货物的运输条件分类

按照货物的运输条件，可以将货物划分为普通货物和特种货物。特种货物又可分为危险货物、大件货物、鲜活货物和贵重货物。

货物的运输条件是指货物在运输、配送、保管及装卸作业过程中是否必须采取不同的安全技术措施。

普通货物是"特种货物"的对称，是指在运输与保管方面没有特殊要求的各种货物。中华人民共和国交通运输部将普通货物划分为三等：一等货物多为堆积货物，价值较低，如煤、砂、石、土、炭、渣等及某些非金属矿石和普通的包装容器等；二等货物多为一般的工业产品、农业产品和加工过的矿产品，这类货物本身的价值比一等货物高，运输责任也较重；三等货物是指各种价值较高的工业制品和普通鲜活物品，还有污染品、粉尘品及笨重货物。这类货物对运输的安全性要求高，有些运输难度较大，如蜜蜂、活鱼、蛋、交电器材、工艺美术品、陶瓷、玻璃、污染品等。随着货物由一等到三等的级别不同，运输责任和运输难度的增大，运价率也不同，其中一等货物运价率最低，一般称之为"基本运价"。二等货物和三等货物运价率依次增大。

特种货物是指在运输、配送、保管及装卸作业过程中，具有特殊要求的货物。特种货物在运输等作业过程中必须采取特别措施、特殊工艺。因此，承运方必须具备相应的特殊设备、工具、工艺方法，以确保货物的安全。

4. 按照货物的托运批量分类

按照货物的托运批量，可以将货物划分为整车货物和零担货物（汽车和火车的划分方式有不同，此处以汽车为例）。

（1）整车货物。托运人一次托运货物的计费重量在3吨以上（含3吨）或虽然不足3吨，但因其性质、体积、形状需要一辆或一辆以上汽车运输的称为整车货物。

（2）零担货物。托运人一次托运计费重量在3吨以下的货物为零担货物，其中，单件体积一般不小于0.01立方米，不大于1.5立方米；单件重量不超过200千克，货物长、宽、高分别不超过3.5米、1.5米和1.3米。托运货物3吨以上，但按零担货物受理的，也认定是零担货物。

5. 按照货物的品名（种）分类

目前，道路运输货物划分为17大类，122中类，197小类。17大类，即煤炭及制品；石油天然气及制品；金属矿石；钢铁；矿建材料；水泥；木材；非金属矿石；化肥及农药；盐；粮食；机械、设备和电器；化工原料及制品；有色金属；轻工、医药产品；农林牧渔业产品；其他货类等。

6. 按照货物的运输时间分类

按照货物的运输时间缓急，公路运输货物可以划分为重点货物和一般货物。

（1）重点货物。指在运输时间上对国民经济、人民生活等方面有重要影响的物资，如抢险救灾、战备急需的物资。

（2）一般货物。指相对于重点货物而言的其他各种货物，它们在运输时间上没有特殊的要求。托运人自己要求优先运输的货物，一般不算重点货物。有些一般货物具有较强的时间性，如农业生产用的种子、农药、化肥等，为了不误农时，承运人应以支农物资对待，优先安排运送。

货物的分类方法并非是绝对的，有时为了适应企业管理或其他方面的要求，还可根据其他不同因素对货物进行分类。

知识链接
按照行政等级划分的公路种类

在我国，按照行政等级可分为国道、省道、县道和乡道（简称为国、省、县、乡道），以及专用公路五个等级。一般把国道和省道称为干线，县道和乡道称为支线。

1. 国道

国道是指具有全国性政治意义和经济意义的主要干线公路，包括重要的国际公路、国防公路、连接首都与各省、自治区、直辖市首府的公路，连接各大经济中心、港站枢纽、商品生产基地和战略要地的公路。国道中跨省的高速公路由交通部批准的专门机构负责修建、养护和管理。

2. 省道

省道是指具有全省（自治区、直辖市）政治意义和经济意义，并由省（自治区、直辖市）公路主管部门负责修建、养护和管理的公路干线。

3. 县道

县道是指具有全县（县级市）政治意义和经济意义，连接县城和县内主要乡（镇）、主要商品生产地和集散地的公路，以及不属于国道、省道的县际间公路。县道由县、市公路主管部门负责修建、养护和管理。

4. 乡道

乡道是指主要为乡（镇）村经济、文化、行政服务的公路，以及不属于县道以上公路的乡与乡之间及乡与外部联络的公路。乡道由乡人民政府负责修建、养护和管理。

5. 专用公路

专用公路是指专供或主要供厂矿、林区、农场、油田、旅游区、军事要地等与外部联系的公路。专用公路由专用单位负责修建、养护和管理，也可委托当地公路部门修建、养护和管理。

第二节
整车货物运输组织

一、整车货物运输的概念

中华人民共和国国家标准《物流术语》（GB/T18354-2021）对整车运输（full-truck-load transport）的定义是：一批属于同一发(收)货人的货物且其重量、体积、形状或性质需要以一辆(或多辆)货车单独装运，并据此办理承托手续、组织运送和计费的运输活动。

为明确运输责任，整车货物运输通常是一车一张货票、一个发货人。为此，公路货物运输企业应选派与额定载重量（以车辆管理机关核发的行车执照上标记的载重量为准）和托运量相适应的车辆装运整车货物。当一个托运人托运整车货物的重量（毛重）低于车辆额定重量时，为合理使用车辆的载重能力，该托运人可以拼装另一托运人的货物，即一车两票或多票，但货物总重量不得超过车辆的额定载重量。

整车货物多点装卸，按全程合计最大载重量计重，当最大载重量不足车辆额定载重量时，按照车辆额定载重量计算。托运整车货物由托运人自理装车，未装到车辆标记载重量时，按照车辆标记载重量核收运费。

整车货物运输一般不需要中间环节或中间环节很少，其送达时间短、相应的货运集散成本较低，涉及城市间或过境贸易的长途运输与集散。国际贸易中的进口商与出口商，通常愿意采用以整车为基本单位的方式签订贸易合同，以便充分利用整车货物运输的快速、方便、经济、可靠等优势。

二、整车货物运输的组织形式

（一）双班（多班）运输

双班（多班）运输，是指在一昼夜内的车辆工作超过一个班以上的货运形式。组织双班运输的基本方法是每辆汽车配备两名以上驾驶员，分日班、夜班两班轮流行驶。它也是提高车辆生产率的有效措施之一，但是要注意安排好驾驶员的工作和休息时间，同时也要考虑到定车、定人和车辆保修安排。在组织双班运输时，由于夜班条件比日班条件差，因此，除了工作时间长短不同外，在安排日班和夜班的运行作业计划时，一般应遵循以下原则：难运的安排在日班，易运的安排在夜班。

（二）定点运输

定点运输，是指按照发货点固定车队、专门完成固定货运任务的运输组织形式。在组织定点运输时，除了根据任务固定车队外，还实行装卸工人固定、设备固定和调度员固定等。实行定点运输，可以加速车辆周转，提高运输效率和装卸工作效率，提高服务质量，并有利于行车安全和节能。定点运输组织形式既适用于装卸地点比较固定集中的货运任务，也适用于装货地点集中而卸货地点分散的货运任务。

（三）定时运输

定时运输，是指运输车辆按照运行作业计划中所拟订的行车时刻表来进行的工作。在汽车行车时刻表中规定：汽车从车场开出的时间、每个运次到达和开出装卸地点的时间及装卸工作时间等。由于车辆按预先拟订好的时刻表进行工作，这加强了各环节工作的计划性，提高了工作效率。要组织定时运输，必须做到各项定额的制定和查定工作，包括：车辆出车前的准备工作时间定额，车辆在不同运输路线上重载和空载行驶时间定额，以及不同货种的装卸工作时间定额等。同时还应合理制定驾驶员的休息时间和用餐时间等生活时间，加强货源调查和组织工作，加强车辆调度和日常工作管理，以及组织装卸工作等。

（四）甩挂运输

中华人民共和国国家标准《物流术语》（GB/T18354-2021）对甩挂运输（tractor-and-trailer swap transport）的定义是：用牵引车拖带挂车至物流节点，将挂车甩下后，牵引另一挂车继续作业的运输组织方式。在相同的运输组织条件下，汽车运输生产效率的提高取决于汽车的载重量、平均技术速度和装卸停歇时间三个主要因素。实行汽车运输列车化，可以相应提高车辆每运次的载重量，从而显著提高运输生产效率。采用甩挂运输时，需要在装卸货现场配备足够数量的周转挂车，在汽车列车运行期间，装卸工人预先装（卸）好甩下的挂车，待列车到达装（卸）货地点后先甩下挂车，装卸人员集中力量装（卸）主车货物，主车装（卸）货完毕即挂上预先装（卸）完物的挂车继续运行。采用这种组织方法，就使得整个汽车列车的装卸停歇时间减少为主车装卸停歇时间加甩挂时间。但需要注意，周转挂车的装卸工作时间间隔应小于汽车列车的运行时间间隔。甩挂运输应适用于装卸能力不足、运距较短、装卸时间占汽车列车运行时间比重较大的运输条件，并根据运输条件的不同而组织不同形式的甩挂运输。

（五）直达联合运输

直达联合运输（即各种运输方式的直达联合运输），是指以车站、港口或供需物资单位为中心，按照货物运输的全过程，把供销部门、多种运输工具组织起来，将货物从生产地一直运输到消费地。

直达联合运输的主要优点是：有利于各种运输方式的综合利用和发展，促进综合运输网络形成；压缩车船等运输工具的停留时间，提高港站的通过能力，节省运力和降低运输成本；减少货物运输的中间环节，加速物资周转，节约运输费用。以公路运输为主体的中、短途货物联合运输，是公路运输企业与产销部门之间的运输协作或公路运输与其他运输方式之间的协作。为了搞好直达联运工作，最有效地利用各种运输工具以满足社会生产和生活的需要，组织直达联合运输的有关部门应首先做好货物调查工作，掌握货源及货流规律。

三、整车货物运输的一般流程

整车货物运输的一般流程是指货物从受理开始到交付收货人为止的生产活动。整车货物运输一般不需要中间环节，或中间环节很少，送达时间短，相应的货运集散成本较低。

（一）整车货物运输作业

整车货物运输过程，一般包括货物托运与承运、装运前的准备工作、装车、运送、卸车、保管和交付等环节。按货物运输的阶段不同，可将货运作业划分为发送作业、途中作业和到达作业。

1. 发送作业

货运在始发站的各项货运工作统称为发送作业，主要由受理托运、组织装车和核算制票三部分组成。

（1）货物托运。无论是货物交给公路运输企业运输，还是公路运输企业主动承揽货物，都必须由货主办理托运手续。托运手续是从托运人填写"运单"开始，运单的基本格式在《汽车货物运输规则》中作了统一规定。表2-1是常见的公路货运托运单样本。

（2）货物承运。货物承运，表明运输单位接收了托运人的委托，开始承担运输责任。货物承运以签章返还托运人提交运单的"托运回执"联为凭。返还给托运人的运单"托运回执"联，具有协议书或运输合同的性质，受到法律的保护和约束。

货物承运并已装车完毕后，承运人应填制运输货票。运输货票是向托运人核收运费的收据、凭证，也是收货人收到货物的证明。运输货票由各省、自治区、直辖市交通主管部门按照交通部规定的内容与格式统一印制。办理货运业务时，应注意以下事项：

表2-1　公路货运托运单样本

托运单位：＿＿＿＿＿＿＿＿＿＿＿　　　　　　承运单位：＿＿＿＿＿＿＿＿＿＿＿
地　址：＿＿＿＿＿＿＿＿＿＿＿　　　　　　地　址：＿＿＿＿＿＿＿＿＿＿＿
电　话：＿＿＿＿＿＿＿＿＿＿＿　　　　　　电　话：＿＿＿＿＿＿＿＿＿＿＿

货物名称	包装形式	件数	每件体积/厘米 长×宽×高	重量/千克		托运总吨位/千克	
				每件	最重件	实重吨	车辆吨

需要车辆数：

需要车种：

起运地：　　　路　　　号

到达地：　　　路　　　号

发货单位：

收货单位：

运到日期：

委托注意事项：

1.

2.

3.

4.

5.

6.

运输距离：　　　　　　公里

运费人民币（大写）：

经济责任：不按运输托运单规定时间和要求配货发车的，由承运单位酌情赔偿损失；运输过程中货物灭失、短少、损坏的，按货物的实际损失赔偿。托运方未按货物单规定时间和要求提供托运的货物的，应赔偿承运方实际损失的违约金。由于货物包装缺陷产生破损，造成人身伤亡的，托运方应承担赔偿责任。

附：结算单据等

托运方：　　　（盖章）
　　　　　　年　月　　日

承运方：

营业员（盖章）
　　　　年　月　　日

第一，货物承运后，承运人对货物运输的全过程负责，必须实时检查，妥善保管，注意防火、防潮、防腐、防丢失，发现情况应及时采取措施。有特殊要求的货物，必须遵守商定的事项。

第二，承运中的一项重要条款是运输期限，通常由托运、承运双方按下列规定共同商定：托运人负责装卸的，运输期限从货物装载完毕开始至车辆到达指定卸货地点止；承运人负责装卸的，运输期限从装车时间开始至货物运到指定地点卸载完毕为止。

（3）货物装卸。货物装车、卸车是货物始发或到达所不可缺少的作业。不论它是由托运人自理，还是由承运人承办，都应强化质量意识，杜绝或减少货损货差事故的发生。货物装卸时，货运承运人应监装监卸，保证装卸质量，并尽量压缩装卸作业时间。

2. 途中作业

货物在运送途中发生的各项货运作业统称为途中作业，主要包括途中货物整理或换装等内容。为了方便货主，整车货物允许途中拼装或分卸作业。考虑到车辆周转的及时性，对整车拼装或分卸要加以严密组织。

为了保证货物运输的安全与完好，便于划清企业内部的运输责任，货物在运输途中如出现装卸、换装、保管等作业，驾驶员之间、驾驶员与站务人员之间应认真办理交接检查手续。一般情况下，交接双方可按货车现状及货物装载状态进行，必要时可按货物件数和货物重量交接，如接收方发现有异状，由交出方编制记录备案。

3. 到达作业

货物在到达站发生的各项货运作业统称为到达作业，主要包括货运票据的交接、货物卸车、保管和交付等内容。

车辆装运货物抵达卸车地点后，收货人或车站货运员应组织卸车。卸车时，对卸下货物的品名、件数、包装和货物状态等应做必要的检查。

（二）整车货物运输作业具体流程

整车货物运输作业流程详见表2-2。

表2-2　整车货物运输作业流程与具体步骤

作业流程	具体步骤
受理	1. 公路运输主管从客户处接受运输发送计划 2. 公路运输调度从客户处接出库提货单证，并核对单证
登记	1. 运输调度在登记表上分送货目的地，分收货客户标定提货号码 2. 司机（或指定人员）到运输调度中心领取提货单，并在运输登记本上确认签收
调用安排	1. 填写运输计划 2. 填写运输途中情况、送到情况，追踪反馈表 3. 计算运输单 4. 车队交接
车队交接	1. 根据送货方向、重量、体积，统筹安排车辆 2. 报运输计划给客户处，并确认到厂提货时间
提货发运	1. 按时到达客户提货仓库 2. 检查车辆情况 3. 办理提货手续 4. 提货，盖好车棚，锁好厢门 5. 办好出厂手续 6. 电话通知收货客户预达时间
在途追踪	1. 建立收货客户档案 2. 司机及时反馈途中信息 3. 与收货客户电话联系送货情况 4. 填写跟踪记录 5. 有异常情况需要及时与客户联系

作业流程	具体步骤
到达签收	1. 电话或传真确认到达时间 2. 司机将回单用EMS或传真寄回公司 3. 签收运输单 4. 定期将回单送至客户处 5. 将当地市场的住处及时反馈给客户
回单	1. 及时准确到达指定卸货地点 2. 货物交接 3. 百分之百签收，保证运输产品的数量和质量与客户出库单一致 4. 了解所运送的产品在当地市场的销售情况
运输结算	1. 整理好收费票据 2. 做好收费汇总表并交至客户，经客户确认后交回结算中心 3. 结算中心开具发票，向客户收取运费

第三节
零担货物运输组织

一、零担货物运输概述

（一）零担货物运输的概念与特点

中华人民共和国国家标准《物流术语》（GB/T18354-2021）对零担运输（less-than-truck-load transport）的定义是：一批货物的重量、体积、形状和性质不需要单独使用一辆货车装运，并据此办理承托手续、组织运送和计费的运输活动。零担货物运输一般需要特别的运输处理作业，如要求定线发运、定班期发运。

零担货物运输是货物运输方式中相对独立的一个组成部分，由于其货物类型和货物运输组织形式的独特性体现出其独有的特点。一方面，公路运输承运的零担货物具有数量小、批次多、包装不一、到站分散的特点，并且品种繁多，许多商品价格比较高。另一方面，经营零担货物运输需要库房、货棚、货场等基本设施，以及与之配套的装卸、搬运、堆码机具和设备。这些基本条件的限定，使零担货物运输形成了自己独有的特点，概括地说表现在如下几个方面。

1. 货源的不确定性和货源的广泛性

零担货物运输的货物流量、数量、流向具有一定的不确定性，并且多为随机性发生，难以通过运输合同方式将其纳入计划管理范围。

2. 组织工作的复杂性

零担货物运输不仅货物来源、货物种类繁杂，而且面对如此繁杂的货物和各式各样的运输要求，必须采取相应的组织形式，才能满足人们的货运需求，这样就使得零担货物运输环节的作业工序细致，设备条件繁杂，对货物配载和装载要求高。

3. 单位运输成本较高

为了适应零担货物运输的要求，货运站要配备一定的仓库、货棚、站台，以及相应的装卸、搬运、堆码的机具和专用厢式车辆。此外，相对于整车货物运输而言，零担货物运输周转环节多，更易于出现货损、货差，赔偿费用较高等情况。因此，这些因素导致了零担货物运输成本较高。

4. 适应于千家万户的需要

零担货物运输非常适合商品流通中品种繁多、小批量、多批次、价格贵重、时间紧迫、到站分散的特点。因此，它能满足不同层次的客户对商品流通的要求，方便大众物资生产和流动的需要。

5. 运输安全、迅速、方便

由于零担货物运输具有其细致的工作环节与广泛的业务范围，并承担一定的行李、包裹的运输，其班车一般都有规定的车厢，所装货物不会受到日晒雨淋。既是货运工作的有力支持者，同时具备了安全、迅速、方便的优越性。

6. 零担货物运输机动灵活

零担货物运输都是定线运行、定期运行、定点运行，业务人员和托运单位对货运情况都比较清楚，以便于沿途各站组织货源。往返实载率高，经济效益显著。这对于经常性、时令性和急需的运输具有尤为重要的意义。

（二）零担货物运输的经营条件

零担货物运输流通范围广，要求运送速度快，是一种集零为整、化整为零的运输组织形式。

经营零担货物运输，必须具备以下条件：

1. 配置货运场站设施

便于取货上门，送货到家，化零为整，化整为零。

2. 形成运输网络

便于提供货物中转服务，扩大服务范围，提高车辆利用效率。

3. 具有较高的组织管理水平

小件货物的运输往往需要多个线路区段、多家运输企业联手合作才能完成，服务质量要求高，因而必须具有较高的组织管理水平。

4. 车辆技术装备要求高

要求采用厢式货车，以适应品种多、批量小、质量轻、体积小货物装运的要求，减少货物运输途中受损和灭失。

二、零担货物运输的组织形式

（一）零担货源的组织

1. 货源和货流的概念

货源即货物的来源，货物的发生地。货流是指在一定时间、一定区段内货物流通的情况，它包括货物的流量、流向、流时、流程等四个要素。货物在一定时间、一定区段内流动的数量称为货物流量。货物流动的方向称为货物流向。货物流向分为顺向货流和反向货流：路段上货流量大的方向的货流称为顺向货流，路段上货流量小的方向的货流称为反向货流。

获取零担货物运输的货源和货流信息不仅是零担货物运输经营决策的重要依据，而且是提高零担货物运输应变能力的重要手段。

2. 零担货源的组织方法

（1）实行合同运输。合同运输是公路运输部门行之有效的货源组织形式，具有以下特点：①逐步稳定一定数量的货源；②有利于合理安排运输；③有利于加强企业责任感，提高运输服务质量；④有利于简化运输手续，减少费用支出；⑤有利于改进产、运、销的关系，优化资源配置。

（2）设立零担货运代办站。零担货物运输企业既可以自行设立货运站点，也可以与其他社会部门或企业联合设立零担货运班站，这样不仅可以加大零担货运站点的密度，而且可以有效利用社会资源，减少企业成本，弥补企业在发展中资金和人力的不足。

（3）委托社会相关企业代理零担货运业务。零担货物运输企业还可以委托货物联运公司、日杂百货打包公司、邮局等单位代理零担货运受理业务。利用这些单位现有的设施和营销关系网络，取得相对代理关系是现代市场经济中出现的一种有效的经营管理模式。这种模式可以充分调动社会各方面的经济资源，有利于零担货运的经济资源重新配置。

（4）聘请货运信息联络员，建立货源情报网络。在有较稳定的零担货源的物资单位聘请货运信息联络员，可以随时掌握货源信息，以零代整，组织整车货源。

（5）设立信息化的网络受理业务。利用现代信息技术，创建数字化的零担货运受理平台，形成虚拟的零担货物业务网络，进行网上业务受理和接单工作。

（二）固定式与非固定式零担货物运输的组织

社会生产和人民生活对零担货物运输时间和方式、收发和装卸交接等的不同需要，要求零担货物运输采取不同的营运组织方式。这些组织方式形成了零担货物运输的基本组织形式。零担货物运输所采用的组织方式，按照零担车发送时间的不同，划分为固定式和非固定式两大类。

1. 固定式零担货物运输的组织

固定式零担货物运输一般靠固定式零担车完成，因此固定式零担货物运输的组织，实际上就是固定式零担车的组织。固定式零担车通常称为汽车零担货运班车，这种零担货运班车一般是以营运范围内零担货物流量、流向，以及货主的实际要求为基础组织运行的。运输车辆以厢式专用车为主，实施定车运行、定期运行、定线运行、定时运行。

零担货运班车主要采用以下几种方式运行：

（1）直达式零担班车。直达式零担班车是指在起运站将各个发货人托运的同一到站且性质允许配载的零担货物，同车装运后直接送达目的地的一种货运班车，如图2-15所示。

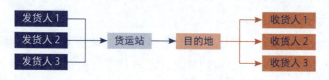

图2-15 直达式零担班车简图

（2）中转式零担班车。中转式零担班车是指在起运站将各个发货人托运的同一线路、不同到达站且性质允许配载的各种零担货物，同车装运至规定中转站，卸后复装，重新组成新的零担班车后运往目的地的一种货运班车，如图2-16所示。

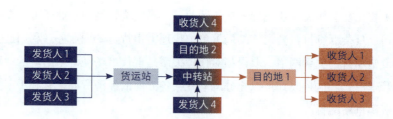

图2-16 中转式零担班车简图

中转式零担班车和直达式零担班车是互为补充的两种不同的组织形式。直达式零担班车效果较好，但它受到货源数量、货流及行政区域的限制；中转式零担班车可以使那些运量较小、流向分散的货物通过中转及时运送，所以它是一种不可缺少的组织形式。但中转式零担班车耗费的人力、物力较多，作业环节也比较复杂。因此，必须根据具体情况，合理组织这两种运输方式，使其各得其所，充分发挥各自的优势。

（3）沿途式零担班车。沿途式零担班车是指在起运站将各个发货人托运的同一线路不同到达站，且性质允许配载的各种零担货物，同车装运后在沿途各计划停靠站卸下或装上零担货物后再继续前进，直至最后终点站的一种货运班车，如图2-17所示。

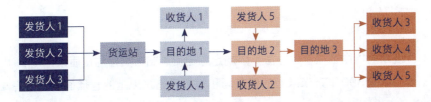

图2-17 沿途式零担班车简图

在上述三种零担班车运行模式中，以直达式零担班车最为经济，它是零担货运的基本形式，这一形式具有的突出优点是：① 避免了不必要的换装作业，节省了中转费用，减轻了中转站的作业负担；② 没有货物中转作业，有利于运输的安全和货物完好，减少事故，确保质量；③ 减少了在途时间，提高了零担货物的运送速度，有利于加速车辆周转和物资调拨，适合季节性商品和贵重商品的调运；④ 在仓库内集结待运时间少，充分发挥仓库货位的利用程度。

2. 非固定式零担货物运输的组织

非固定式零担货物运输的完成是通过非固定式零担车的组织实现的，非固定式零担车是指按照零担货流的具体情况，临时组织而成的一种零担车，通常在新辟零担货运线路或季节性零担货物线路上使用。

三、零担货物运输的一般流程

零担货物运输企业承托、仓储、配装、发送、交接零担货物，按照相关规定办理业务手续，统称为零担货物运输商务作业。零担货物运输商务作业是根据零担货运工作的特点，按照流水作业形式构成的一种作业方式。零担货物运输的作业流程，如图2-18所示。

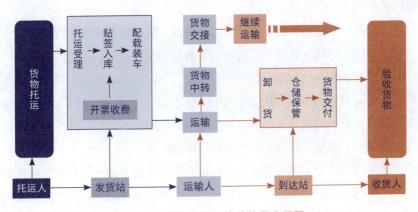

图2-18 零担货物运输的作业流程图

《道路零担货物运输管理办法》中规定零担货运站应具备的资质条件是：

（一）具有300平方米以上的停车场和500平方米以上的仓储面积，并有相应的安全设施和装卸能力。

（二）与零担运输业户签订零担货物线路运输合同。

（三）业主和业务人员需经运管机关培训，持有《上岗证》。

第四节
特种货物运输组织

公路运输的货物中，有一部分具有危险、长大、笨重、易腐、贵重等特点，它们对装卸、运送和保管等作业有特殊要求。这类货物统称为特种货物。特种货物运输一般可以分为四大类，即危险货物运输、大件货物运输、鲜活易腐货物运输和贵重货物运输。

一、危险货物运输

（一）危险货物的概念和分类

1. 危险货物的定义

危险货物是指具有爆炸性、易燃性、毒害性、腐蚀性、放射性等性质，在运输、装卸和储存保管过程中，容易造成人身伤亡和财产损失而需要特别防护的货物。

危险货物包括三层含义：

（1）具有爆炸性、易燃性、毒害性、腐蚀性、放射性等性质。这是危险货物能构成火灾、中毒、灼伤、辐射伤害与污染等事故的基本条件。

（2）容易造成人身伤亡和财产损失。这是指危险货物在运输、装卸和储存保管过程中，在一定外界因素作用下，比如受热、遇明火、摩擦、振动、撞击、撒漏，以及与其性质相抵触的物品接触等，发生化学变化所产生的危险效应，这不仅使货物本身遭到损失，而且危及人身安全，破坏周围环境。

（3）需要特别防护。主要指必须针对各类危险货物本身的物理特性和化学特性所采取的"特别"防护措施，如对某种爆炸品必须添加抑制剂，对有机过氧化物必须控制环境温度等，这是危险货物安全运输的先决条件。

因此，上述三项要素必须同时具备的货物方可称为危险货物。

2. 危险货物的分类

在中华人民共和国国家标准《危险货物分类和品名编号》（GB6944—2012）中，将危险货物分成九类，其类别和名称依次为：第一类，爆炸品；第二类，气体；第三类，易燃液体；第四类，易燃固体、易于自燃的物质、遇水放出易燃气体的物质；第五类，氧化性物质和有机过氧化物；第六类，毒性物质和感染性物质；第七类，放射性物质；第八类，腐蚀性物质；第九类，杂项危险物质和物品，包括危害环境物质。

（二）危险货物运输的基本条件

2011年2月16日，国务院第144次常务会议修订通过，于2011年12月1日起施行修订后的《危险化学品安全管理条例》第三十三条规定：国家对危险化学品经营（包括仓储经营，下同）实行许可制度。未经许可，任何单位和个人不得经营危险化学品……

自2004年7月1日起施行的《中华人民共和国道路运输条例》第二十三条规定：申请从事危险货物运输经营的，还应当具备下列条件：

（一）有5辆以上经检测合格的危险货物运输专用车辆、设备；

（二）有经所在地设区的市级人民政府交通主管部门考试合格，取得上岗资格证的驾驶人员、装卸管理人员、押运人员；

（三）危险货物运输专用车辆配有必要的通讯工具；

（四）有健全的安全生产管理制度。

随后，在《汽车运输危险货物规则》（JT617—2004）和《汽车运输、装卸危险货物作业规程》（JT618—2004）中，对道路危险货物承运人的资质条件从车辆设备、人员、仓库和运输工具停驻场地等方面做出了详细规定。

具备上述条件的汽车运输企业可以向辖区的市级道路运输管理机构提出经营危险货物运输的申请，经运管部门审核批准，发给《道路危险货物运输许可证》，获得危险货物承运人资格后，可以经营危险货物运输业务。

（三）危险货物运输的组织

1. 受理托运

（1）在受理前必须对货物名称、货物性能及防范方法、形态、包装、单件重量等情况进行详细了解并注明；

（2）问清包装、规格和标志是否符合国家要求，必要时到现场进行了解；

（3）应检查新产品随附的技术鉴定书是否有效；

（4）按规定需要的准运证件是否齐全；

（5）做好运输前的准备工作，装卸现场、环境要符合安全运输条件，必要时应到现场勘察；

（6）到达车站、码头的爆炸品、剧毒品、一级氧化剂、放射性物品，在受理前应到现场检查包装等情况，对不符合运输安全要求的，应请托运人改善后再受理。

2. 货物运送

（1）详细审核托运单内容，发现问题要及时弄清情况，再安排运行作业；

（2）必须按照货物的性质和托运人的要求安排车辆、车次，当无法按照要求安排作业时，应及时与托运人联系并进行协商处理；

（3）要关注气象预报，掌握雨雪和气温的变化；

（4）装运危险货物的车辆，必须配备相应的消防器材和捆绑、防水等用具，必须按照国家标准悬挂标志；

（5）危险货物在装卸时，应根据货物性质采取相应的遮阳、控温、防爆、防火、防震、防水、防冻、防粉尘飞扬、防撒漏等措施；

（6）遇到大批爆炸品与剧毒物品跨省运输时，应安排有关负责人带队，指导装卸和运行，确保安全生产。

3. 交接保管

（1）自货物交付承运时起到运达停止，承运人单位及驾驶、装卸人应负保管责任，托运人派有押运人的应明确各自应负的责任。

（2）验货时发现包装不良或不符合安全要求，应拒绝装运，待改善后再运；卸货时发生货损、货差，收货人不得拒收，装卸完毕后，应及时汇报，及时处理。

（3）严格货物交接，危险货物必须点收点交，签证手续完善。

（4）因故不能及时卸货，行车人员在待卸期间应负责看管所运危险货物，同时应及时与托运人取得联系，恰当处理。

（5）如所装货物危及安全，承运人应立即报请当地运管部门会同有关部门进行处理。

知识链接
禁寄物品

禁寄物品是指国家法律、法规禁止寄递的物品，主要包括：

（一）各类武器、弹药。如枪支、子弹、炮弹、手榴弹、地雷、炸弹等。

（二）各类易爆炸性物品。如雷管、炸药、火药、鞭炮等。

（三）各类易燃烧性物品，包括液体、气体和固体。如汽油、煤油、桐油、酒精、生漆、柴油、气雾剂、气体打火机、瓦斯气瓶、磷、硫磺、火柴等。

（四）各类易腐蚀性物品。如火硫酸、盐酸、硝酸、有机溶剂、农药、过氧化氢、危险化学品等。

（五）各类放射性元素及容器。如铀、钴、镭、钚等。

（六）各类烈性毒药。如铊、氰化物、砒霜等。

（七）各类麻醉药物。如鸦片（包括罂粟壳、花、苞、叶）、吗啡、可卡因、海洛因、大麻、冰毒、麻黄素及其他制品等。

（八）各类生化制品和传染性物品。如炭疽、危险性病菌、医药用废弃物等。

（九）各种危害国家安全和社会政治稳定以及涉及淫秽的出版物、宣传品、印刷品等。

（十）各种妨害公共卫生的物品。如尸骨、动物器官、肢体、未经硝制的兽皮、未经药制的兽骨等。

（十一）国家法律、法规、行政规章明令禁止流通、寄递或进出境的物品。如国家秘密文件和资料、国家货币及伪造的货币和有价证券、仿真武器、管制刀具、濒危野生动物及其制品等。

（十二）包装不妥，可能危害人身安全、污染或者损毁其他寄递件、设备的物品等。

（十三）各寄达国（地区）禁止寄递进口的物品等。

（十四）其他禁止寄递的物品。

二、大件货物运输

（一）大件货物的概念和类型

1. 大件货物的概念

大件货物也称超限货物，是指单件货物外形尺寸或重量超过常规（指超长、超宽、超重、超高）车辆、常规船舶装载规定的大型货物。若单件货物的体积过长或过大，则称为长大货物，如大型钢梁、起吊设备等；若单件货物的重量超过一定界限，则称为笨重货物，如锅炉、大型变压器等。

各种运输方式所制定的标准不一致，各国港站枢纽和运输公司所划定的长大、笨重件标准也有不同。对于我国的公路运输和铁路运输而言，货物只需满足如表2-3所示的四种条件之一，即可认为是该运输方式中的超限货物。

表2-3　超限货物应满足的条件

运输方式	应满足的条件
公路货物运输	（1）长度在14 m以上、或宽度在3.5 m以上、或高度在3 m以上的货物
	（2）重量在20 t以上的单体货物或不可解体的成组（捆）货物
铁路货物运输	（1）单件货物装车后，在平直线路上停留时，货物的高度和宽度有任何部位超过机车车辆界限或特定区段装载界限
	（2）在平直线路上停留虽不超限，但行经半径为300 m的曲线线路时，货物的内侧或外侧的计算宽度（已经减去曲线水平加宽量36 mm）超限

2. 大件货物的类型

大件货物是一个统称，包括不同种类，有的是超高，有的是超长，有的是超重，有的是超宽，这些货物对运输工具和运输组织的要求各不相同。

我国公路运输主管部门规定，公路大件货物（即超限物件）按其外形尺寸和重量分成四级，如表2-4所示。

表2-4　大型物件分组

大型物件级别	重量/t	长度/m	宽度/m	高度/m
一	40~（100）	14~（20）	3.5~（4）	3~（3.5）
二	100~（180）	20~（25）	4~（4.5）	3.5~（4）
三	180~（300）	25~（40）	4.5~（5.5）	4~（5）
四	300以上	40以上	5.5以上	5以上

注：1. "括号数"表示该项参数不包括括号内的数值。
　　2. 货物的重量和外廓尺寸中，有一项达到表列参数，即为该级别的超限货物；货物同时在外廓尺寸和重量方面达到两种以上等级时，按高限级别确定超限等级。

笨重货物可分为均重货物与集重货物。均重货物是指货物的重量能均匀或近乎均匀地分布于装载底板上，而集重货物是指货物的重量集中于装载车辆底板的某一部分。

大件货物重量指货物的毛重，即货物的净重加上包装和支撑材料后的总重，它是配备运输车辆的重要依据，一般以生产厂家提供的货物技术资料所标明的重量为参考数据。

（二）大件货物运输的基本技术条件

运输大件货物时，一般都要采用相应的技术措施和组织措施。

（1）使用适宜的装卸机械，装车时应使货物的全部支承面均匀、平稳地放置在车辆底板上，以免损坏车辆；

（2）用相应的大型平板车等专用车辆，严格按照有关规定装载；

（3）对于集重货物，为使其重量能够均匀地分布在车辆底板上，必须将货物安置在纵横垫木上或相当于起垫木作用的设备上；

（4）货物重心应尽量置于车底板纵横中心交叉点的垂直线上，严格控制横向位移和纵向位移；

（5）货物重心高度应控制在规定范围内，若重心偏高，除应认真进行装载加固以外，还应采取配重措施，以降低其重心高度。

（三）大件货物运输的组织

1. 申请办理托运

托运人在申请办理托运时，必须做到向已取得道路大件货物运输经营资格的运输业户或其代理人办理托运；必须在运单上如实填写大件货物的名称、规格、件数、件重、起运日期、收发货人及地址、运输过程中的注意事项。托运人还应向运输单位提交货物说明书，必要时应附有外形尺寸的三面视图（以"+"表示重心位置）和计划装载加固等具体意见及要求。凡未按上述规定申请办理托运或运单填写不明确，并由此发生运输事故的由托运人承担全部责任。

2. 受理承运

承运人在受理托运时，必须根据托运人填写的运单和提供的有关资料，进行查对核实；承运大件货物的类别必须与批准经营的类别相符，不允许受理经营类别范围以外的大件货物。凡未按以上规定受理大件货物托运并由此发生运输事故的，由承运人承担全部责任。同时，按托运人提交的有关资料对货物进行审核，掌握货物的特性及长、宽、高，实际质量，外形特征，重心位置等以便合理选择车型、计算允许装载货物的最大重量，不得超载。指派专人察看现场道路和交通状况，附近有无电缆、电话线、煤气管道或其他地下建筑物，车辆是否能进入现场，是否适合装卸、调车等情况。了解运行路线上桥、涵洞、渡口、隧道道路的负荷能力及道路的净空高度，并研究装载办法和运送办法。

3. 装卸

大件货物运输的装卸作业应根据托运人的要求、货物的特点和装卸操作规程进行作业。货物的装卸应尽可能使用适宜的装卸机械。装车时应使货物的全部支承面均匀、平稳地放置在车辆底板上，以免损坏底板或大梁；对于过重的货物，为使其重量能均匀分布在车辆底板上，必须将货物安置在纵横垫木上或相当于垫木作用的设备上；货物重心应尽量置于车底板纵、横中心交叉点的垂线上，如无可能时，则应严格限制其横向位移；纵向位移在任何情况下不得超过轴荷分配的技术数据；还应视货物质量、形状、大小、重心高度、车辆和线路、运送速度等具体情况采用不同的加固措施，确保运输质量。

4. 运输

按指定的路线和时间行驶，并在货物最长部位、最宽部位、最高部位悬挂明显的安全标志，日间挂红旗，夜间挂红灯，以引起往来车辆的注意。对特殊的货物，要有专门车辆在前引路，以便排除障碍。

三、鲜活易腐货物运输

鲜活易腐货物是指在运输过程中需要采取一定措施，以防止死亡和腐烂变质的货物。公路运输的鲜活易腐货物主要有：鲜鱼虾、鲜肉、瓜果、蔬菜、花木秧苗等。

（一）鲜活易腐货物的运输方法

鲜活易腐货物在运输途中容易发生腐烂变质，采用冷藏方法能有效地抑制微生物的滋长，减缓货物呼吸，以达到延长鲜活易腐货物保存时间的目的。

冷藏货大致可分为冷冻货和低温货两种。冷冻货是指货物在冻结状态下进行运输的货物，运输温度的范围一般在 $-10 \sim -20℃$ 之间；低温货是指货物在还未冻结或货物表面有一层薄薄的冻结层的状态下进行运输的货物，一般允许的温度调整范围在 $-1 \sim 16℃$。

冷藏货在运输过程中为了防止货物变质，需要保持一定的湿度，该湿度一般称作运输湿度。运输湿度的大小应根据具体的货种而定，即使是同一货物，由于运输时间、冻结状态和货物成熟度的不同，对运输湿度的要求也不同。

用冷藏方法来保藏和运输鲜活易腐货物时，温度固然是主要的条件，但湿度的高低、通风强弱和卫生条件的好坏对货物的质量也会产生直接的影响。同时，温度、湿度、通风、卫生四个条件之间又有互相配合和互相矛盾的关系，只有充分了解其内部规律，妥善处理好它们相互之间的关系，才能保证鲜活易腐货物的运输质量。

用冷藏方法来保藏鲜活易腐货物，一个突出的特点就是必须连续冷藏。因为微生物活动和呼吸作用都随着温度的升高而加强，若储运中的某个环节不能保证连续冷藏的条件，那么货物就可能在这个环节中开始腐烂变质，这就要求协调组织好物流的各个环节，为冷藏运输提供必要的物质条件。就运输环节而言，应尽可能配备一定数量的冷藏车或保温车，尽量组织"门到门"的直达运输，提高运输速度，确保鲜活易腐货物的完好。

（二）鲜活易腐货物的主要运输特点

（1）季节性强、货源波动性大。如水果、蔬菜、亚热带瓜果等。在大量上市的季节、沿海市场的汛期等，运量会随着季节的变化而变化。

（2）时效性强。鲜活货物极易变质，要求在最短的时间，以最快的速度及时运到。

（3）运输过程需要特殊照顾。如牲畜、家禽、蜜蜂、花木秧苗等的运输，需配备专用车辆和设备，并委派专人沿途进行饲养、浇水、降温、通风等。

（三）鲜活易腐货物运输的操作步骤

1. 托运

托运鲜活货物前，应根据货物不同的特性，做好相应的包装。托运时必须向具备运输资格的承运方提出货物最长的运到期限，某一种货物运输的具体温度及特殊要求，提交卫生检疫等有关证明，并在托运单上注明。

2. 承运

承运鲜活易腐货物时，要对托运货物的质量、包装和温度进行认真的检查。要求质量新鲜、包装达到要求，温度符合规定。

3. 装车

鲜活货物在装车前，必须认真检查车辆的状态，车辆及设备完好方能使用，车厢如果不整洁，应进行清洗和消毒，适当风干后，才能装车。装车时应根据不同货物的特点，确定其装载方法。

4. 运输

根据货物的种类、运输季节、运输距离和运输方向，按要求及时起运、双班运输、按时运达。炎热天气运输时，应尽量利用早晚行驶。运输牲畜、蜜蜂等货物时，应注意通风散热。

四、贵重货物运输

（一）贵重货物的概念

贵重货物是指价格昂贵、运输责任重大的货物。贵重货物可分为：黄金、白金、铱、铑、钯等稀有贵重金属及其制品，各类宝石、玉器、钻石、珍珠及其制品，珍贵文物（包括书、画、古玩等），贵重药品，高级精密机械及仪表，高级光学玻璃及其制品，现钞，有价证券，以及毛重每千克价值在人民币 2 000 元以上的货物。

（二）贵重货物运输的操作要点

贵重货物价格昂贵，运输责任重大，因此在装车时应进行清查。清查内容包括：包装是否完整，货物的品名、重量、件数和货单是否正确；装卸搬运时怕震的贵重货物，要轻拿轻放，不要挤压。贵重货物运输对驾驶员素质也有较高的要求，且要由托运方委派专门押运人员跟车。交付贵重货物要做到交接手续齐全，责任明确。

> 📖 **知识链接**
>
> 贵重货物出口运输时，发货人必须在国际货物托运书上填写声明价值。发运时每份运单货物的声明价值不得超过 10 万美元。包装应符合贵重货物包装的要求，航空货运代理公司收运时应对包装严格检查。
>
> 贵重货物必须使用相当准确的磅秤或天平逐件称重，实际毛重以 0.1 kg 为单位。运输单据和货物包装上应注明"贵重货物"字样。与航空公司交接时必须缮制贵重货物交接清单。

第五节
公路货物运输费用

一、计价标准与类别

（一）计价标准

1. 计费重量

（1）计量单位。

① 整批货物运输以吨为单位。

② 零担货物运输以千克为单位。

③ 集装箱运输以箱为单位。

（2）重量确定。

① 一般货物。无论整批货物、零担货物，计费重量均按毛重计算。整批货物以吨为单位，尾数不足100千克的，四舍五入。零担货物起码计费重量为1千克。重量在1千克以上，尾数不足1千克的，四舍五入。

② 轻泡货物。轻泡货物指每立方米重量不足333千克的货物。装运整批轻泡货物的高度、长度、宽度，以不超过有关道路交通安全规定为限度，按车辆标记吨位计算重量。零担运输轻泡货物以货物包装最长、最宽、最高部位尺寸计算体积，按每立方米折合333千克计算重量。

③ 包车运输按车辆的标记吨位计算。

④ 货物重量一般以起运地过磅为准。起运地不能或不便过磅的货物，由承运、托运双方协商确定计费重量。

⑤ 散装货物。如砖、砂、石、土、矿石、木材等，按照由各省（自治区、直辖市）统一规定的重量换算标准计算重量。

2. 计费里程

（1）里程单位。货物运输计费里程以千米为单位，尾数不足1千米的，进整为1千米。

（2）里程确定。

① 货物运输的营运里程，按照交通部和各省（自治区、直辖市）交通行政主管部门核定、颁发的营运里程图执行。营运里程图未核定的里程由承运、托运双方共同测定或经协商按车辆实际运行里程计算。

② 出入境汽车货物运输的境内计费里程以交通主管部门核定的里程为准；境外计费里程按毗邻（地区）交通主管部门或有权认定部门核定的里程为准。未核定里程的，由承运、托运双方协商或按车辆实际运行里程计算。

③ 货物运输的计费里程，按照装货地点至卸货地点的实际载货的营运里程计算。

④因自然灾害造成道路中断，车辆需绕道行驶的，按实际行驶里程计算。

⑤城市市区里程按当地交通主管部门确定的市区平均营运里程计算；当地交通主管部门未确定的，由承托双方协商确定。

3. 计时包车货运计费时间

计时包车货运计费时间以小时为单位，起始计费时间为4小时；使用时间超过4小时的，按实际包用时间计算。整日包车，每日按8小时计算；使用时间超过8小时的，按实际使用时间计算。时间尾数不足0.5小时舍去，达到0.5小时进整为1小时。

4. 运价单位

（1）整批运输：元/吨千米。

（2）零担运输：元/千克千米。

（3）集装箱运输：元/箱千米。

（4）包车运输：元/吨位小时。

（5）出入境运输，涉及其他货币时，在无法按统一汇率折算的情况下，可使用其他自由货币为运价单位。

（二）计价类别

1. 车辆类别

载货汽车按其用途不同，划分为普通货车、特种货车两种。特种货车包括罐车、冷藏车及其他具有特殊构造和专门用途的专用车。

2. 货物类别

货物按其性质分为普通货物和特种货物两种：普通货物分为三等；特种货物分为长大笨重货物、大型货物、危险货物、贵重货物、鲜活货物五类。

3. 集装箱类别

集装箱按箱型分为国内标准集装箱、国际标准集装箱和非标准集装箱三类，其中国内标准集装箱又分为1吨箱、6吨箱、10吨箱三种，国际标准集装箱分为20英尺箱、40英尺箱两种。

集装箱按货物种类分为普通货物集装箱和特种货物集装箱。

4. 公路类别

公路按公路等级分为等级公路和非等级公路。

5. 区域类别

公路货物运输区域分为国内区域和出入境区域两种。

6. 营运类别

根据公路货物运输的营运形式分为公路货物整批运输、零担运输和集装箱运输。

二、货物运价价目

（一）基本运价

1. 整批货物基本运价

指整批普通货物在等级公路上运输的每吨千米运价。

2. 零担货物基本运价

指零担普通货物在等级公路上运输的每千克千米运价。

3. 集装箱基本运价

指各类标准集装箱重箱在等级公路上运输的每箱千米运价。

（二）吨（箱）次费

1. 吨次费

对整批货物运输在计算运费的同时，按货物重量加收吨次费。

2. 箱次费

对公路集装箱运输在计算运费的同时，加收箱次费。箱次费按不同箱型分别确定。

（三）普通货物运价

普通货物实行分等计价，以一等货物为基础，二等货物加成15%，三等货物加成30%。

（四）特种货物运价

1. 长大笨重货物运价

（1）一级长大笨重货物在整批货物基本运价的基础上加成40% ~ 60%。

（2）二级长大笨重货物在整批货物基本运价的基础上加成60% ~ 80%。

2. 危险货物运价

（1）一级危险货物在整批（零担）货物基本运价的基础上加成60% ~ 80%。

（2）二级危险货物在整批（零担）货物基本运价的基础上加成40% ~ 60%。

3. 贵重、鲜活货物运价

贵重、鲜活货物在整批（零担）货物基本运价的基础上加成40% ~ 60%。

（五）特种车辆运价

按车辆的不同用途，在基本运价的基础上加成计算：特种车辆运价和特种货物运价两个价目不能同时加成使用。

（六）非等级公路货物运价

非等级公路货物运价在整批（零担）货物基本运价的基础上加成10% ~ 20%。

（七）快速货物运价

快速货物运价按计价类别在相应运价的基础上加成计算。

（八）集装箱运价

1. 标准集装箱运价

标准集装箱重箱运价按照不同规格的箱型的基本运价执行，标准集装箱空箱运价在标准集装箱重箱运价的基础上减成计算。

2. 非标准集装箱运价

非标准集装箱重箱运价按照不同规格的箱型，在标准集装箱基本运价的基础上加成计算，非标准集装箱空箱运价在非标准集装箱重箱运价的基础上减成计算。

3. 特种箱运价

特种箱运价在箱型基本运价的基础上按照装载不同特种货物的加成幅度加成计算。

（九）出入境汽车货物运价

出入境汽车货物运价，按双边或多边出入境汽车运输协定，由两国或多国政府主管机关协商确定。

三、货物运输其他收费

（一）调车费

（1）应托运人要求，车辆调往所在地而产生的车辆往返空驶，可按全程往返空驶里程、车辆标记吨位和调出省基本运价的50%计收调车费。在调车过程中，由托运人组织货物的运输收入，应在调车费内扣除。

（2）经铁路运输、水路运输调车，按汽车在装卸船、装卸火车前后行驶里程计收调车费；在火车、在船期间包括车辆装卸及待装待卸时，每天按8小时、车辆标记吨位和调出省计时包车运价的40%计收调车延滞费。

（二）装货（箱）落空损失费

应托运人要求，车辆开至约定地点装货（箱）落空造成的往返空驶里程，按其运价的50%计收装货（箱）落空损失费。

（三）道路阻塞停运费

在公路货物运输过程中，如发生因自然灾害等不可抗力因素造成的道路阻塞，导致无法完成全程运输，需要就近卸存、接运时，卸存费用、接运费用由托运人负担，已完运程收取运费，未完运程不收运费。如托运人要求回运，回程运费减半；应托运人要求绕道行驶或改变到达地点时，运费按实际行驶里程核收。

（四）车辆处置费

应托运人要求，运输特种货物、非标准箱等需要对车辆改装、拆卸和清理所发生的工料费用，均由托运人负担。

（五）车辆通行费

车辆通过收费公路、渡口、桥梁、隧道等发生的收费，均由托运人负担，其费用由承运人按照当地有关部门规定的标准代收代付。

（六）运输变更手续费

托运人要求取消或变更货物托运手续的，应核收变更手续费。因变更运输，承运人已发生的有关费用，应由托运人负担。

（七）延滞费

车辆按约定时间到达约定的装货地点或卸货地点，因托运人或收货人的责任而造成的车辆停运损失，应计收延滞费。

（八）检疫费

在运输过程中，国家有关检疫部门对车辆进行检疫而产生的检疫费，以及因检疫造成的车辆停运损失，由托运人负担。

（九）装卸费

货物装卸费由托运人负担。

（十）保管费

货物运达后，明确由收货人自取的，从承运人向收货人发出提货通知书的次日起计，第四日开始核收货物保管费；应托运人的要求或由于托运人的责任造成的，需要保管的货物，应计收货物保管费。货物保管费由托运人承担。

四、货物运费计算

（一）整批货物运费计算

整批货物运费按照货物运价价目计算。

整批货物运费计算公式为：

$$整批货物运费 = 吨次费 \times 计费重量 + 整批货物运价 \times 计费重量 \times 计费里程 + 货物运输其他费用$$

（二）零担货物运费计算

零担货物运费按照货物运价价目计算。

零担货物运费计算公式为：

零担货物运费=计费重量 × 计费里程 × 零担货物运价+货物运输其他费用

（三）集装箱运费计算

集装箱运费按照计价类别和货物运费价目计算。

集装箱运费计算公式为：

重（空）集装箱运费=重（空）箱运价 × 计费箱数 × 计费里程

（四）包车运费计算

包车运费按照包用车辆的不同类别分别制定。

包车运费的计算公式为：

包车运费=包车运价 × 包用车辆吨位 × 计费时间+货物运输其他费用

（五）运费单位

运费以元为单位，运费尾数不足1元时，四舍五入。

习题与训练

一、名词解释

运输货物　多班运输　整车货物运输　汽车零担货运　直达联合运输

二、单项选择题

1. 在审核汽车整车货物运输的托运单时，（　　）是属于予以受理的范围。

　　A. 法律禁止流通的物品

　　B. 属于国家统管的货物或经各级政府部门列入管理的货物

　　C. 已取得卫生检疫合格证明的动、植物

　　D. 需要托运人押运而托运人不能押运的货物

2. （　　）是指具有独立的封闭结构车厢或与驾驶室联成一体的整体式封闭结构车厢，装备有专用设施，用于载运人员货物或承担专门作业的专用汽车和专用挂车。

　　A. 厢式汽车　　　　　　　　B. 罐式汽车

　　C. 专用自卸车　　　　　　　D. 起重举升汽车

3. 专供或主要供厂矿、林区、农场、油田、旅游区、军事要地等与外部联系的公路称为（　　　）。

    A. 国道   B. 县道

    C. 专用公路   D. 乡道

4. 以运送货物为主且有倾卸货厢功能的汽车称为（　　　）。

    A. 载货汽车   B. 自卸汽车

    C. 专用汽车   D. 牵引车

5. 公路整批货物运输计量单位是（　　　）。

    A. 吨   B. 千克   C. 箱   D. 克

三、多项选择题

1. 在公路运输中，按货物托运批量分类，包括（　　　）。

    A. 汽车整车货物   B. 汽车零担货物

    C. 散装货物   D. 重点货物

2. 公路零担货物运输的特点是（　　　）。

    A. 货源具有不确定性   B. 货物来源具有广泛性

    C. 单位运输成本较低   D. 运输机动灵活

3. 下列关于大件货物公路运输的说法，正确的是（　　　）。

    A. 装车时应使货物的全部支承面均匀、平稳地放置在车辆底板上

    B. 运输过程中应在货物最长部位、最宽部位、最高部位悬挂明显的安全标志

    C. 承运方必须是取得道路大件货物运输经营资格的运输业户

    D. 大件货物重量指货物的毛重

4. 下列关于公路货物运输计价标准的说法，正确的是（　　　）。

    A. 整批货物运输计费重量以吨为单位

    B. 零担货物运输计费重量以千克为单位

    C. 出入境货物在无法按统一汇率折算的情况下可以使用其他自由货币为运价单位

    D. 货物运输计费里程尾数不足 1 km 的，进整为 1 km

5. 下列关于公路货物运费计算的说法，正确的是（　　　）。

    A. 运费以元单位，运费尾数不足 1 元时，按 1 元计算

    B. 整批货物运费＝吨次费×计费重量＋整批货物运价×计费重量×计费里程＋货物运输其他费用

    C. 零担货物运费＝计费重量×计费里程×零担货物运价＋货物运输其他费用

    D. 重（空）集装箱运费＝重（空）集装箱运价×计费箱数×计费里程

四、简答题

1. 简述整车运输的组织形式。

2. 零担货物运输的特点表现在哪些方面？

3. 零担货物运输的组织形式有哪些？

4. 简述危险货物运输的基本条件。

5. 公路运输计价重量如何确定？

案例讨论

　　2005年3月29日18点50分，车号为鲁H00099的槽罐车，标记吨位15 t，实际装载液氯29.44 t，加上罐体的重量约35 t，在山东驶往上海的京沪高速公路淮安段，左前胎突然爆胎，车体向左突破中间护栏冲至反向车道，右前胎又爆裂，并与对方车道上一辆装载着瓶装液化石油气的解放牌货车相撞。解放牌货车司机当场死亡，液化石油气瓶散落在高速公路上；槽罐车阀门破损，液氯泄漏，祸及公路旁村民。截至3月30日17时，中毒死亡者27人，送医院救治350多人，疏散村民近万人，受灾作物面积20 620亩，畜禽死亡约15 000头（只），直接经济损失2 900多万元。

案例研讨：

1. 造成本案例事故的主要原因是什么？

2. 谈谈你对危险货物运输的认识。

本章综合实训

一、实训名称

汽车货物整车运输合同的签订。

二、实训目标

1. 熟练掌握签订合同的流程。

2. 掌握合同的格式、内容和注意事项。

3. 训练学生的沟通能力、团队合作能力。

三、实训内容

1. 签订运输合同的相关资料（学生自己准备公司背景资料）。

2. 公路货物运输合同内容和格式（学生自己准备）。

四、实训步骤

1. 人员分工。首先进行人员分工。一个流程结束之后，交换角色训练。

（1）托运方1~4人：主谈判、副谈判、业务、记录

（2）承运方1~4人：主谈判、副谈判、业务、记录

2. 材料准备。公路里程表、记录用具等。

3. 提前做好合同内容条款准备并了解谈判技巧。

4. 公司内部组成2个代表队，分别担任资料中的甲方和乙方，但不是公司内部谈判，而是与本班内其他公司乙方和甲方谈判签订运输合同。

5. 合同打印，有双方签名和盖章（或手印）。

五、评价标准

1. 双方的责权利明确。

2. 体现公平性、真实性和可操作性。

六、成果形式

运输合同。

03 Chapter

第三章

水路货物运输

知识目标

- 掌握水路货运基础知识
- 熟悉水路货物运输的经营方式
- 熟悉水路货物运输的组织形式
- 熟悉海运进出口单证
- 掌握水路货物运输费用及计算

技能目标

- 能够组织水路货物运输
- 能够正确选择水路运输方式
- 能够处理常规货运单证
- 能够计算水路运输费用

素养目标

- 认识我国现代船业的科技进步与港口水运的世界领先地位，增强民族自豪感
- 了解海洋运输业务中的国际惯例，培养学生的国际视野

水路货物运输
- 水路货物运输概述
  - 水路运输的分类及特点
  - 水路运输的基本条件
  - 船舶航线和航次的概念
- 水路货物运输的经营方式
  - 班轮运输
  - 租船运输
- 水路货物运输组织
  - 海运进口货物运输业务
  - 海运出口货物运输业务
  - 内河货物运输组织
- 海运进出口单证
  - 海运主要货运单证
  - 货运单证的流转
  - 海运提单
- 水路货物运输费用
  - 班轮运费的计算
  - 不定期船运费或租金的计算方法

引例
加快"一带一路"高质量发展，水路运输先行

　　无论古今中外，水路运输在社会发展中都占有重要地位。

　　2016年，国务院批准的《全国内河航道与港口布局规划》（以下简称《规划》），对我国水路运输发展意义深远。《规划》实施后，我国形成18条主要干、支流高等级航道和28个主要港口布局，跨越我国20个省市，连接6个50万以上人口的城市、27个国家一类口岸，对于引导和有效地促进运输船舶的大型化以及标准化，实现内河水运产业升级发挥着很大的作用。

　　党的二十大报告指出：推动共建"一带一路"高质量发展。"一带一路"高质量发展给水路运输经济发展带来开放发展的良好机遇。"一带一路"高质量发展将打造陆海内外联动、东西双向开放的全面开放新格局，推进亚欧大陆桥集装箱海铁联运大通道建设，加强不同运输方式之间的互联性，水路运输在其中占有重要位置，具有良好的发展前景。

【引例分析】

　　水路运输在国民经济建设中始终发挥着重要作用。物流企业管理人员应了解水路运输的特点、船舶分类，熟悉租船业务流程、水路货物运输的基本条件、水路运输业务流程、费用计算方法等知识，以便能够为企业选择水路运输提出可行性建议。

第一节
水路货物运输概述

一、水路运输的分类及特点

水路运输是利用船舶等水运工具，在江、河、湖、海及人工运河等水道运输旅客、货物的一种运输方式。

（一）水路运输的分类

水路运输的分类有多种方法，如图3-1所示。

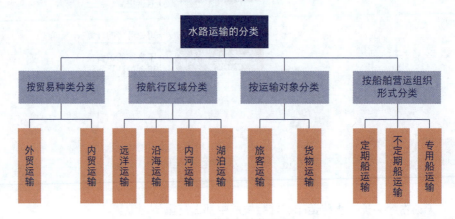

图3-1　水路运输的分类

（1）按贸易种类分类，水路运输可以分为外贸运输和内贸运输。外贸运输是指本国同其他国家和地区之间的贸易运输；内贸运输是指本国内部各地区之间的贸易运输。

（2）按航行区域分类，水路运输可以分为远洋运输、沿海运输、内河运输和湖泊（包括水库）运输。远洋运输是指国际之间的运输，以外贸运输居多；沿海运输是指几个邻近海区间或本海区内的运输，以内贸运输为主；内河运输是指在一条河流（包括运河）上或通过几条河流的运输，一般为国内运输；湖泊运输是指一个湖区内的运输，大多属于国内运输。

（3）按运输对象分类，水路运输可以分为旅客运输和货物运输。旅客运输是指以旅客和部分货物为载运对象的运输，有单一客运（包括旅游）和客货兼运之分。货物运输是指以货物为载运对象的运输，按货类分为散货运输和杂货运输两类，前者是指无包装的大宗货物，如石油、煤炭、矿砂等的运输；后者是指批量小，件数多或较零星的货物运输。

（4）按船舶营运组织形式分类，水路运输可分为定期船运输（即班轮运输）、不定期船运输和专用船运输。定期船运输是选配适合具体营运条件的船舶，在规定航线上，定期停靠若干固定港口的运输；不定期船运输是指船舶的运行没有固定的航线，而是按照运输任务或按照租船合同所组织的运输；专用船运输是指企业自置或租赁船舶从事本企业自有物资的运输。

（二）水路运输的特点

水路运输与其他几种运输方式相比，主要有运量大、成本低、效率高、能耗低、投资小的优点，同时也存在速度慢、环节多、自然条件影响大、机动灵活性差等缺点。

1. 水路运输的优点

（1）运量大。水路运输工具的单位装载量与水路运输通道的运输能力都较大，特别是海洋运输更是其他运输方式不可替代的。水路运输可以实现大吨位、大容量、长距离的运输。我国海运原油船舶载重吨大多已达到10万吨级，煤炭运输船舶普遍达到6万吨以上，集装箱船舶载箱量大多超过2 500个标准箱，而火车载重仅有几千吨。汽车和飞机的单位运能更不能与船舶相比。例如，我国常用的25 000吨级的运煤船，一艘船就相当于12列运煤火车或上万辆运煤汽车的载货量。

（2）能源消耗低。水路船用低速柴油机热效率可达40% ～ 50%，铁路内燃机热效率仅约30%。货运卡车和火车的能源消耗是内河船舶的2 ～ 10倍。以千吨·千米周转量、耗油量计算，水路营运客船、货船的分别相当于营运客车、货车的2/3、1/10左右。水路运输可以不占或少占土地，回填疏浚航道的泥沙还可以增加土地面积，而修建铁路或公路则要占用大量土地。据有关资料分析，修建每千米复线铁路或高速公路，分别占地约20 000平方米和40 000平方米。

（3）投资小、成本低。据有关资料分析，开发内河航道每千米投资仅为铁路旧线改造的1/5，或建新线的1/8；水路运输成本与运价一般低于铁路运输，更低于航空运输，水路运输的单位运输成本为铁路运输的1/8 ～ 1/4；内河运输全员劳动生产率比铁路高50%以上，而海运比铁路高出数倍。因此，水运具有良好的性价比。

（4）环境影响小。据测算，每运输单位吨·千米货物，需要付出的环境保护成本，铁路运输和公路运输分别为水路运输的3 ～ 10倍以上。水路运输是既经济又环保的运输方式，符合绿色经济、循环经济和可持续发展的要求。

（5）海运具有国际性。一是商船有权和平航行于公海和各国领海而不受他国管辖和限制，有权进入各国对外开放的、可供安全系泊的港口，因此海运在国际交通中极为方便；二是各国的商船可在国际海运上进行竞争。当然，海运是世界性的商务活动，除必须遵守各国的海运法规外，也要尊重国际法律。

2. 水路运输的缺点

（1）依赖于其他的运输方式。水路运输在整个综合运输系统中通常是一个中间运输环节，它在两端港口必须依赖于其他运输方式的衔接和配合，为其聚集和疏运货物。

（2）运输速度慢。水路运输的运输速度较其他运输方式要慢。一方面是因为船舶航行于水中时的阻力较大；另一方面是因为要实现大运量运输，货物的集中和疏散所需时间也长。

（3）外界营运条件复杂且变化无常。水路运输航线大多较长，要经过不同的地理区域和不同的气候地带，内河水道的水位和水流速度随季节不同变化很大，有些河段还有暗礁险滩，因而水路运输受自然因素的影响较大。据统计，每年全世界遇险的船舶约300艘。同时，水路运输受国际经济环境影响较大。

二、水路运输的基本条件

水路运输的基本条件是从船舶、港口、货物、水上航道（也称"船、港、货、线"）四个方面反映出来的。船舶是航运经营人从事运输服务的生产工具；港口是船货结合的集散地和衔接点；货物是运输服务的劳动对象；水上航道是船舶运行的活动场所。因此，船舶、港口、货物、水上航道构成了水路运输的基本要素，缺一不可。

（一）船舶

1. 按照货轮功能（或船型）的不同划分

微课：
船舶的分类

（1）杂货船。以装运零星件杂货为主，有2～3层全通甲板，4～8个舱口，甲板上有带围壁的舱口，舱口上有水密舱盖，一般能自动启闭，航速在13 n mile/h（节）左右，如图3-2所示。

（2）散装船。多用于装运煤炭、粮食、矿砂。这种船大多为单甲板，在舱内设有挡板以防货物移动，其航速在15 n mile/h（节）左右，如图3-3所示。

图3-2　杂货船　　　　　　　　　　　　图3-3　散装船

（3）多用途船。这类货轮可以根据营运上的需要而改变它的运载功能。

（4）冷藏船。船上有制冷设备，温度可调节，以适应不同货物的需要。这种船吨位不大，在2 000～6 000 t之间，航速在15 n mile/h（节）左右，如图3-4所示。

（5）油轮。又称油槽船，其船体分隔成若干个油舱，均为一层，并有纵向舱壁，以防未满载时，液体随船倾倒造成翻船。主机设在船尾，有油管通向油舱，最大的油船载重在50万t以上，航速16 n mile/h（节），如图3-5所示。

图3-4　冷藏船

图3-5　油轮

（6）木材船。船舱宽大，无中层甲板，舱口大，甲板上亦可装载木材，有各种系木设备和起重设备，载重在7 000～15 000 t之间。

（7）集装箱船。船上甲板平直，无梁拱与舷弧，舱内设格栅结构，航速在20～26 n mile/h（节），最快的可达35 n mile/h（节），如图3-6所示。

（8）滚装船。船的一侧或船的尾部可以打开并有伸缩跳板，装卸时，货物由拖车拖带（或自行开车）驶进、驶出船舱，其装载速度较快，如图3-7所示。

图3-6　集装箱船

图3-7　滚装船

（9）载驳船（缩写为LASH）。又称子母船，每条母船可载子船70～100条，每条子船载重300～600吨。母船载重多在5万～6万吨，最小的为2万余吨，最大的为20万余吨。在港口设备不齐全、港口拥挤或港口至内地之间无合适的运输工具而又需要依靠江河运输的情况下，就可利用这种船，子船可以吊上吊下或驶进驶出，如图3-8所示。

2. 按照货物载重量的不同划分

（1）巴拿马型船。这类船的载重量在6万～8万吨，船宽为32.3米，如图3-9所示。

图3-8　载驳船

图3-9　巴拿马型船

（2）超巴拿马型船。指船宽超过32.3米的大型集装箱船，如第五代集装箱船的船宽为39.8米，第六代集装箱船的船宽为42.8米。

（3）灵便型船。这类船的载重量为3万～5万吨，可用作沿海运输、近洋运输和远洋运输谷物、煤炭、化肥及金属原料等散装货物的船。

（二）港口

微课：
港口

港口的作用，是既为水路运输服务，又为内陆运输服务。货物运输无论由船舶转入陆运工具，还是由陆运工具转入船舶，都离不开港口的服务工作。一个现代化的港口，实际上也是城市海陆空立体交通的枢纽，是"综合运输体系"的中心。

1. 商港的种类

（1）按地理位置分类。

① 海湾港（bay port）。指地濒海湾，又据海口，常能获得港内水深地势的港口。海湾港具有同一港湾容纳数港的特点，如大连港、秦皇岛港等。

② 河口港（estuary port）。指位于河流入海口处的港口，如上海港、伦敦港、汉堡港等，如图3-10所示。

③ 内河港（inland port）。指位于内河沿岸的港口，居水陆交通的据点，一般与海港有航道相通，如南京港、芜湖港等，如图3-11所示。

图3-10　上海河口港

图3-11　南京内河港

（2）按用途目的分类。

①存储港（enter port）。一般地处水陆联络的要道，交通十分方便，同时又是工商业中心，港口设施完备，便于货物的存储、转运，为内陆和港口货物集散的枢纽。

②转运港（port of transshipment）。位于水陆交通衔接处，一方面将陆运货物集中，转由海路运出；另一方面将海上运入货物转由陆路疏运，而港口本身对货物需要不多，主要经办转运业务。

③停靠港（port of call）。地处航道要冲，为往来船舶必经之地，途经船舶如有需要，可作短暂停泊，以便添加燃料，补充食物或淡水。

2. 港口的通过能力

港口的通过能力是指在一定的时期和条件下，利用现有的工人，装卸机械与工艺所能装卸货物的最大数量。影响港口通过能力的因素有以下几个方面：

（1）港口水域面积。主要是了解该港口同时能接纳的船舶艘数。

（2）港口水深。主要是了解该港口所能接纳的船舶吨位。

（3）港口的泊位数。主要是了解该港口同时能接纳并进行装卸作业的船舶数。

（4）港口作业效率。主要是了解船舶将在该港口的停泊时间。一般需综合以下各种情况才能做出较正确的估算：①装卸机械的生产能力；②同时作业的舱口数或作业线数；③作业人员的工作效率；④业务人员的管理水平等。

（5）港口库场的堆存能力。由于海船、河船、火车、汽车的装载量差别很大，货物交接手续有快有慢，繁简不一。因此，需要换装或联运的货物往往需要在港口储存集疏。

（6）港口后方的集疏运能力。港口后方有无一定的交通网和一定的集疏运能力，不仅将影响到港口的通过能力，同时也影响到船舶的周转时间。

（三）货物

水路运输的货物包括原料、材料、工农业产品、商品，以及其他产品。它们的形态和性质各不相同，对运输、装卸、保管也各有不同的要求。从水路运输的要求出发，可以从货物的形态、性质、重量、运量等不同的角度进行分类。

📖 知识链接

分类依据	货物大类	货物小类	举　　例
根据装运形态	液体货	液体散装货（liquid bulk cargo）	石油、液体化学品
	散装货	干质散装货（solid bulk cargo）	谷物、木材、矿石

分类依据	货物大类	货物小类	举　例
根据装运形态	件杂货	包装货物（packed cargo）	服装、日用品
		裸装货物（unpacked /non-packed cargo）	小五金
		成组化货物（unitized cargo）	使用集装袋盛装的粉状、粒状的化工产品
		集装箱货物（containerized cargo）	仪器、小型机械、医药
根据货物性质	普通货物（General Cargo）	清洁货物（clean cargo）	纺织品、糖果、工艺品
		液体货物（liquid cargo）	饮料、酒类、油类
		粗劣货物（rough cargo）	烟叶、大蒜、颜料
	特殊货物（Special Cargo）	危险货物（dangerous cargo）	鞭炮、油漆
		冷藏货物（reefer cargo）	水果、肉类、冰激凌
		贵重货物（valuable cargo）	黄金、货币、精密仪器
		活的动植物（livestock and plants）	活的鸡鸭、小树苗
		长大、笨重货物（bulky and lengthy cargo, heavy cargo）	重型机械、大型钢材

（四）水上航道

现代水上航道已不仅是指天然航道，而且应包括人工航道、进出港航道，以及保证航行安全的航行导标系统和现代通信导航系统在内的工程综合体。

1. 海上航道

海上航道属于天然航道，其通过能力几乎不受限制。但是，随着船舶吨位的增加，有些海峡或狭窄水道会对通航船舶产生一定的限制。例如，位于新加坡、马来西亚和印度尼西亚之间的马六甲海峡，为确保航行安全，防止海域污染，三国限定通过海峡的油船吨位不超过22万吨，龙骨下水深必须保持在3.35 m以上。

2. 内河航道

内河航道大部分是利用天然航道加上引航的导标设施构成的。船舶航行应了解有关航道的一些主要特征，例如：航道的宽度、深度、弯曲半径、水流速度、过船建筑物尺度，以及航道的气象条件和地理环境等。必须具备以下通航条件：

（1）通航水深，其中包括：①潮汐变化；②季节性水位变化；③枯水期与洪水期水深等。

（2）通行时间，其中包括：①是否全天通行；②哪些区段不能夜航等。

（3）通行方式，应了解航道是单向过船还是双向过船等。

（4）通行限制，应了解：① 有无固定障碍物，如桥梁或水上建筑等；② 有无活动障碍物，如施工船舶或浮动设施等。

3. 人工航道

人工航道又称运河，是由人工开凿，主要用于船舶通航的河流。国际航运中，主要的人工航道有苏伊士运河、巴拿马运河等。

（1）苏伊士运河。通航水深：16 m；通行船舶：最大的船舶为满载15万吨或空载37万吨的油船；通行方式：单向成批发船和定点会船；通过时间：10 ~ 15 h。

（2）巴拿马运河。通航水深：13.5 ~ 26.5 m；通行船舶：6万吨级以下或宽度不超过32 m的船只；通过时间：16 h左右。

三、船舶航线和航次的概念

（一）航线

航线有广义的定义和狭义的定义。广义的航线是指船舶航行起讫点的线路；狭义的航线是指船舶航行在海洋中的具体航迹线，也包括画在海图上的计划航线。

1. 按性质划分航线

（1）推荐航线：航海者根据航区不同季节、风、洋流、雾等情况，通过长期航行实践形成的习惯航线，由航海图书等媒介推荐给航海者。

（2）协定航线：某些海运国家或海运单位为使船舶避开危险环境，协商在不同季节共同采用的航线。

（3）规定航线：一些国家或地区为了维护航行安全，在某些海区明确过往船舶必须遵循的航线。

2. 按所经过的航区划分航线

按所经过的航区划分，航线可分为大洋航线、近海航线、沿岸航线等。

（二）航次

船舶为完成某一次运输任务，按照约定安排的航行计划运行，从出发港到目的港为一个航次。班轮运输中航次及其途中的挂靠港都编制在班轮公司的船期表上。

对船舶航次生产活动的认识，可以归纳为以下几个方面：

（1）航次是船舶运输生产活动的基本单元，是航运企业考核船舶运输生产活动的投入与产出的基础。

（2）航次是船舶从事客货运输的一个完整过程，即航次作为一种生产过程，包括了装货准备、装货、海上航行、卸货等完成客货运输任务的各个环节。

（3）船舶一旦投入营运，所完成的航次在时间上是连续的，即上一个航次的结束，意味着下一个航次的开始，除非船舶进坞维修。如果航次生产活动中遇有空放航程，则应从上一个航次船舶在卸货港卸货完毕时起算；如果遇有装卸交叉作业，则航次的划分仍应以卸货完毕时为界。

（4）报告期内尚未完成的航次，应纳入下一报告期内计算，即：年度末或报告期末履行的航次生产任务，如果需跨年度或跨报告期才能完成，则该航次从履行时起占用的时间和费用都需要转入下一年度或下一报告期内进行核算。

（5）航次有4个阶段：① 预备航次阶段：指船舶开往装货港的阶段。② 装货阶段：指船舶抵达并停靠装货港，等待泊位和装载货物的整个阶段。③ 航行阶段：指船舶离开装货港，开往卸货港的整个阶段。④ 卸货阶段：指船舶抵达卸货港，等待泊位和停靠码头卸货的整个阶段。

第二节
水路货物运输的经营方式

国际上普遍采用的水路货物运输的经营方式分为两大类，即班轮运输和租船运输。

一、班轮运输

中华人民共和国国家标准《物流术语》（GB/T18354-2021）对班轮运输（liner transport）的定义是：在固定的航线上，以既定的港口顺序，按照事先公布的船期表航行的水上运输经营方式。

在班轮运输实践中，班轮运输可分为两种形式：一种是船舶严格按照预先公布的船期表运行，到离港口的时间基本上固定不变，这通常称之为"五定班轮"，即定航线、定船舶、定挂靠港、定到发时间、定运价的班轮运输；另一种是船舶运行虽有船期表，但船舶到离港口的时间可有一定的伸缩性，并且航线上虽有固定的始发港和终点港，但中途挂靠港则视货源情况可以有所增减，通常称之为"弹性班轮"，即所谓的定线不严格定期的班轮运输。

（一）班轮运输的特点
（1）船舶按照固定的船期表、沿着固定的航线和港口来往运输，并按照相对固定的运费率收取运费。

（2）运价内已包括装卸费用，货物由承运人负责配载装卸，船货双方也不计算滞期费和速遣费。

（3）船货双方的权利、义务、责任、豁免以船方签发的提单条款为依据。

（4）班轮承运的货物品种、货物数量比较灵活，货运质量较有保证，且一般采取在码头仓库交接货物的方式，故为货主提供了较为便利的条件。

（二）经营班轮运输必须具备的条件

班轮公司在经营班轮运输时，除了航线上应具备足够的稳定货源外，还必须具备其他一些条件，其中包括以下几方面：

1. 必须配置技术性能较高、设备齐全的船舶

班轮公司要在班轮航线上维持正常的经营，就需要配置一定数量的船舶，以保持一定的发船密度。同时，为了满足不同货载对运输的要求，例如冷藏货、贵重货、重大件和少量液体散装货物等运输要求，就规定配置的船舶技术性能高、设备比较齐全。例如，需要有冷藏舱、贵重物品舱室、能装运液体散货的深舱和负荷量较大的装卸设备，为了便于不同港口各种货物的装载与分隔，保证货运质量，船舶的货舱应有多层甲板等。

2. 需租赁专用码头和设备，设立相应的营业机构

经营班轮运输时，为了尽量减少船舶在港时间，节约港口费用支出，班轮公司通常需要在一些基本的挂靠港口租赁专用码头和装卸作业设备。同时，为了争取和保证获得尽可能多的货载，船公司一般需要在一些基本的挂靠港口或有关地区设立相应的营业机构。

3. 需要给船舶配备技术水平和业务水平较高的船员

班轮船舶载运的主要是件杂货，品种繁多，货物的特性和包装形式差异很大，挂靠港口较多，装卸作业频繁。通常一艘船舶一个航次载运数百票甚至上千票货物，而且又分属许多不同的货主，对货物在舱内的积载和保管都有具体不同的要求，稍有疏忽，就可能造成货损货差事故。为了航行安全和货运质量的需要，班轮船舶应配备受过专业培训且货运技术和业务水平都比较高的船员，尤其需要配备有丰富经验的管理人员。

4. 需要有一套适用于小批量接受货物托运的货运程序

由于班轮船舶承运的货物种类多、批量小，且分属许多不同的货主，班轮承运人也不可能与每一个托运人分别签订运输合同，协商运输条件，更不能要求每一个托运人都将货物送至船边直接装船或由收货人在船边提取货物。因此，班轮运输要求其经营人建立起一套适用于小批量接受货物托运的货运程序，以保障稳定的货源和招揽零星的货载。

（三）班轮运输承运人与托运人的责任划分

班轮运输承运人是指班轮运输合同中承担提供船舶并负责运输的当事人，班轮运输托运人是在班轮运输合同中委托承运人运输货物的当事人。承运人同托运人责任和费用的划分界限一般在船上吊杆所能达到的吊钩底下。换言之，托运人将货物送达吊钩底下后就算完成交货任务，然后由承运人负责装船。但风险的划分一般以

船舷为界，即货物在装运港越过船舷以前发生的风险由托运人负责，越过船舷以后的风险由承运人负责。承运人最基本的义务是按照合理的期限将货物完整无损地运到指定地点并交给收货人。托运人的基本义务是按照约定的时间、品质和数量准备好托运的货物，保证船舶能够连续作业，并及时支付相关费用。

（四）班轮船期表

1. 班轮船期表的作用

（1）招揽航线途经港口的货源，既满足货主的需要，又体现班轮公司服务的质量。

（2）有利于船舶、港口、货物之间的及时衔接，缩短船舶在挂靠港的停留时间，加快货物的送达速度，提高港口作业的效率。

（3）有利于提高船舶公司航线经营计划的质量。

2. 班轮船期表的主要内容

班轮船期表的主要内容包括：航线、船名、航次、始发港、中途港、目的港、到达与驶离各港的时间，以及有关注意事项。各班轮公司由于情况不同，编制公布的船期表也各有差异，典型的集装箱班轮船期表如表3-1所示。

表3-1　集装箱班轮船期表

20××年上海/美西（CENTRAL CHINA-LONG BEACH EXPRESS WEEKLY SERVICE）CLX

船　　名	航　　次	进箱日	截港日	装　期	开　航	LGB12
LINGYUNHE	057E	5—29	6—1	6—2	6—3	6—15
FEIYUNHE	022E	6—5	6—8	6—9	6—10	6—22
TENGYUNHE	032E	6—12	6—15	6—16	6—17	6—29
QINGYUNHE	075E	6—19	6—22	6—23	6—24	7—6

（五）班轮货运业务内容

班轮货运业务包括揽货、订舱与接受托运、备货报检、货物收集与交接、报关、装船、换取提单与结汇、海上运输、卸货、交付货物、误卸处理及保函的运用等方面。

1. 揽货

揽货是指从事班轮运输经营的班轮公司为使自己所经营的班轮运输船舶能在载重量和舱容上得到充分利用，做到"满舱满载"，以获得最好的经营效益而从货主那里争取货源的行为。揽货的实际成绩如何，直接影响到班轮公司的经营效益，并关系着班轮经营的成败。

揽货通常的做法是班轮公司在所经营的班轮航线的各挂靠港口及货源腹地通过自己的营业机构或船舶代理人与货主建立业务关系；通过报纸、杂志刊登船期表；通过与货主、无船承运人或货运代理人等签订货物运输服务合同或揽货协议来争取货源。

2. 订舱与接受托运

订舱是指托运人或其代理人向班轮公司或其营业所或代理机构等（即承运人）申请货物运输，承运人对这种申请给予承诺的行为。承运人与托运人之间不需要签订运输合同，而是以口头或订舱函电进行预约，只要班轮公司对这种预约给予承诺，并在舱位登记簿上登记，即表明承托双方已建立有关货物运输的关系。承托双方即分头着手开始办理货物出口手续和货物装船承运的一系列准备工作。

3. 备货报检

托运人要根据出口成交合同及信用证中有关货物的品种、规格、数量、包装等规定，按时、按质、按量地准备好应交的出口货物，并做好申请报验和领证工作。冷藏货要做好降温工作，以保证装船时符合规定温度要求。在我国，凡是列入商检机构规定的"种类表"中的商品以及根据信用证、贸易合同规定由商检机构出具证书的商品，均需要在出口报关前，填写"出口检验申请书"申请商检。有的出口商品需要鉴定重量，有的出口商品需要进行动植物检疫或卫生检验、安全检验，这些都要事先办妥，取得合格的检验证书。做好出运前的准备工作，货证都已齐全的，即可办理托运工作。

📊 知识链接

为了提高进口通关效率，降低进口检验费用，1998年3月，国务院将原国家进口商品检验局、原卫生部卫生检疫局和原农业部动植物检疫局合并组建成新的"国家出入境检验检疫局"。"三检合一"，把过去的三次申报、三次抽样检验，变为一次报验、一次取样、一次检验检疫、一次卫生除害处理、一次发证放行，形成一种高效率的通关制度。

4. 货物收集与交接

对于普通货物，在班轮运输中，为了提高装船效率，减少船舶在港停泊时间，不致延误船期，通常都采用集中装船的方式。集中装船是指由班轮公司在各装货港指定装船代理人，在各装货港的指定地点（通常为码头仓库）接受托运人送来的货物，办理交接手续后，将货物集中并按货物的卸货次序进行适当的分类，以便装船。同时，班轮公司应将编制好的装货清单及时递送理货方、港方、装船代理人、船代等，以利于相关方做好装船、进出库场和船舶积载计划等工作。

5. 报关

货物集中港区后，把编制好的出口货物报关单连同装货单、发票、装箱单、商检证、外销合同、外汇核销单等有关单证，向海关申报出口，经海关关员查验合格后，即在装货单上盖章放行，货物方可装船。

6. 装船

装船是指托运人将其托运的货物送至码头承运船舶的船边并进行交接，然后将货物装到船上的行为。如果船舶是在锚地或浮筒作业，托运人还应负责使用自己的或租用的驳船将货物装到船上，亦称直接装船。对于一些特殊的货物，如危险品、冷冻品、鲜活货物、贵重货物和重大件货物等，多采用船舶直接装船的方式。

在装船前，理货员代表船方，收集经海关放行货物的装货单和收货单，经过整理后，按照积载图和舱单，分批接货装船。装船过程中，托运人委托的货运代理应有人在现场监装，随时掌握装船进度，并处理临时发生的问题。货物装船完毕，理货组长要与船方大副共同签署收货单，并交与托运人。理货员如发现某批货物有缺陷或包装不良，即在收货单上批注，并由大副签署，以确定船货双方的责任。但作为托运人，应尽量争取不在收货单上批注以取得清洁提单。

7. 换取提单与结汇

货物装船完毕，托运人即向收货人发出装船通知，并可凭收货单向班轮公司或其代理换取已装船提单。托运人凭已装船提单，备齐合同或信用证规定的结汇单证，在合同或信用证规定的议付有效期限内，向银行交单，办理结汇手续，提取货款。

8. 海上运输

海上承运人对装船货物负有安全运输、保管、照料的责任，并根据货物提单条款划分与托运人之间的责任、义务和权利。

9. 卸货

卸货是指将船舶所承运的货物在卸货港从船上卸下，并在船舶交给收货人或代其收货的人并办理货物的交接手续。班轮公司在卸货港的代理人根据船舶发来的到港电报，一方面，编制有关单证，联系安排泊位和准备办理船舶进口手续，约定装卸公司，等待船舶进港后卸货；另一方面，还要把船舶预定到港的时间通知收货人，以便收货人及时做好接收货物的准备工作。在班轮运输中，为了使分属于众多收货人的各种不同的货物能在船舶有限的停泊时间内迅速卸完，通常都采用集中卸货的办法，即由班轮公司所指定的装卸公司作为卸货代理人总揽卸货，并向收货人交付货物的工作。

10. 交付货物

交付货物是指班轮公司凭提单将货物交付给收货人的行为。实际业务中是收货人将提单交给船公司在卸货港的代理人，经代理人审核无误后，签发提货单并交给收货人，收货人再凭提货单前往码头仓库提取货物并与卸货代理人办理交接手续。

交付货物的方式有仓库交付货物、船边交付货物、货主选择卸货港交付货物、变更卸货港交付货物、凭保证书交付货物等。货主选择卸货港交付货物是指货物在装船时货主尚未确定具体的卸货港，待船舶开航后再由货主选定对自己最方便或最有利的卸货港，并在这个港口卸货和交付货物。变更卸货港交付货物是指在提单上所记载的卸货港以外的其他港口卸货和交付货物。凭保证书交付货物是指，收货人无法以交出提单来交换提货单提取货物，按照一般的航运惯例，通常由收货人开具保证书，以保证书交换提货单提取货物。

11. 误卸处理

卸货时，船方和装卸公司应根据载货清单和其他有关单证认真卸货，避免发生差错，然而由于众多原因难免发生将本应在其他港口卸下的货物卸在本港，或本应在本港卸下的货物却遗漏未卸的情况，通常将前者称为溢卸，后者称为短卸。溢卸和短卸统称为误卸。关于因误卸而引起的货物延迟损失或货物的损坏转让问题，一般在提单条款中都有规定，因误卸发生的补送、退运的费用由船公司负担，但对因此而造成的延迟交付或货物的损坏，班轮公司不负赔偿责任。如果误卸是因标志不清、不全或错误，以及因货主的过失造成的，则所有补送、退运、卸货和保管的费用都由货主负担，班轮公司不负任何责任。

12. 保函的运用

保函即保证书。为了方便，班轮公司及银行都印有一定格式的保证书。其作用包括凭保函交付货物、凭保函签发清洁提单、凭保函倒签预借提单等。在凭保函交付货物的情况下，收货人保证在收到提单后立即向班轮公司交回全套正本提单，承担应由收货人支付的运费及其他费用。对因未提交提单而提取货物所产生的一切损失均承担责任，并表明对于保证内容，由银行与收货人一起负连带责任。凭保函签发提单则使得托运人能以清洁提单、已装船提单顺利地结汇。关于保函的法律效力，海牙规则和维斯比规则都没有做出规定。考虑到保函在海运业务中的实际意义和保护无辜的第三方的需要，汉堡规则第一次就保函的效力问题做出了明确的规定：保函是承运人与托运人之间的协议，不得对抗第三方，承运人与托运人之间的保函，只是在无欺骗第三方意图时才有效；如发现有意欺骗第三方，则承运人在赔偿第三方时，不得享受责任限制，且保函也无效。

二、租船运输

中华人民共和国国家标准《物流术语》（GB/T18354-2021）对租船运输（shipping by chartering）的定义是：船舶出租人把船舶租给承租人，根据租船合同的规定或承租人的安排来运输货物的运输方式。由于这种经营方式需要在市场上寻求机会，没有固定的航线和挂靠港口，也没有预先制定的船期表和费率本，船舶经营人与需要船舶运力的租船人是通过洽谈运输条件，签订租船合同来安排运输的，故称之为租船运输。

（一）租船运输的基本特点

（1）租船运输的营运组织取决于各种租船合同。船舶所有人与船舶承租人双方首先必须签订租船合同才能安排船舶营运，合同中除了需规定船舶的航线、载运的货物种类及停靠的港口外，还需具体说明双方的权利和义务。

（2）租船运输的运费或租金水平的高低直接受租船合同签订时的航运市场行情波动的影响。世界政治经济形势、船舶运力供求关系的变化，以及通航区域的季节性气候条件等，都是影响运费或租金水平高低的主要因素。

（3）租船运输中的有关船舶营运费用及开支，取决于不同的租船方式，由船舶所有人和船舶承租人分担，并在租船合同中说明。

（4）不定航线，不定船期。船舶所有人对于船舶的航线、航行时间和货载种类等按照租船人的要求来确定。

（5）租船运输主要服务于专门的货运市场，承运大宗类货物，如谷物、油类、矿石、煤炭、木材、砂糖、化肥、磷灰土等，并且一般都是整船装运的。

（6）各种租船合同均有相应的标准合同格式。一般由船舶所有人与租方通过各自的或共同的租船经纪人洽谈并成交租船业务。

（二）租船运输的种类

1. 航次租船

航次租船又称程租船，是一种由船舶所有人向租船人提供特定的船舶，在特定的两港或数港之间从事一个特定的航次或几个航次承运特定货物的方式。简单地说，对这种方式可用四个"特定"来概括，即特定的船舶、特定的货物、特定的航次、特定的港口。

航次租船是租船市场上最活跃的一种方式，且对运费的波动最为敏感，其主要特点如下：

（1）船舶的营运调度由船舶所有人负责，船舶的燃料费、物料费、修理费、港口费、淡水费等营运费用也由船舶所有人负担。

（2）船舶所有人负责配备船员，负担船员的工资、伙食费。

（3）航次租船的"租金"通常称为运费，运费按货物的数量及双方商定的费率计收。

（4）在租船合同中，需要订明货物的装、卸费用由船舶所有人或船舶承租人负担，装、卸时间的计算方法，以及延滞费和速遣费的标准及计算办法。

2. 定期租船

定期租船又称期租船，是指由船舶所有人按照租船合同的约定，将一艘特定的船舶在约定的期间交给承租人使用的租船方式。这种租船方式不以完成航次数为依据，而以约定使用的一段时间为限。在这个期限内，船舶承租人可以利用船舶的运载能力来安排运输货物；也可以用以从事班轮运输，以补充暂时的运力不足；还可以用航次租船方式承揽第三方的货物，以取得运费收入；船舶承租人还可以在租期内将船舶转租，以获取租金差额的收益。关于租期的长短，完全由船舶所有人和船舶承租人根据实际需要洽商而定。

定期租船方式的主要特点如下：

（1）船长由船舶所有人任命，船员也由船舶所有人配备，并负担他们的工资和给养，但船长应听从船舶承租人的指挥，否则船舶承租人有权要求船舶所有人予以撤换。

（2）营运调度由船舶承租人负责，并负担船舶的燃料费、港口费、货物装卸费、运河通行费等与营运有关的费用，而船舶所有人则负担船舶的折旧费、维修保养费、船用物料费、润滑油费、船舶保险费等船舶维持费。

（3）合同中订有关于租期长短、租金率、交船和还船、停租，以及产生合同纠纷的处理方式等内容的条款。

3. 包运租船

包运租船又称运量合同租船，是指船舶所有人以一定的运力，在确定的港口之间，按事先约定的时间、航次周期，每航次以较均等的运量完成全部货物运输的租船方式。

包运租船方式的主要特点如下：

（1）包运租船合同中不规定船舶的船名及国籍，仅规定船舶的船级、船舶的船龄和船舶的技术规范等，船舶所有人只需对照这些要求提供能够完成合同规定每航次货运量的运力即可，这对船舶所有人在调度和安排船舶方面是十分灵活、方便的。

（2）租期的长短取决于货物的总量及船舶航次周期所需的时间。

（3）船舶所承运的货物主要是运量特别大的干散货物或液体散装货物，船舶承租人往往是业务量大、实力强的综合性工矿企业、贸易机构、生产加工集团或石油公司。

（4）船舶航次中所产生的时间延误的损失风险由船舶所有人承担，而对于船舶在港装卸货期间所产生的延误，则通过在合同中订立"延滞条款"的办法来处理，通常是由船舶承租人承担船舶在港的时间损失。

（5）运费按船舶实际装运货物的数量及商定的费率计收，通常按航次结算。

4. 光船租船

光船租船又称船壳租船，是指在租期内船舶所有人只提供一艘空船给船舶承租人使用，而配备船员、供应给养、船舶的营运管理以及一切固定或变动的营运费用均由船舶承租人承担。也就是说，船舶所有人在租期内除了收取租金外，不再承担任何责任和费用。

光船租船方式的主要特点如下：

（1）船舶所有人只提供一艘空船。

（2）全部船员由船舶承租人配备并听从承租人的指挥。

（3）船舶承租人负责船舶的经营及营运调度工作，并承担在租期内的时间损失，即承租人不能"停租"。

（4）除船舶的基本费用外，船舶承租人承担船舶的全部固定及变动的费用。

（5）租金按船舶的装载能力、租期及商定的租金率计算。

虽然光船租船的租期一般都比较长，但是，国际上以这种方式达成的租船业务并不多。

（三）租船业务内容

租船业务流程主要包括询盘、报盘、还盘、接受和签订租船合同等五个环节，如图3-12所示。

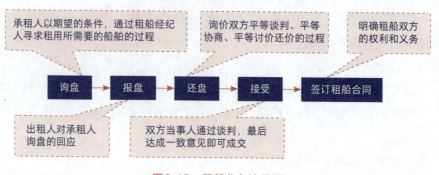

承租人以期望的条件，通过租船经纪人寻求租用所需要的船舶的过程

询价双方平等谈判、平等协商、平等讨价还价的过程

明确租船双方的权利和义务

询盘 → 报盘 → 还盘 → 接受 → 签订租船合同

出租人对承租人询盘的回应

双方当事人通过谈判，最后达成一致意见即可成交

图3-12　租船业务流程图

（四）标准租船合同范本

为了简化签订租船合同的手续，加快签约的进程和节省为签订租船合同而发生的费用，也为了能通过在合同中列入一些对自己有利的条款，以维护自己一方的利益，在国际航运市场上，一些航运垄断集团、大的船公司及货主垄断组织，先后编制了供租船双方选用、作为洽商合同条款基础的租船合同范本。租船合同范本的种类很多，标准航次租船合同代表范本是"金康"（GENCON），定期租船合同代表范本有"纽约土产"（NYPE），光船租船合同代表范本有"光租"（BARECON）等。

📺 知识链接

目前，世界上主要的租船市场为：

1. 英国伦敦租船市场

英国伦敦的波罗的海交易所（The Baltic Exchange）是公认的世界上历史最悠久、租船业务最多的散杂货租船市场。波罗的海商业航运交易所的主要业务包括租船、船舶买卖、粮食和油料作物种子交易，以及航空租机交易。

2. 美国纽约租船市场

美国纽约租船市场是仅次于伦敦租船市场的世界第二大租船市场。纽约租船市场上的主顾是谷物、铁矿石、煤炭进出口商和希腊及挪威的船东。成交的船舶主要是油船、散装粮船和其他干散货船。

3. 北欧租船市场

北欧租船市场包括挪威的奥斯陆、瑞典的斯德哥尔摩、德国的汉堡、荷兰的鹿特丹等专业化船舶租船市场，以租赁特殊的高技术船舶为主，如冷藏船、液化石油气船、滚装船等。在租船方式上以长期期租为主。

4. 亚洲租船市场

亚洲租船市场包括日本东京、中国的香港、上海和东南亚的新加坡等租船市场，成交的主要是短程近洋运输船舶的租赁。

第三节
水路货物运输组织

一、海运进口货物运输业务

海运进口货物运输业务，指根据贸易合同中有关运输条件，把向国外的订货加以组织，通过海运方式运进国内的一种业务。这种业务必须取决于价格条件。海运进口货物运输业务，一般包括以下环节，如图3-13所示。

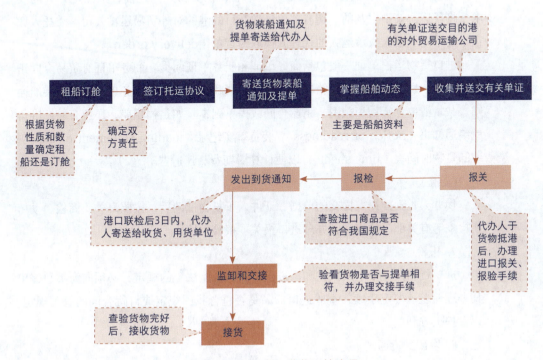

图3-13　海运进口货物运输流程

1. 租船订舱

根据贸易合同的规定，负责货物运输的一方要根据货物的性质和数量决定租船或订舱。不论租船或订舱，均需要办理租船或订舱手续。一般均委托代理公司代为办理。在办理委托时，委托人需要填写"进口租船订舱联系单"，提出具体的要求。

2. 签订托运协议

委托人向代办人（对外贸易运输公司）提出代办海运进口货物的国内港口交接和国内代运业务，双方签订《海运进口货物国内代运委托协议书》作为交接、代运工作中双方责任划分的依据。

3. 寄送货物装船通知及提单

委托人收到国外发货人发出的货物装船通知后，立即转告代办人。同时，国外发货人按贸易合同确定的由交货地向货运目的港港口所在地的对外贸易运输公司发送货物装船通知及提单。

4. 掌握船舶动态

船舶动态主要包括船名、船籍、船舶性质、装卸港顺序、预抵港日期、船舶吃水和该船所载货物的名称数量等方面的信息。船舶动态信息可获自各船舶公司提供的船期表、国外发货人寄来的装船通知、单证资料、发货电报，以及有关单位编制的进口船舶动态资料等。

5. 收集并送交有关单证

委托人通过结汇银行对外付汇、赎单后，在货物到港之前，按照代办人的要求，将代运协议中提及的一切有关单证送交目的港的对外贸易运输公司。委托人凭正本提单向承运人或承运人的代理人换取提货单（delivery order）。

进口货物运输单证一般包括商务单证和船务单证两类。商务单证有贸易合同正本或副本、发票、提单、装箱单、品质证明书和保险单等；船务单证主要有装船通知、载货清单、货物积载图、租船合同或提单副本。如是程租船，还应有装卸准备就绪通知书（notice of readiness）、装货事实记录（loading statement of facts）、装卸货物时间表（time sheet），以便计算滞期费、速遣费。

6. 报关

代办人收到委托人提交的单据、证件，于货物抵港后，按照海关、商检、动植物检疫等有关部门的规定，办理进口报关、报验手续。

7. 报检

进口货物按《中华人民共和国进出口商品检验法》的规定，必须向海关总署申请办理检验、鉴定手续，查验进口商品是否符合我国规定或订货合同的有关规定，以保护买方利益。

8. 发出到货通知

在进口货物船舶抵达国内港口联检后 3 日内，代办人港口机构填制"海运进口货物到货通知书"，寄送给委托人或由委托人指明的收货单位、用货单位。委托人或收货单位、用货单位收到到货通知书后，对该通知书逐项核对，如发现内容有误，用电报通知代办人港口机构纠正。如属于同一张提单内货物需要分运几个地点，则必须告知代办人港口机构，由代办人港口机构根据港口条件酌情受理。

9. 监卸和交接

（1）一般由船方申请理货，负责把进口货物按提单、标记点清件数，查验包装情况，分清后拨交收货人。监卸人一般是收货人的代办人。监卸人员与理货人员密切配合，把好货物数量关和质量关，要求港方卸货人员按票卸货，严禁不正常操作和混卸。

（2）已卸存库场的货物，应按提单、标记分别码垛、堆放。

（3）对于船边现提货物和危险品货物，根据卸货进度及时与车、船方面人员联系，做好衔接工作，防止因卸货与拨运工作脱节而产生等车卸货或车到等货的现象。

（4）对于超限重大件货物，应事先提供正确的尺码和数量，以便准备接运车驳，加速疏运进度。

（5）货物卸货后，检查有无漏卸情况，在卸货中如发现短少或残损，应及时向船方或港方办理有效签证，并共同做好验残工作。

（6）验卸时要注意查清：

① 货物内的包装的残损和异状。

② 货物损失的具体数量、重量、程度，以及受损货物或短少货物的型号和规格。

③ 判断致残短少的原因。

10. 接货

代办人港口机构收到委托人或收货、用货部门对到货通知的反馈后，根据委托人的授权代办加保手续和选择运输方式。在货物由港口发运后，另以承运部门的提货通知（运单）或《发货通知书》，通知委托人或收货、用货单位据以收货。代运货物到达最终目的地时，收货、用货单位与承运部门办理交接，查验铅封是否完好，外观有无异状，件数是否相符，是否发生短少、残损。如发现短少、残损，收货、用货单位必须及时向承运部门获取商务记录，于货到10日内，交代办人向承运部门、保险公司或责任方办理索赔。如发现国外错装或代办人错发、错运、溢发，收货、用货单位必须立即采取措施，妥善保管货物，并及时通知代办人。

二、海运出口货物运输业务

海运出口货物运输业务是根据贸易合同有关运输条件，把售予国外客户的出口货物加以组织和安排，通过海运方式运到国外目的港的一种业务。海运出口货物运输流程主要包括审证、备货报验、托运订舱、保险、出口货物集中港区、报送和交接、装船、装船通知及支付运费等。主要环节和程序如图3-14所示。

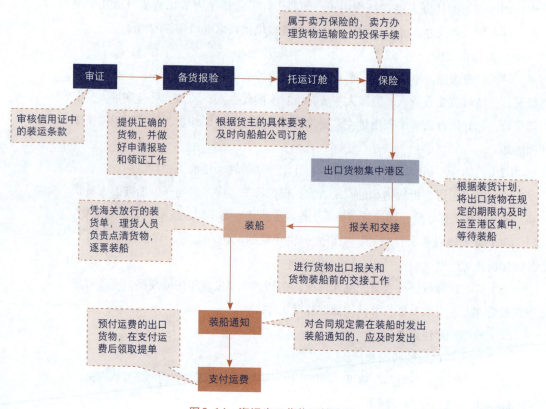

图3-14　海运出口货物运输流程

1. 审证

审证是指审核信用证中的装运条款。为使出运工作顺利进行，在收到信用证后，必须审核信用证中有关的装运条款，如装运期，结汇期，装运港，目的港，是否能转运或分批装运，以及是否指定船舶公司、船名、船籍和船级等，有的来证要求提供各种证明，如航线证明书、船籍证等，对这些条款和规定，应根据我国政策、国际惯例、要求是否合理以及是否能办到等来考虑接受或提出修改要求。

2. 备货报验

备货报验是指提供正确的货物，并做好申请报验和领证工作。相关内容可参见班轮货运业务备货报验内容。

3. 托运订舱

编制出口托运单，即可向货运代理办理委托订舱手续。货运代理根据货主的具体要求，按航线分类整理后，及时向船舶公司或其代理订舱。货主也可直接向船舶公司或其代理订舱。当船舶公司或其代理签出装货单，定舱工作即可完成，这意味着托运人和承运人之间的运输合同已经缔结。

4. 保险

货物订妥舱位后，属于卖方保险的，即可办理货物运输险的投保手续。保险金额通常是以发票的CIF价加成投保（加成数根据买卖双方约定，如未约定，则一般加10%投保）。

5. 出口货物集中港区

当船舶到港装货计划确定后，按照港区进货通知并在规定的期限内，由托运人办妥集运手续，将出口货物及时运至港区集中，等待装船，做到批次清、件数清、标志清。向港区集中时，应按照卸货港的先后顺序和货物的积载顺序发货，以便按先后顺序装船。对出口的大宗货物，可联系港区提前发货。有船边现装条件的货物，也可按照装船时间将货物直送港区船边现装，以节省进仓出仓手续和费用。对危险品、重大件、冷冻货或鲜活商品、散油等需要特殊运输工具、起重设备和舱位的，应事先联系安排好调运、接卸、装船作业。发货前要按票核对货物品名、数量、标记、配载船名、装货单号等项，做到单、货相符和船、货相符。要注意发货质量，发现有包装破损或残损时，应由发货单位负责修理或调换。

6. 报关和交接

货物集中到港区后，发货单位必须向海关办理申报出口手续，这叫做出口报关。通关手续极为繁琐又极其重要，如不能顺利通关则无法完成交易。

（1）属于法定检验的出口商品必须办理出口商品检验证书。目前，我国进出口商品检验工作主要有四个环节：① 接受报检。指对外贸易关系人向商检机构报请检验。② 抽样。商检机构接受报检之后，及时派员赴货物堆存地点进行现场检验、鉴定。③ 检验。商检机构接受报检之后，认真研究申报的检验项目，确定检验内容。并仔细审核合同（信用证）对品质、规格、包装的规定，弄清检验的依据，确定检验标准、检验方法。（检验方法有抽样检验、仪器分析检验、物理检验、感官检验、微生物检验等）。④ 签发证书。在出口方面，凡列入"种类表"内的出口商品，经商检机构检验合格后，签发放行单（或在"出口货物报关单"上加盖放行章，以代替放行单）。

（2）必须由持有专业报关证人员，持出口货物报关单、装箱单、发票、报关委托书、出口结汇核销单、出口货物合同副本、出口商品检验证书及有关单证，在装货的24小时之前向运输工具所在地或运输工具出境地海关办理通关手续。

7. 装船

海关放行后，发货单位凭海关加盖放行章的装货单与港务部门和理货人员联系，查看现场货物并做好装船准备，理货人员负责点清货物，逐票装船。港口装卸作业区负责装货，并按照安全积载的要求，做好货物在舱内的堆码、隔垫和加固等工作。

在装船过程中，要派人进行监装，随时掌握装船情况和处理工作中所发生的问题。监装人员对一级危险品、重大件、贵重品、特种商品和驳船来货的船边接卸直装工作，要随时掌握情况，防止接卸和装船脱节。

装船完毕，应将大副签发的收货单递交原发货单位，凭以调换已装船提单。

8. 装船通知

对合同规定需在装船时发出装船通知的，应及时发出，特别是由买方自办保险的，如因卖方延迟发出或没有发出装船通知，致使买方不能及时或没有投保而造成损失的，卖方应承担责任。

9. 支付运费

船舶公司为正确核收运费，在出口货物集中港区仓库或库场后申请商检机构对其衡量。凡需预付运费的出口货物，船舶公司或其代理人必须在收取运费后发给托运人运费预付的提单。如属于到付运费货物，则在提单上注明运费到付，由船舶公司卸港代理在收货人提货前向收货人收取。

三、内河货物运输组织

（一）内河货物运输分类

1. 按水路货物运输合同的承租期限分类

按水路货物运输合同的承租期限分为航次租船运输、定期租船运输、包运租船运输。航次租船运输是指出租人向承租人提供船舶的全部舱位或部分舱位，装运约定的货物，从一港运到另一港的运输形式；定期租船运输是指出租人以特定的船舶租给承租人使用一个特定期限的货物运输；包运租船运输是指出租人在规定的时间内以完成承租人规定的货运总量和货运计划为目的的货物运输。

2. 按运输货物性质和特点分类

按运输货物的性质和特点分为普通大宗货物运输（如煤、砂、矿石等）和特种货物运输（如活植物、活动物、危险品货物、笨重货物、长大货物、易腐货物等）。

3. 按货物包装分类

按货物的包装状况分为散装货物（无包装）运输、集装箱运输、单元滚装运输等。

4. 按货物运输组织形式分类

按货物运输组织形式分为直达运输、多式联运等。

（二）内河货物运输管理

按照我国的相关法律、法规和规章，内河货物运输必须依据《中华人民共和国民法典》（简称《民法典》）、《危险化学品安全管理条例》《国内水路货物运输规则》的规定进行业务活动。内河货物运输作业流程如图3-15所示。

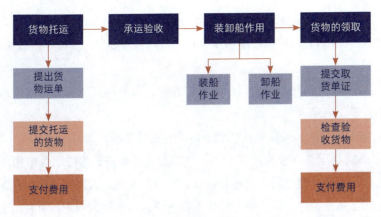

图3-15 内河货物运输作业流程

1. 水路货物运输合同管理

水路货物运输合同是指承运人收取运输费用，负责将托运人托运的货物经水路由一港（站、点）运至另一港（站、点）的书面合同。

以航次租船运输合同为例，合同条款有：出租人名称和承租人名称，货物名称、件数、重量、体积（长、宽、高），运输费用及其结算方式，船名，载货重量，载货容积及其他资料，起运港和到达港，货物交接的地点和时间，受载期限，运到期限，装货期限与卸货期限及其计算方法，滞期费率和速遣费率，包装方式，识别标志，违约责任，解决争议方法等。

2. 货物的托运管理

托运货物时，托运人主要承担的是提出货物运单、提交托运的货物、支付费用三项任务。

（1）提出货物运单

① 填写要求：

A. 一份运单填写一个托运人、收货人、起运港、到达港；

B. 货物名称填写具体名称，名称过繁的可以填写概括名称；

C. 规定按重量或体积择大计费的货物应当填写货物的重量和体积（长、宽、高）；

D. 填写的各项内容应当准确、完整、清晰；

E. 危险货物应填制专门的危险货物运单（红色运单）。国家禁止利用内河以及其他封闭水域等航运渠道运输剧毒化学品以及交通部门禁止运输的其他危险化学品。

除上述以外的危险化学品，只能委托有危险化学品运输资质的运输企业承运。因此，托运人在托运危险货物时，必须确认水运企业的资质。

② 货物的名称、件数、重量、体积、包装方式、识别标志等应当与运输合同的约定相符。

③ 对整船散装的货物，如果托运人在确定重量时有困难，则可要求承运人提供船舶水尺计量数作为其确定重量的依据。

④ 对单件货物重量或者长度超过标准的（沿海为5 t、12 m，长江、珠江、黑龙江干线为3 t、10 m），应当按照笨重、长大货物运输办理，在运单内载明总件数、重量和体积。

⑤ 托运人应当及时办理港口、检验、检疫、公安和其他货物运输所需的各项手续的单证送交承运人。

⑥ 已装船的货物，可由船长代表承运人签发运单。

⑦ 水路货物运单一般为六联。第一联为起运港存查；第二联为解缴联，由起运港航运公司留存；第三联为货运收据联，起运港交托运人留存；第四联为船舶存查联，由承运船舶留存；第五联为收货人存查联；第六联为货物运单联。为提货凭证，收货人交款、提货、签收后交到达港留存。

（2）提交托运的货物

① 按照双方约定的时间、地点将托运货物运抵指定港口暂存或直接装船。

② 需包装的货物应根据货物的性质、运输距离及中转等条件做好货物的包装。

③ 在货物外包装上粘贴或拴挂货运标志、指示标志和危险货物标志。

（3）支付费用

托运人按照约定向承运人支付运费。如果约定装运港船上交货，运费由收货人支付，则应当在运输本证中载明，并在货物交付时向收货人收取。如果收货人约定指定目的地交货，托运人应缴纳货物运输保险、装运港口作业费等费用。

3. 货物领取的管理

收货人接到到货通知后，办理提交取货单证、检查验收货物、支付费用。

（1）提交取货单证

① 收货人接到到货通知后，应当及时提货。接到到货通知后满60天，收货人不提取或托运人也未来处理货物的，承运人可将该批货物作为无法交付货物处理。

② 收货人应向承运人提交证明、收货人单位或者经办人身份有关证件及由托运人转寄的运单提货联或有效提货凭证，供承运人审核。

③ 如果货物先到，而提货单未到或单证丢失的，收货人还需提供银行的保函。

（2）检查验收货物

收货人提取货物时，应当按照运输单证核对货物是否相符，检查包装是否受损、货物有无灭失等情况。

① 发现货物损坏、灭失时，交接双方应当编制货运记录，确认不是承运人责任的，应编制普通记录。

② 收货人在提取货物时没有提出货物的数量和质量异议，则视为承运人已经逐单按照记载交付货物。

（3）支付费用

按照约定在提货时支付运费，并需付清滞期费、包装整修费、加固费用，以及其他中途垫款等。

第四节
海运进出口单证

为了保证海运进出口货物的安全交接，在整个运输过程中需要编制各种单证。这些单证各有其特定的用途，彼此之间又有相互依存的关系。它们既把船、港、货各方联系在一起，又能分清各自的权利和业务。

一、海运主要货运单证

（一）托运单

托运单（booking note，B/N）俗称"下货纸"，是托运人根据贸易合同和信用证条款内容填制的，向承运人或其代理办理货物托运的单证。承运人根据托运单内容，并结合船舶的航线、挂靠港、船期和舱位等条件综合考虑，认为合适后即接受托运。

（二）装货单

装货单（shipping order，S/O）是接受了托运人提出装运申请的船舶公司，签发给托运人，凭以命令船长将承运的货物装船的单据。装货单既可用作装船依据，又是货主凭以向海关办理出口货物申报手续的主要单据之一，所以装货单又称"关单"。对托运人而言，装货单是办妥货物托运的证明。对船舶公司或其代理而言，装货单是通知船方接受装运该批货物的指示文件。

（三）收货单

收货单（mates receipt，M/R）又称大副收据，是船舶收到货物的收据及货物已经装船的凭证。船上大副根据理货人员在理货单上所签注的日期、件数及舱位，并与装货单进行核对后，签署收货单。托运人凭大副签署过的收货单，向承运人或其代理人换取已装船提单。

（四）海运提单

海运提单（bill of lading，B/L）是指证明海上运输活动成立，承运人已接管货物或已将货物装船并保证在目的地交付货物的单证。海运提单是一种货物所有权凭证。海运提单持有人可据此提取货物，也可凭此向银行押汇，还可在载货船舶到达目的港交货之前进行转让。

（五）装货清单

装货清单（lading list，L/L）是承运人根据装货单留底，将全船待装货物按目的港和货物性质归类，依航次、靠港顺序排列编制的装货单汇总清单，其内容包括装货单编号、货名、件数、包装形式、毛重、估计尺码及特种货物对装运的要求或注意事项的说明等。装货清单既是船上大副编制配载计划的主要依据，也是供现场理货人员进行理货，港方安排驳运，进出库场，以及承运人掌握情况的业务单据。

（六）舱单

舱单（manifest，M/F）是按照货物逐票罗列全船载运货物的汇总清单。它是在货物装船完毕之后，由船公司根据收货单或提单编制的。其主要内容包括货物详细情况、装卸港、提单号、船名、托运人和收货人姓名、标记号码等，此单作为船舶运载所列货物的证明。

（七）货物积载图

货物积载图（cargo plan）是按照货物实际装舱情况编制的舱图。它是船方进行货物运输、保管和卸货工作的参考资料，也是卸货港据以理货、安排泊位、货物进舱的文件。

（八）运费清单

运费清单（freight manifest，F/M）是根据B/L 副本、M/R而编制的出口载货运费清单，一般由船代公司编制。

（九）提货单

提货单（delivery order，D/O）是收货人凭正本提单或副本提单随同有效的担保向承运人或其代理人换取的、可向港口装卸部门提取货物的凭证。

二、货运单证的流转

（1）托运人向船舶公司在装货港的代理人（也可直接向船舶公司或其营业所）提出货物装运申请，递交托运单，填写S/O。

（2）船公司同意承运后，其代理人指定船名，核对S/O与托运单上的内容无误后，签发S/O，将留底联留下后退还给托运人，要求托运人将货物及时送至指定的码头仓库。

（3）托运人持S/O及有关单证向海关办理货物出口报关、验货放行手续，海关在S/O上加盖放行章后，货物准予装船出口。

（4）船舶公司在装货港的代理人根据留底联编制装货清单（L/L）送船舶及理

货公司、装卸公司。

（5）大副根据L/L编制货物积载计划交代理人分送理货公司、装卸公司等按计划装船。

（6）托运人将经过检验和检量的货物送至指定的码头仓库准备装船。

（7）货物装船后，理货长将S/O交大副，大副核实无误后留下S/O，并签发M/R。

（8）理货长将大副签发的M/R转交给托运人。

（9）托运人持M/R到船舶公司在装货港的代理人处付清运费（预付运费情况下）换取正本B/L。

（10）船舶公司在装货港的代理人审核无误后，留下M/R，签发B/L给托运人。

（11）托运人持B/L及有关单证到议付银行结汇（在信用证支付方式下），取得货款，议付行将B/L及有关单证邮寄开证银行。

（12）货物装船完毕后，船舶公司在港口的代理人编妥M/F，送船长签字后向海关办理船舶出口手续，并将M/F交船随带，船舶开航。

（13）代理公司根据B/L副本编制M/F，连同B/L副本、M/R送交船舶公司，结算代收运费，并将卸船港所需的单证邮寄到卸货港的代理公司。

（14）卸货港的代理公司接到船舶抵港电报后，通知收货人船舶到港日期，做好提货准备。

（15）收货人到银行付清货款，取回B/L。

（16）卸货港代理公司根据装货港代理公司寄来的货运单证，编制进口载货清单等卸货单据，约定装卸公司，联系泊位，做好卸货准备工作。

（17）卸货港船舶代理公司办理船舶进口报关手续。

（18）收货人向卸货港代理公司付清应付费用后，以正本提单换取D/O。

（19）收货人持D/O送海关办理进口报关手续，支付进口关税，海关核准后放行。

（20）收货人持D/O到码头仓库提取货物。

三、海运提单

（一）海运提单的性质与作用

（1）海运提单是承运人或其代理人签发给托运人的承运货物的收据。

（2）海运提单是承运人与托运人之间运输合同的证明，也是处理承托双方权利和义务的主要依据。

（3）海运提单是货物所有权的证明。

（二）海运提单的种类

1. 按货物是否装船分类

（1）已装船提单（shipped on board B/L）。指货物已装上船后签发的提单，凭大副装船后所签的收货单签发。在贸易合同中，买方一般要求卖方提供已装船提单，因为已装船提单上有船名和装船日期，对收货人按时收货有保障。

（2）收货待运提单（received for shipping B/L）。指承运人虽已收到货物但尚未装船时签发的提单。一般是托运人凭场站收据向承运人所换的。在L/C下不能议付，装船后由船舶公司加注船名日期变成已装船提单。

2. 按运输方式分类

（1）直达提单（direct B/L）。货物自装货港装船后，中途不经换船直接驶到卸货港卸货而签发的提单。

（2）转船提单（transhipment B/L）。起运港的载货船舶不直接驶往目的港，必须在转船港换装另一船舶运达目的港时所签发的提单。

（3）联运提单（through B/L）。货物需经两段运输或两段以上运输运达目的港，而其中有一段必须是海运，如海陆、海空联运或海海联运所签发的提单称为联运提单。所以转船提单实际上也是联运提单的一种。

（4）多式联运提单（combined transport B/L, MT B/L）。货物由海上、内河、铁路、公路、航空等两种或多种运输方式进行联合运输而签发的适用于全程运输的提单。

3. 按提单抬头（收货人）分类

（1）记名提单（straight B/L）。记名提单在收货人一栏内列明收货人名称，所以又称为收货人抬头提单。这种提单不能用背书方式转让，而货物只能交与列明的收货人。

（2）不记名提单（bearer B/L）。不记名提单是在提单上不列明收货人名称的提单，谁持有提单，谁便可凭提单向承运人提取货物，承运人交货是凭单不凭人。

（3）指示提单（order B/L）。指示提单是在提单上不列明收货人，可凭背书进行转让的提单。有利于资金的周转，在国际贸易中应用较普遍。在收货人栏中写"凭指示 TO ORDER _____"。

指示提单有凭托运人指示、凭收货人指示和凭进口方银行指示等几类，分别需托运人、收货人或进口方银行背书后方可转让或提货。

提单背书（endorsement）有空白背书和记名背书两种。

空白背书是由背书人（即提单转让人）在提单背面签上背书人单位名称及负责人签章，但不注明被背书人的名称，也无须取得原提单签发人的认可。指示提单一经背书即可转让，这意味着背书人确认该提单的所有权转让。

记名背书除同空白背书一样，需要由背书人签章外，还要注明被背书人的名称。如被背书人再次进行转让，必须再加背书。

4. 按有无批注分类

（1）清洁提单（clear B/L）。指货物装船时表面状况良好，一般未经添加明显表示货物及/或包装有缺陷批注的提单。在对外贸易中，银行为安全起见，在议付货款时均要求提供清洁提单。

（2）不清洁提单（unclear B/L）。指承运人在提单上已加注货物及/或包装状况不良或存在缺陷等批注的提单。除非经买方授权，否则银行不接受。

5. 按提单格式分类

（1）全式提单（long form B/L）。指既有正面内容又在背面印有承运人与托运人的权利、义务等详细条款的提单。

（2）简式提单。指仅保留全式提单正面的必要内容，而没有背面条款的提单。

6. 按商业习惯分类

（1）过期提单（stale B/L）。指卖方向当地银行交单结汇的日期与装船开航的日期相距太长，以致银行按正常邮寄提单，预计收货人不能在船到达目的港前收到的提单。根据《跟单信用证统一惯例》规定，在提单签发日期后21天起才向银行提交的提单为过期提单。

（2）倒签提单（anti-date B/L）。指承运人应托运人的要求，签发提单的日期早于实际装船日期，以符合信用证对装船日期的规定，便于在该信用证下结汇。

（3）预借提单（advanced B/L）。指因信用证规定装运日期和议付日期已到，货物因故而未能及时装船，由托运人出具保函，要求承运人签发的已装船提单。若信用证未规定最迟装运日期，银行将不接受表明装运日期迟于信用证的到期日的提单。

（4）顺签提单（post-date B/L）。指货物装船完毕后，承运人应托运人的要求，以晚于该票货物实际装船完毕的日期作为签发提单的日期，以符合有关合同关于装船日期规定的提单。

此外，还有舱面提单（on deck B/L）或称甲板货提单（on deck B/L），指货物装载于船舶露天甲板，并注明"甲板上"字样的提单。

货代提单（house B/L），指由货运代理人（无船承运人）签发的提单。货代提单往往是货物从内陆运出并运至内陆时签发的提单。这种提单从技术和严格的法律意义上说，是缺乏提单效力的。

（三）提单的内容与缮制

（1）提单的名称。必须注明"提单"（bill of lading）字样。

（2）提单的份数。整套正本提单注有份数。应当按照信用证规定办理，如信用证规定：全套提单（full set B/L 或 complete set B/L）是指承运人签发提单正本，通常为一份、两份或三份。如信用证要求"2/3 original B/L"，即指承运人签发提单正本三份，受益人凭全套正本提单其中的两份办理结汇。

（3）托运人（shipper）的名称和营业所。此栏填写出口商，信用证没有特殊规定时应填写信用证受益人（beneficiary）的名称和地址，如果信用证要求以第三者为托运人则必须按信用证的要求予以缮制。

（4）收货人（consignee）的名称。收货人的指定关系到提单能否转让，以及货物的归属问题，收货人名称一栏必须按信用证的规定填写。例如，信用证规定提单做成"made out to order"，则打"order"字样；"made out to order of the issuing bank"则打"order of ×××Bank（开证行全名）"。如信用证规定提单直接做成买主（即申请人）或开证行的抬头，则不可再加"order of"字样。

（5）通知方（notify party）。必须注有符合信用证规定的名称和地址、电传号码等。被通知人即进口方或进口方的代理人。

（6）海运船只（ocean vessel）。本栏按实际情况填写承担本次运输货物的船舶的名称和航次。若是收妥待运提单，待货物实际装船完毕后记载船名。

（7）装货港（port of loading）。本栏填写货物的实际装船的港口名称，即启运港。

（8）卸货港（port of discharge）。本栏填写海运承运人终止承运责任的港口名称。

在单式海运即港对港（装货港到卸货港）运输方式下，只需在装货港、海轮名及卸货港三栏内正确填写；如在中途转船（transshipment），转船港（port of transshipment）的港名不能打在卸货港（port of discharge）栏内。如有需要，只可在提单的货物栏内注明"在××（转船港）转船（with transshipment at ××）"。

"港口"和"地点"是不同的概念。有些提单印有"收货地点"和"交货地点/最后目的地"等栏目，供提单用作"多式联运"或"联合运输"运输单据。单式海运时不能填注，否则会引起对运输方式究竟是单式海运还是多式联运的误解。

提单上印有"前期运输由……（pre-carriage by...）"栏也为"多式联运"方式所专用，不能作为转船提单时注明第一程海轮名称的栏目。只有作为多式联运运输单据时，方可在该栏内注明"铁路""卡车""空运"或"江河"等运输方式。

（9）标志和号码（marks and numbers），标志和号码又称唛头，是提单与货物联系的主要纽带，是收货人提货的重要依据，必须按照信用证或合同的规定填写。如无唛头规定时可注明："no marks"（N/M）。

（10）包装种类和件数、货名（number and kind of packages，description of goods）。此栏按货物是散装货、裸装货或包装货的实际情况填写。

（11）毛重和尺码（gross weight and measurement）。此栏填写各货物的毛重和体积（尺码）。

（12）合计件数（total number of container or packages）。此栏填写货物的毛重总数和体积总数（必须用大写）。

提单关于货物的描述必须与商业发票对货物的描述一致，货物件数应按实际包装名称填写。

（13）运费和其他费用（freight and charges）。此栏填写运费及额外的附加费用。

（14）运费支付地点（freight payable at...）。此栏按信用证的规定填写。

（15）签单地点和日期（place and date of issue）。提单签发地为装运港所在城市的名称，签发日期为货物交付承运人或装船完毕的日期。

（16）提单的签发。提单必须由船长或承运人或承运人的代理人签字盖章。

提单正面必须注明承运人（carrier）的全名及"carrier"一词以表明其身份。提单正面未作如上表示，且由代理行（forwarder）签署提单时，则必须在签署处注明签署人的身份。

提单的签发应以收货单（M/R，件杂货）或场站收据（D/R，集装箱）为依据。

（17）提单右上方的提单号码是承运人或其代理人按承运人接受托运货物的先后次序或按舱位入货的位置，公司内部对提单的编号。

（18）提单印有"已装船"字样的，无须加"装船批注"；如印有"收妥待运"字样的，则必须再加"装船批注"并加上装船日期。

（19）提单印有"intended vessel""intended port of loading""intended port of discharge"及/或其他"intended..."等不肯定的描述字样者，则必须加注"装船批注"，其中需要把实际装货的船名、装货港口、卸货港口等项目注明，即使和预期（intended）的船名、装卸港口相比并无变动，也需要重复标注。

（20）提单不能有"不洁净"批注（unclean clause），即对所承载的该批货物及其包装情况有缺陷现象的批注。

（21）关于转船，应根据信用证要求填制。

（22）提单上的任何涂改、更正必须加具提单签发者的签章。

（四）提单正面条款

1. 确认条款

上列外表情况良好的货物（另有说明者除外）已装在上列船上并应在上列卸货港或该船所安全到达并保持浮泊的附近地点卸货。

2. 不知条款

重量、尺码、标志和号码、品质、内容和价值是托运人所提供的，承运人在装船时并未核对。

3. 承诺条款

托运人、收货人和本提单的持有人兹明白表示接受并同意本提单和它背面所载的一切印刷、书写或打印的规定、免责事项和条件。

4. 签署条款

为证明以上各节，承运人或其代理人已签署本提单一式×份，其中一份经完成提货手续后，其余各份失效。

提单式样如表3-2所示。

表3-2 提单式样

BILL OF LADING

Shipper（托运人）		B/L NO.（提单号）	
Consignee（收货人）		COSCO 中国远洋运输（集团）总公司 CHINA OCEAN SHIPPING （GROUP）CO. *ORIGINAL*	
Notify（通知方）			
Place of Receipt（接货地）	Vessel（船名）		
Voy.（航次）	Port of Loading（装货港）		
Port of Discharge（卸货港）	Place of Delivery（交货地）	直运或转船 DIRECT OR WITH TRANSHIPMENT	

Particulars furnished by the Shipper（托运人所提供的详细情况）				
Marks and Numbers （标志与号数）	Number and kind of Packages （件数）	Description of Goods （货名）	Gross Weight （毛重）	Measurement （尺码或体积）

Total Number of Container or Packages（in words）（合计件数（大写））	
Freight and Charges （运费和其他费用）：	为证明以上各节，承运人或其代理人已签署本提单一式（　　）份，其中一份经完成提货手续后，其余各份失效。 In witness Where of, the Carrier or his Agents has signed Bills of Loading（　　）all of this tenor and date, one of Which being accomplished, the others to stand void.

Loading on Board			Place and Date of Issue		
Date	The vessel	By	Place	Date	By

上列外表情况良好的货物（另有说明者除外）已装在上列船上，并应在上列卸货港或该船所安全到达并保持浮泊的附近地点卸货。

Shipped on board the vessel named above in apparent good order and condition（unless otherwise indicated）the goods or packages specified herein, and to be discharged at the above mentioned port of as near thereto as the vessel may safely get and be always afloat.

重量、尺码、标志与号码、品质、内容和价值是托运人所提供的，承运人在装船时并未核对。

The weight, measure, marks and number, quality, contents and value, being particulars furnished by the Shipper, are not checked by the Carrier on loading.

托运人、收货人和本提单的持有人兹明白表示接受并同意本提单和它背面所载的一切印刷、书写或打印的规定、免责事项和条件。

The Shipper, Consignee and the Holder of this Bill of Lading hereby expressly accept and agree to all printed, written or stamped provision, exceptions and conditions of this Bill of Lading including those on the back hereof.

第五节
水路货物运输费用

一、班轮运费的计算

（一）杂货班轮运费的计算

1. 构成

班轮公司运输货物所收取的运输费用，是按照班轮运价表的规定计收的。班轮运价表一般包括说明及有关规定、货物分级表、航线费率表、附加费表、冷藏货及活牲畜费率表等。目前，我国海洋班轮运输公司使用的"等级运价表"，即将承运的货物分成若干等级，每个等级的货物有一个基本费率，称为"等级费率表"。

班轮运费包括基本运费和附加费两部分，前者是指货物从装运港到卸货港所应收取的基本运费，它是构成全程运费的主要部分；后者是指对一些需要特殊处理的货物，或者由于突然事件的发生或由于客观情况变化等原因而需另外加收的费用。

2. 基本运费计收标准

在班轮运价表中，根据不同的商品，班轮运费的计算标准通常采用下列几种：

（1）按货物毛重（重量吨）计收，运价表中用"W"表示。按此法计算的基本运费等于计重货物的运费吨乘以运费率。

（2）按货物的体积（尺码吨）计收，运价表中用"M"表示。按此法计算的基本运费等于容积货物的运费吨乘以运费率。

上述计费的重量吨和尺码吨统称为运费吨，又称计费吨。按照国际惯例，容积货物是指每吨的体积大于 $1.132\,8\ m^3$（$40\ ft^3$）的货物；而在我国的远洋运输运价表中，则将每吨的体积大于 $1\ m^3$ 的货物定义为容积货物。

（3）按毛重或体积计收，由船舶公司选择其中收费较高的作为计费吨，运价表中用"W/M"表示。

（4）按货物价格计收，又称为从价运费，运价表中用"A·V"表示。从价运费一般按货物的FOB价格的一定百分比收取。按此法计算的基本运费等于货物的FOB价格乘以从价费率，从价费率一般为1%～5%。

（5）在货物重量、尺码或价值三者中选择最高的一种计收，运价表中用"W/M or ad val"表示。

（6）按货物重量或尺码最高者，再加上从价运费计收，运价表中用"W/M plus ad val"表示。

（7）按每件货物作为一个计费单位收费，如活牲畜按"每头"（per head）收费、车辆按"每辆"（per unit）收费。

（8）临时议定价格，即由货主和船舶公司临时协商议定。此类货物通常是低价的货物或特大型的机器等，在运价表中，此类货物用"open"表示。

3. 附加费

附加费一般在基本运费的基础上加收一定百分比，或者是按每运费吨加收一个绝对值计算。在班轮运输中，常见的附加费有下列几种：

（1）超重附加费（heavy lift additional）。单件货物重量超过一定限度而加收的费用。

（2）超长附加费（long length additional）。单件货物长度超过规定长度而加收的费用。

各班轮对超重货物或超长货物的规定不一。中国远洋运输公司规定，每件货物达到5 t或9 m以上时，加收超重附加费或超长附加费。超重货物一般以吨计收，超长货物按运费吨计收。无论是超重货物、超长货物或超大件货物，托运时都必须注明。如船舶需转船，每转船一次，加收一次附加费。

（3）选卸附加费（optional surcharge）。指装货时尚不能确定卸货港，要求在预先提出的两个或两个以上港口中选择一个卸货，船方因此而加收的附加费。所选港口限定为该航次规定的挂靠港，并按所选港口中收费最高者计算各种附加费。货主必须在船舶抵达第一选卸港前（一般规定为24 h或48 h）向船方宣布最后确定的卸货港。

（4）转船附加费（transshipment surcharge）。凡是运往非基本港的货物，需转船运往目的港，船舶所收取的附加费，包括转船费（包括换装费、仓储费）和二程运费。

（5）直航附加费（direct additional）。指运往非基本港的货物达到一定的数量，船舶公司可安排直航该港而不转船时所加收的附加费。一般直航附加费比转船附加费低。

（6）港口附加费（port additional or port surcharge）。指船舶需要进入港口条件较差、装卸效率较低或港口船舶费用较高的港口及港口属于非基本港而向货方增收的附加费。

（7）港口拥挤附加费（port congestion surcharge）。有些港口由于拥挤，致使船舶停泊时间增加而加收的附加费。该项附加费随港口条件的改善或恶化而变化。

（8）燃油附加费（bunker surcharge or bunker adjustment factor，B. A. F.）。

指因燃油价格上涨而加收一个绝对数或按基本运价的一定百分数加收的附加费。

（9）货币贬值附加费（devaluation surcharge or currency adjustment factor，C. A. F.）。在货币贬值时，船方为保持其实际收入不致减少，按基本运价的一定百分比加收的附加费。

（10）绕航附加费（deviation surcharge）。指因战争、运河关闭、航道阻塞等原因造成正常航道受阻，必须临时绕航才能将货物送达目的港需增加的附加费。

除以上各种附加费外，还有一些附加费需船货双方议定，如洗舱费、熏舱费、破冰费、加温费等，各种附加费是对基本运价的调整和补充，可灵活地对各种外界因素的变化做出反应，这是班轮运价的重要组成部分。

附加费的计算一般有两种规定：一种是以基本运费率的百分比表示；另一种是用绝对数字表示，如每运费吨增收若干元。

根据一般费率表规定：不同的商品如混装在一个包装内（集装箱除外），则全部货物按其中收费高的商品计收运费。同一种货物因包装不同而计费标准不同，但托运时如未申明具体包装形式的，全部货物均要按运价高的包装计收运费。同一提单内有两种以上不同计价标准的货物，托运时如未分列货名和数量的，计价标准和运价全部要按高者计算。这是在包装和托运时应该注意的。

4. 班轮运费的计算公式

（1）班轮运费的具体计算方法是：先根据货物的英文名称，从货物分级表中查出有关货物的计算等级及其计算标准，然后再从航线费率表中查出有关货物的基本费率，最后加上各项需支付的附加费率，所得的总和就是有关货物的单位运费（每重量吨或每尺码吨的运费），再乘以计费重量吨或尺码吨，即得该批货物的运费总额。如果是从价运费，则按规定的百分比乘FOB价格。

（2）计算公式：

$$F = F_b + \Sigma S$$

式中，F表示运费总额；F_b表示基本运费；S表示某一项附加费。基本运费是所运货物的数量（重量或体积）与规定的基本费率的乘积。即：

$$F_b = f \times Q$$

式中，f表示基本费率；Q表示货运量（运费吨）。

附加费是指各项附加费的总和。在多数情况下，附加费按基本运费的一定百分比计算，其公式为：

$$\Sigma S = （S_1 + S_2 + \cdots + S_n） \times F_b = （S_1 + S_2 + \cdots + S_n） \times f \times Q$$

式中，S_1、S_2、$S_3 \cdots S_n$为各项附加费，F_b用百分数表示。

🗙 **[例题]**

上海运往肯尼亚蒙巴萨港口一批"门锁"（小五金），计100箱。每箱体积为20 cm × 30 cm × 40 cm。每箱重量为25 kg。当时燃油附加费为40%。蒙巴萨港口拥挤附加费为10%。

计算方法为：

（1）查阅货物分级表。门锁属于小五金类，其计收标准为W/M，等级为10级。

（2）计算货物的体积和重量。

100箱的体积为：（20 cm×30 cm×40 cm）×10^{-6} m^3/cm^3×100箱=2.4 m^3。

100箱的重量为：25 kg×10^{-3} t/kg×100箱=2.5 t。

由于2.4 m^3的计费吨小于2.5 t，因此计收标准为重量。

（3）查阅中国—东非航线等级费率表（表3-3），10级费率为443港元，则基本运费为：443×2.5=1 107.5（港元）。

表3-3　中国—东非航线等级费率表

单位：港元

货名	计算标准	等级（class）	费率（rate）
农业机械	W/M	9	404.00
棉布及棉织品	M	10	443.00
小五金及工具	W/M	10	443.00
玩具	M	20	1 120.00
基本港口：路易港（毛里求斯）、达累斯萨拉姆（坦桑尼亚）、蒙巴萨（肯尼亚）等			

（4）附加运费为：1 107.5×（40%+10%）=553.75（港元）。

（5）上海运往肯尼亚蒙巴萨港100箱门锁，其应付运费为：1 107.50+553.75=1 661.25（港元）。

（二）集装箱班轮运费的计算

目前，集装箱货物海上运价体系较内陆运价体系成熟。基本上分为两大类：一类是沿用件杂货运费计算方法，即以每运费吨为单位（俗称散货价）；另一类是以每个集装箱为计费单位（俗称包箱价）。

1. 件杂货基本费率加附加费

（1）件杂货基本费率参照传统件杂货运价，以运费吨为计算单位，多数航线采用等级费率。

（2）附加费除传统杂货所收的常规附加费外，还要加收一些与集装箱货物运输有关的附加费。

2. 包箱费率（box rate）

包箱费率以每个集装箱为计费单位，常用于集装箱交货的情况，即CFS-CY条款或CY-CY条款，常见的包箱费率有以下三种表现形式：

（1）FAK包箱费率（freight for all kinds）。对每一集装箱不细分箱内货类，不计货量（在重量限额之内）统一收取的运价。

（2）FCS包箱费率（freight for class）。按不同货物等级制定的包箱费率，集装箱普通货物的等级划分与杂货运输分法一样，仍是1~20级，但是集装箱货物的费率级差大大小于杂货的费率级差。一般低级的集装箱收费高于传统运输收费，高价货集装箱收费低于传统运输收费；同一等级的货物，重货集装箱运价高于体积货运价。由此可见，船舶公司鼓励人们把高价货和体积货装箱运输。在这种费率下，拼箱货运费计算与传统运输一样，根据货物名称查得等级，计算标准，然后去套相应的费率，乘以运费吨，即得运费。

（3）FCB包箱费率（freight for class或basis）。按照不同货物等级或货类以及计算标准制定的费率。

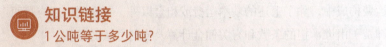

知识链接
1公吨等于多少吨？

公吨是公制的单位，中国采用公制，所以中国人平常说的"吨"指的就是"公吨"，可把"吨"看做是"公吨"的简称，1公吨（tonne/metric ton）=1 000千克。

在英国和美国，"吨"是不大一样的。1公吨（tonne/metric ton）=1 000千克，1吨（ton）=1 016千克（英）或907.2千克（美）。因此，有人称英吨为长吨，美吨为短吨。

在英文里，吨（ton）怎么解释呢？因为1公吨在英文中原本的表达法为tonne或者metric ton，由于用公吨的人太多，故常把metric ton缩略为ton。所以外国人说ton的时候，有可能是指metric ton（公吨），也可能指在自己国家的ton（吨），而中国人说ton（吨），其实指的都是公吨。在我国，1公吨=1吨，在英国和美国，1公吨近似于但不等于1吨，与英美进行贸易合作，重量单位必须写清楚是公吨或英吨或美吨。

1吨=1公吨=1 000千克=0.984 2英吨（长吨）=1.102 3美吨（短吨）。

二、不定期船运费或租金的计算方法

（一）不定期船运费的计算方法

凡是供需双方订运输合同的不定期船，不论是包舱运输航次租船、整船运输的程租船或期租船，通常都是按照船舶的全部舱位或一部分舱位及运费率收取一笔包租运费，亦称为整笔运费，即航次租船运费等于船舶（或某舱）的承载能力乘以合同所定的运费率。船舶承载能力是指航次的最大载货量，应结合航次条件及所运载货确定。当货物的积载因数（每吨货物所占的体积）小于舱容系数（每一净载重吨所占的舱容）时，即货物属于轻泡货，最大载货量等于货舱总容积除以货物平均积载因数（此时满舱不满载）。按船舶装载能力计算运费的方法，即使实际装船的数量小于承载能力，即所谓出现亏舱时，托运人仍必须悉数支付全部运费，不会退还因短装所造成的"亏舱费"。但是，有些情况下，"亏舱费"亦可以按协商或规定，由托运人负担其中的一部分。

另外，还有一种不指明特定船舶的不定期船运输，则按合同所定的货吨乘以合同所定的运费率计算运费。

（二）不定期船租金的计算方法

凡是供需双方签订租船合同的期租船，不论租船的长短，租金等于每载重吨每日租金率乘以船舶夏季总载重量再乘以合同租期。由于期租船是由承租人自己经营的，所以期租船的租金与船舶的实际载货量的多少无关。

在不定期船运费构成中，除了上述的基本运费或租金以外，在合同中还应写明有关费用（如装卸费）由谁承担的条款和有关佣金计算及支付办法的条款。

（三）程租船运输费用

程租船运输费用主要包括程租船运费和装卸费，另外还有速遣费、滞期费等。

1. 程租船运费

程租船运费指货物从装运港至目的港的海上基本运费。其计算方法有两种：① 按运费率；② 整船包价。

2. 装卸费

规定装卸费由租船人承担还是由船东承担的方法有：

（1）船方负担装卸费用（gross/liner/berth terms）。

（2）船方管装不管卸（F.O.）。

（3）船方管卸不管装（F.I.）。

（4）船方不管装和卸（F.I.O.）。

（5）船方不管装、卸和平舱（F.I.O.S.T.）。

3. 装卸时间、滞期费和速遣费

（1）装卸时间（装卸期限）。指租船人承诺在一定期限内完成装卸作业，它是程租船合同的一项重要内容。其计算方法有以下几种：① 按日或连续日或时；② 按工作日（通常订明节假日除外）；③ 按晴天工作日；④ 连续24 h晴天工作日。

（2）滞期费（demurrage）。在规定的装卸期间内，如果租船人未能完成装卸作业，为了弥补船方的损失，对超过的时间，租船人应向船方支付一定的罚款。

（3）速遣费（dispatch money）。如果租船人在规定的装卸期限内，提前完成装卸作业，则所节省的时间船方要向租船人支付一定的奖金（相同的时间下，速遣费一般为滞期费的一半）。

装卸时间、滞期费和速遣费是在程租船的运输方式下才采用的。在班轮运输方

式下，不需要这三方面的规定。负责运输的进口商、出口商与船方订立租船合同时，必须注意租船合同与进出口合同有关装运时间的一致性。

习题与训练

一、名词解释

航线　航次　班轮运输　租船运输　光船租船

二、单项选择题

1. 班轮运费包括（　　　）。

    A. 港口费和海运费 　　　　　B. 基本运费和附加费

    C. 运价指数和包干运费 　　　D. 海运费和运杂费

2. 班轮运输的特点之一是（　　　）。

    A. 船、货双方的权利、义务、责任、豁免，以船方签订的提单条款为依据

    B. 一般仅规定船级、船龄和技术规范

    C. 船舶的一切时间损失风险完全由租船人负责

    D. 租船人负责船舶的营运

3. 班轮运输中风险的划分一般以（　　　）为界。

    A. 承运人接受货物

    B. 货物送达吊钩底下

    C. 提单签发时

    D. 货物越过船舷

4. 出口商在货物装船取得提单后未能及时到银行议付，该提单将成为（　　　）。

    A. 顺签提单 　　　　　B. 待运提单

    C. 过期提单 　　　　　D. 预借提单

5. 海关对出口货物进行监管的单证是（　　　）。

    A. 装货单 　　　　　B. 收货单

    C. 托运单 　　　　　D. 载货清单

三、多项选择题

1. 水路运输的优点有（　　　　）。

    A. 运能大

    B. 能源消耗低

    C. 投资大，成本高

    D. 环境影响小

E. 海运具有国际化

2. 班轮运输的附加费有（　　　　　）。

   A. 超重附加费

   B. 超长附加费

   C. 直航附加费

   D. 转船附加费

   E. 港口附加费

3. 航次租船方式的特点有（　　　　　）。

   A. 船舶所有人负责船舶的经营

   B. 以出租整船或部分舱位的形式从事货物运输

   C. 租船人负责船舶的营运

   D. 租金按船舶的载重吨和租期计收

   E. 以每吨货物的运费率作为运费计收的基础

4. 海洋运输中的计费"W/M"是指（　　　　　）。

   A. 仅指重量吨

   B. 仅指尺码吨

   C. 重量吨与尺码吨之数值大者

   D. 重量吨与尺码吨之和

   E. 从价运输

5. 班轮运输的"四固定"特点具体是指（　　　　　）。

   A. 固定的船舶

   B. 固定的货物

   C. 固定的航线

   D. 固定的运费率

   E. 固定的港口

四、简答题

1. 影响航次的因素有哪些？

2. 租船运输有几种方式？

3. 简述选择水上运输应考虑的因素。

4. 海运出口货物运输的环节有哪些？

5. 简述班轮运输的成本组成。

6. 简述租船运输的成本组成。

案例讨论

福峡茶厂与马尾港务公司关于集装箱货物运输损害赔偿纠纷

福峡茶厂与马尾港务公司签订了一份经上海港中转至青岛港，运输12 000千克茉莉花茶的水路联合运输运单式合同，收货人是青岛市茶叶集团公司（简称"茶叶公司"）。该批次茶叶价值361 630元，分别装入第三人所属"鸿新"轮的5个国产集装箱，由福峡茶厂自行检查箱体并装箱施封。马尾港务公司代理中国人民保险公司福州经济开发区支公司与福峡茶厂办理了货物运输保险，福峡茶厂投保金额为8万元，为不足额保险。马尾港务公司接收承运的货物后，原计划9月15日装船，由于台风影响，延滞于9月27日才得以启运。这期间，启运地受到3次台风袭击，连降暴雨和大雨。集装箱按规定和惯例始终露天置放，马尾港务公司未采取任何防护措施。启运时，箱体完好，铅封完整。该批货物由第三人所属"鸿新"轮承运。"鸿新"轮装船时未提出异议。"鸿新"轮于9月28日抵达上海港，次日在汇山码头作业区卸箱后交由第三人所属"长力"轮承运。"长力"轮于10月3日抵达青岛港，次日卸箱。5日，收货人茶叶公司将集装箱提走，运至本公司仓库。5个集装箱仍然箱体完好，铅封完整，茶叶公司也未向终点承运人提出异议。至此，承运人已将集装箱"清洁"交付收货人，联合运输合同履行完毕。该批货物在上海汇山码头期间，天气为阴天，有时小雨，两船均将集装箱载于舱内；抵青岛港后运至收货人仓库期间，天气晴朗。茶叶公司收货后，在仓库开箱时，发现5个集装箱底部均有不同程度的水湿，茶叶受潮霉变。于是电话告知福峡茶厂，表示拒收货物。同时，为防止损失扩大，茶叶公司将茶叶全部卸箱，将5个集装箱放回青岛港区。福峡茶厂接到电话后，在联系保险人的同时，亦与马尾港务公司交涉，要求该公司派人同去青岛。在未得到马尾港务公司正式答复的情况下，福峡茶厂于10月8日同中国人民保险公司福州经济开发区支公司的一名人员赶赴青岛。中国人民保险公司青岛分公司受该批货物保险人的委托，派员抽检了13箱茶叶，出具了"全部受潮，部分木箱有水渍痕迹"的查勘证明；茶叶公司也出具了"茶叶霉变"的证明。此后，茶叶全部运回福峡茶厂本厂，重新烘干后降级出售。保险人根据受损情况，以8万元投保额，按47.125%的比例计算，赔付原告37 700元。

福峡茶厂因保险赔款不足以弥补损失，遂向厦门海事法院提起诉讼称：委托马尾港务公司承运的茶叶，价值361 630元。马尾港务公司接收货物后，将装载货物的集装箱堆在露天货场18天，因淋雨致茶叶水湿霉变，损失210 126.40元。除保险公司赔偿37 700元外，尚有损失172 426.40元。马尾港务公司拒赔，故请求法院判令被告赔偿上述损失及其利息。马尾港务公司辩称：双方签订的是联合运输合同。根据《中华人民共和国经济合同法》和《国内水路货物运输规则》的有关规定，茶叶霉变即使是在承运中造成的，福峡茶厂也应向终点承运人即青岛港务局索赔。现福峡茶厂向起点承运人索赔，不符合法定的索赔程序，要求法院变更诉讼主体。货物滞运，属受台风影响，系不可抗力因素所致。集装箱运输凭箱体完好和铅封完整交接，马尾港务公司已将集装箱清洁交付上海海运管理局"鸿新"轮承运，其后环节甚多，福峡茶厂指认茶叶在马尾港务公司中受湿霉变证据不足。集装箱是归上海海运管理局所有并提供的，马尾港务公司只是代理该局与托运人办理租箱手续。如是集装箱箱体问题，因集装箱渗入雨水造成货损，马尾港务公司是没有责任的。故拒绝赔偿。

厦门海事法院受理案件后，认为本案的处理与集装箱所有人上海海运管理局有法律上的利害关系，决定追加其为第三方参加诉讼。上海海运管理局辩称：此次运输所用集装箱是其所有并委托马尾港务公司代理租箱。本案运输方式是福峡茶厂自行装箱的港至门集装箱运输。装箱前福峡茶厂检查了箱体，认为适合装货。根据《国内水路货物运输规则》的有关规定，谁装箱谁负责，故本案货损应由福峡茶厂自负。该批茶叶从发现霉变到重新加工处理，从未收到福峡茶厂的通知。福峡茶厂在未经商检部门做出残损检验的情况下，单方面处理残值，并以此索赔证据不足。因此，所有责任应由福峡茶厂承担。

案例研讨：

1. 分析本案例中事故发生的责任归属。
2. 本案例的启示是什么？

本章综合实训

一、实训名称

海洋运输业务流程操作实训。

二、实训目标

通过技能实训，学生能够掌握海洋运输业务流程，清楚业务过程中所涉及的相关岗位及岗位工作内容，接触到相关合同样本，并学会填制。通过资料查询，了解世界主要十大港口以及我国主要港口。通过查运价本，熟悉运价里程及运价率，学会计算运费，学会填制水运单据。

三、实训内容

2020年1月1日，南洋运输公司的经理张某与临安商贸公司的经理李某在湛江签订海上货物运输合同。约定南洋运输公司派"胜利号"货轮将临安商贸公司的200桶沥青由湛江港运往厦门港，收货人为厦门装潢公司。每桶货物的价值为325元，重量为0.5 t，桶的直径为0.7 m，桶高为1 m。南洋运输公司查询运价本，对该批货物运价的规定为：基本运价为35元/t，燃油附加费和直航附加费分别按基本运费加收5%和3%，计费标准是"W/M"。

"胜利号"拟于1月3号抵港受载，装港时间为2天整。于1月8号抵达厦门港，卸港时间为2天整，超期，每吨时2元。另外，合同就船舶在港时间、滞留期和违约责任等作了相应的规定。

南洋运输公司、临安商贸公司和厦门装潢公司的相关职员完成水路货物运输的全过程，人员安排如下：

1. 托运人：1人，A。

2. 承运人2人：其中，B计算运费，C填制单据。

3. 装船兼货物交付2人：D、E。

4. 货物运输1人：F。

5. 收货人1人：G。

四、实训步骤

1. 通过上网查阅相关资料，分析我国水路运输的特点，列出适宜水路运输的货物（至少列出5种）。

2. 分析水路运输的整个过程并画出流程图。

3. 通过上网查阅相关资料，拟订出南洋运输公司与临安商贸公司签订的合同样本。

4. 列举出世界主要十大港口以及我国主要港口。

5. 通过查运价本，了解本次运输途经水域的运价里程及运价率，计算运费。

6. 通过上网查询相关资料，制作并填写水路货物运单。

五、评价标准

1. 能够分析水路运输的特点，并列出适宜水路运输的货物。

2. 能够画出海洋运输业务流程图。

3. 能够拟订相关的合同样本。

4. 能够列举世界主要十大港口和我国的主要港口。

5. 会使用运价本，并计算运费。

6. 会填写水路货物运单。

六、成果形式

实训作业。

04

Chapter

第四章

铁路货物运输

知识目标

- 了解铁路技术经济特性
- 了解铁路货运的设施与设备
- 掌握铁路货物运输的种类
- 熟悉整车、零担、集装化运输方式
- 掌握铁路货物运输流程

技能目标

- 能够计算货物运到期限
- 能够签订铁路货运合同
- 能够处理铁路运输单证
- 能够计算铁路运输费用

素养目标

- 了解科技为铁路货物运输带来的巨大改变，培养学生的改革创新精神
- 了解我国铁路建设的战略规划，增强学生对铁路货物运输发展的自豪感和使命感

● **思维导图**

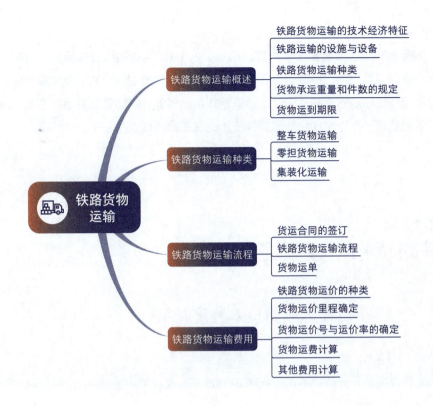

铁路货物运输概述
- 铁路货物运输的技术经济特征
- 铁路运输的设施与设备
- 铁路货物运输种类
- 货物承运重量和件数的规定
- 货物运到期限

铁路货物运输种类
- 整车货物运输
- 零担货物运输
- 集装化运输

铁路货物运输流程
- 货运合同的签订
- 铁路货物运输流程
- 货物运单

铁路货物运输费用
- 铁路货物运价的种类
- 货物运价里程确定
- 货物运价号与运价率的确定
- 货物运费计算
- 其他费用计算

铁路货物运输

引例
我国铁路货物运输概况

　　我国地域辽阔、人口众多、资源分布不均，运力巨大的铁路大大解决了能源、矿产等重要物资的运输需求以及国民出行需求。2019年我国铁路固定资产投资完成8 029亿元，其中国家铁路完成7 511亿元；投产新线8 489千米，其中高铁5 474千米，截至2019年底，全国铁路营业里程达到13.9万千米以上，其中高铁3.5万千米。2019年，国家铁路完成货物发送量34.4亿吨，同比增长7.8%；铁路货运在集装箱、商品汽车、冷链运输等方面表现出色，同比分别增长了30.4%、13.5%、30.6%。同时，相关部门出台政策，进一步取消或降低货运相关收费，自2018年以来，累计降低社会物流成本358亿元。

　　2017年12月，国家发展和改革委员会下发《关于深化铁路货运价格市场化改革等有关问题的通知》，对铁路集装箱、零担各类货物运输价格，以及整车运输的矿物性建筑材料、金属制品、工业机械等12个货物品类运输价格实行市场调节，由铁路运输企业依法自主制定。

　　"十三五"期间，我国铁路行业依旧保持高速发展。随着"公转铁""多式联运"等政策的引导，我国铁路货运占比将进一步提升。

【引例分析】

本案例简述了目前我国铁路建设情况，2019年完成的铁路货运量，以及相关政策对铁路货运价格的影响。随着我国铁路货物运输系统快速发展及政策引导，企业愈发依赖铁路进行货物运输。了解铁路货运的种类，掌握铁路货运的方式、流程以及运输费用，能够帮助企业做好铁路货运的正确选择。

第一节
铁路货物运输概述

一、铁路货物运输的技术经济特征

1. 运行速度

运行速度高，公路货运速度可达100 km/h，铁路货运速度可达200 km/h。

2. 运输能力

运输能力大，一列火车可装2 000 ～ 3 500 t货物，重载列车装货量超过20 000 t。单线单向年最大货物运输能力达1 800万t，复线单向年最大货物运输能力达5 500万t；运行组织较好的国家，单线单向年最大货物运输能力达4 000万t，复线单向年最大货物运输能力超过1亿t。

3. 运输经常性

由于铁路受自然条件影响很小，因此，铁路运输的经常性在所有运输方式中最强。

4. 货物送达速度

列车技术速度是指不计入中间站停留时间的列车在区间内的平均运行速度，而铁路货物在运送途中，需进行列车会让、越行及解编等作业，因而货物送达速度低于技术速度。

5. 能源消耗

铁路运输可以采用电力牵引，其在节约能源方面占有优势。

6. 运输成本

铁路运输成本比较低。根据测算，铁路运输成本是汽车运输成本的1/17 ～ 1/10，是航空运输成本的1/267 ～ 1/97。

7. 环境污染

铁路运输对环境的污染是汽车运输的1/30，环境污染小。

8. 运距

铁路运输运距比汽车运输运距高10倍左右，但低于水路运输运距和航空运输运距。

9. 劳动生产率

除了水路运输外，铁路运输的劳动生产率最高。

10. 投资成本

由于铁路技术设备（线路、机车车辆、车站等）需要投入大量的人力、物力，因此，投资额大，工期长。单线铁路每千米造价为100万～300万元，复线铁路每千米造价在400万～500万元。

📖 知识链接

单线铁路，不只做单向行驶。单线铁路只有一条铁轨，只能跑一趟列车，可双向运行，但同一时间在某个区间内只能有一个方向的列车，如果有对向列车就要在车站会车。

复线铁路，就是有两条并行铁轨的铁路。复线铁路有严格规定，就是一条铁路只能走一个方向的列车，所以不会有"迎面相撞"的事故发生，同时也提高了列车的速度和安全性。复线铁路规定，列车靠左边铁路行驶，正好和公路上列车靠右边行驶相反。所以复线铁路上，把奇数车次行车方向的一条线叫作下行线，把偶数车次行驶方向的一条线叫作上行线。

二、铁路运输的设施与设备

铁路运输的设施和设备主要包括铁路机车、铁路车辆、铁路车站及铁路线路。

（一）铁路机车

铁路车辆本身没有动力装置，无论是客车还是货车，都必须把许多车辆连接在一起编成一列，由机车牵引才能运行。所以，机车是铁路车辆的基本动力。

（二）铁路车辆

铁路车辆是运送旅客和货物的工具，它本身没有动力装置，需要把车辆连接在一起由机车牵引，才能在线路上运行。

铁路车辆可分为客车和货车两大类。铁路货车的种类很多，按照车辆类型可分为通用货车和专用货车两大类（见表4-1）。

表4-1　铁路货车的车辆类型、基本型号、用途及特点

车辆类型		基本型号	用途及特点
通用货车	棚车	P	棚车车体由端墙、侧墙、棚顶、地板、门窗等部分组成。主要装运怕日晒、雨淋、雪浸的货物（粮食、日用品、贵重仪器设备等）。部分棚车还可运送人员和马匹
	敞车	C	敞车仅有端墙、侧墙和地板。主要装运煤炭、矿石、木材、钢材等，也可装运重量不大的机械设备，苫盖篷布可装运怕雨淋的货物
	平车	N	大部分平车只有一个平底板。供装运长且大的重型货物，因而也称作长大货物车
	冷藏车	B	车体装有隔热材料，车内设有冷却、加温等装置，具有制冷、保温和加温三种性能。用于运送新鲜蔬菜、水果、鱼、肉等易腐货物
	罐车	G	其车体为圆筒形，罐体上设有装卸口。罐车主要用于运送液化石油气、汽油、硫酸、酒精等液态货物或散装水泥等
专用货车	专用敞车	C	供具有翻车机的企业使用，主要用于装运块粒状货物且采用机械化方式装卸
	专用平车	X，SQ	运送小汽车（型号为SQ）与集装箱（型号为X）的平车。运送小汽车的平车车体一般分为2～3层，并设有跳板，以便汽车自行上下
	漏斗车	K	用于装运块粒状散装货物，主要运送煤炭、矿石、粮食等
	水泥车	U	用来运送散装水泥的专用车
	家畜车	J	用于运送活家禽、家畜等的专用车。车内有给水、饲料的储运装置，还有押运人乘坐的设施

我国的铁路货车按载重量可分为20 t以下、25～40 t、50 t、60 t、65 t、75 t、90 t等各种不同的车辆。为适应我国货物运量大的客观需要，有利于多装快运和降低货运成本，我国目前以标重为60 t的铁路货车为主。

（三）铁路车站

铁路车站是铁路运输的基本生产单位，它集中了与运输有关的各项技术设备，并参与整个运输过程的各个作业环节。车站按技术作业性质可分为中间站、区段站、编组站、铁路枢纽；按业务性质可分为客运站、货运站、客货运站；按等级性质可分为特等站、一等站、二等站、三等站、四等站、五等站。下面主要介绍按技术作业性质区分的车站。

1. 中间站

中间站是为提高铁路区段通过能力，为保证行车安全和为沿线城乡旅客及工农业生产服务而设的车站。其主要任务是办理列车会让、越行和客货运业务。

2. 区段站

区段站多设在中等城市和铁路网上牵引区段的分界处。其主要任务是办理货物列车的中转作业，进行机车的更换或机车乘务组的换班以及解体，编组区段列车和摘挂列车。

3. 编组站

编组站是铁路网上办理大量货物列车解体和编组作业，并设有比较完善的调车设备的车站，有"列车工厂"之称。

编组站的主要任务是解编各类货物列车；组织和取送本地区车流；整备、检修机车；保养货车的日常技术。

4. 铁路枢纽

铁路枢纽是在铁路网的交汇点或终端地区，由各种铁路线路、专业车站，以及其他为运输服务的有关设备组成的总体，是铁路网的一个组成部分。

铁路枢纽是客货流从一条铁路线转运到另一条铁路线的中转地区，也是城市、工业区客货到发和联运的地区。除了办理枢纽内各种与车站有关的作业外，在货物运转方面，铁路枢纽还办理各方间的无调中转和改编列车的转线，以及枢纽地区车流交换的小运转列车作业。此外，铁路枢纽还提供列车动力，进行机车车辆的检修等作业。

我国主要的铁路枢纽有：北京、沈阳、哈尔滨、石家庄、郑州、徐州、株洲、贵阳、柳州、重庆、成都、兰州等。

（四）铁路线路

铁路线路是为进行铁路运输所修建的固定路线，是铁路固定基础设施的主体，是列车运行的基础，起着承受列车重量、引导列车运行方向等作用。

知识链接

原铁道部为衡量车站客货运量和技术作业量大小，以及在政治上、经济上和铁路网上的地位所划分的不同等级，称为车站等级。对以单项业务为主的客运站、货运站及编组站，根据《铁路车站等级核定办法》，车站分为六个等级，即：特等站、一等站、二等站、三等站、四等站、五等站。

特等站是中国铁路车站中最高等级的车站。具备下列三项条件之一者为特等站：

1. 日均上下车及换乘旅客在60 000人以上，并办理到发、中转行包在20 000件以上的客运站。

2. 日均装卸车在750辆以上的货运站。

3. 日均办理有调作业车在6 500辆以上的编组站。

根据《铁路车站等级核定办法》规定划分的，办理客运、货运业务并担当货物列车解编技术作业的综合业务的车站，具备下列条件中两项者为特等站：

1. 日均上下车及换乘旅客20 000人以上，并办理到发及中转行包在2 500件以上。

2. 日均装卸车在400辆以上。

3. 日均办理有调作业车在4 500辆以上。

我国主要的特等站有：北京站、上海站、广州站、郑州站等。

三、铁路货物运输种类

微课：
铁路货物运
输方式

根据托运货物的重量、性质、包装、体积、形状和运送条件，铁路货物运输的种类分为整车运输、零担运输和集装箱运输3种。

1. 整车运输

根据一批货物的重量、体积或形状需要，使用1辆以上最低标重货车进行的运输，称为整车运输。整车运输包括普通货物整车运输和特殊条件货物整车运输两类，其中特殊条件货物整车运输又分为：超长货物运输、集重货物运输、超限货物运输、危险货物运输、鲜活易腐货物运输和其他货物运输（如军用货物、集装化货物）。

2. 零担运输

不够整车运输条件的货物，进行零担运输。零担运输包括：普通零担货物运输、笨重零担货物运输、危险零担货物运输、鲜活易腐零担货物运输和其他零担货物运输。

3. 集装箱运输

符合集装箱运输条件和办理规定的，可按集装箱运输，包括干货集装箱运输、散装集装箱运输、冷藏集装箱运输、开盖集装箱运输、框架集装箱运输、牲畜集装箱运输、罐式集装箱运输和平台集装箱运输等形式。

四、货物承运重量和件数的规定

（一）货物重量

货物重量是货车装载和计费的依据，货物重量（包括包装重量）必须正确，重量不正确不仅影响铁路收入，造成车辆使用上的浪费，如果以多报少还会因超重而损坏车辆，甚至造成行车事故。因此，货物重量的正确与否，对保证运输安全、提高运输效率有重要的作用。货物的重量以千克为单位，确定的方法是：

（1）整车货物和使用集装箱运输的货物，由托运人确定。

（2）零担货物，除标准重量、标记重量、有过秤清单及一件重量超过车站衡器最大称量的货物外，由铁路部门确定货物重量，并核收过秤费。

托运人确定重量的整车货物、集装箱货物和零担货物，铁路应进行抽查，当重量不符，超过国家规定的衡器公差时，应向托运人或收货人核收过秤费。

（二）货物的件数

铁路运输货物按重量和件数承运，但下列货物按整车运输时，只按重量承运，不计件数。

（1）散装货物。

（2）成件货物。规格相同的（规格在三种以内的视作规格相同），一批数量超过2 000件；规格不同的，一批数量超过1 600件。

五、货物运到期限

铁路在现有技术设备条件和运输工作组织水平的基础上，根据货物运输种类和运输条件，将货物由发站运至到站而规定的最长运输限定天数称为"货物运到期限"。

（一）货物运到期限的计算

货物运到期限按日计算。起码日数为3天，即计算出的运到期限不足3天时，按3天计算。运到期限由以下三部分组成：

（1）货物发送期间（$T_发$）。货物发送期间是指车站完成货物发送作业的时间，它包括在发站从货物承运到挂出的时间。货物发送期间为1天。

（2）货物运输期间（$T_运$）。每250运价千米或其未满为1天，按快运办理的整车货物每500运价千米或其未满为1天。货物运输期间是货物在途中的运输天数。

（3）特殊作业时间（$T_特$）。特殊作业时间是为某些货物在运输途中进行作业所规定的时间，具体规定如下：① 需要中途加冰的货物，每加冰1次，另加1天。② 运价里程超过 250 km 的零担货物和 1 t、5 t 型集装箱另加 2 天，超过 1 000 km 的另加3天。③ 一件货物重量超过 2 t、体积超过 3 m³ 或长度超过 9 m 的零担货物另加2天。④ 整车分卸货物，每增加一个分卸站，另加1天。

若运到期限用T表示，则：

$$T = T_发 + T_运 + T_特$$

 [例题1]

从广安门站承运一件笨重零担货物到石家庄站，重2 300 kg，计算运到期限。已知运价里程为274 km。

解：1. 货物发送期间：$T_发 = 1$ 天

2. 货物运输期间：$T_运 = 274/250 ≈ 2$ 天

3. 特殊作业时间：运价里程超过250 km的零担货物另加2天，一件货物重量超过2 t的零担货物另加2天，特殊作业时间为 $T_特 = 2 + 2 = 4$（天）

运到期限为：$T = 1 + 2 + 4 = 7$（天）

（二）货物实际运到日数的计算

（1）起算时间。从承运货物的次日起算；有指定装车日期的，从指定装车的次日起算。

（2）终止时间。到站由铁路组织卸车的货物，到卸车终了时止；由收货人组织卸车的货物，到货车调至卸车地点或货车交接地点时止。

（3）起码天数为3日。

> **[例题2]**
>
> A站于6月2日承运一批零担货物和一件重1 200 km的货物到B站，发到站间运价里程为1 803 km，试计算该批货物的运到期限并说明应于何日到站？
>
> **解：** 1. 货物发送期间：$T_发$=1 天
>
> 2. 货物运输期间：$T_运$=1 803/250≈8 天
>
> 3. 特殊作业时间：运价里程超过1 000 km的零担货物另加3天，$T_特$=3天
>
> 运到期限为T=1+8+3=12（天）
>
> 6月2日承运的货物，运到期限的起算时间为6月3日，运到期限为12天时，应于6月14日（24时前）到站。

（三）运到逾期违约金

货物实际运到日数超过规定的运到期限时，铁路应按所收运费的一定百分比向收货人支付违约金。

（四）不支付逾期违约金的货物

（1）超限、限速运行和免费运输的货物以及货物全部灭失，铁路不支付违约金。

（2）从铁路发出催领通知的次日起（不能实行催领通知或会同收货人卸车的货物为卸车的次日起），收货人于2日内未将货物领出，即失去要求铁路支付违约金的权利。

第二节
铁路货物运输种类

一、整车货物运输

一批货物的重量、体积、性质或形状需要单独使用30 t以上的一辆或一辆以上

铁路货车装运（用集装箱装运除外）即为整车运输。整车运输装载量大，运输费用较低，运输速度快，能承担的运量也较大，是铁路运输最主要的运输形式。

（一）整车运输的条件

（1）整车货物每车为一批。

（2）货物的重量与体积。我国现有的货车以棚车、敞车、平车和罐车为主，标记载重量（简称"标重"）大多为50 t或60 t，棚车容积在100 m^3以上，达到这个重量或容积条件的货物，应按整车运输。

（3）货物的性质与形状。有些货物，虽然其重量、体积不够一车，但按其性质与形状需要单独使用一辆货车时，应按整车运输。

（二）整车货物的承运

整车货物装车完毕，发站在货物运单上加盖车站日期戳时起，即为承运。承运就是货物运输合同的成立生效，从承运时起，铁路对货物的运送承担义务和责任。

车站承运货物时，要在货物运单和领货凭证连接的接缝处加盖发站承运日期戳。接缝戳记要清晰，并与原批货物运单和领货凭证上的承运日期相同。货物运单与领货凭证撕开时，断线要整齐，并应在领货凭证上记明整批货物的货票号码。

车站在承运货物时，应将领货凭证和货票丙联交托运人。货票丙联是托运人缴纳铁路运输费用的报销凭据。

（三）限按整车运输的货物

有些货物，由于性质特殊或在运输途中需要特殊照料或受铁路设备条件限制，尽管数量不够整车运输，也不能按零担运输（特准者除外）。

（1）需要冷藏、保温或加温运输的货物。

（2）规定限按整车办理的危险货物。主要指起爆器材、炸药、爆炸性药品（装入爆炸品保险箱的除外），气体放射性货物和重量超过1 t的放射性包装件等。

（3）易于污染其他货物的污秽品（如未经过消毒处理或未使用密封不漏包装的牲骨、湿毛皮、粪便、炭黑等）。

（4）蜜蜂。

（5）不易计算件数的货物。

（6）未装容器的活动物（在管内可按零担运输的除外）。

（7）一件货物重量超过2 t，体积超过3 m^3或长度超过9 m的货物（经发站确认不致影响中转站和到站装卸车作业的除外）。

（四）整车分卸运输

整车分卸运输是铁路为了使托运人能经济地运输数量不足一车，而又不能按零担办理的货物的一种特殊的运输方式。

（1）必须是限按整车办理的货物，第一分卸站的货物数量不足一车。装在同一车内作为一批运输。

（2）分卸站必须在同一路径上，且最多不超过三个到站。

（3）应在站内公共装卸场所卸车，不能在专用线、专用铁路卸车。

（4）蜜蜂、使用冷藏车装运需要制冷或保温的货物和不易计算件数的货物，不得按整车分卸运输办理。

（五）货车施封的规定

货车施封的目的是贯彻责任制，划分铁路与托运人或铁路内部各部门对货物运输的完整性应负的责任。

凡使用棚车、冷藏车、罐车运输的货物，应由组织装车的单位负责施封。但派有押运人、需要通风运输的货物，以及组织装车单位认为不需要施封的货物，可以不施封。

施封的货车应使用粗铁丝将两侧车门上部门扣和门鼻拧固并剪断燕尾，在每一车门下部门扣处放施封锁一枚。施封后必须对施封锁的锁闭状态进行检查，确认落锁有效，车门不能拉开。在货物运单或者货车装载清单和货运票据封套上记明"F"及施封号码（如F146355、F146356）。

发现施封锁有下列情形之一的，按失效处理：

（1）钢丝绳的任何一端可以自由拔出，锁芯可以从锁套中自由拔出。

（2）钢丝绳断开后再接，重新使用。

（3）锁套上无站名、号码或站名、号码不清、被破坏。

卸车单位在拆封前，应根据货物运单、货车装载清单或货运票据封套上记载的施封号码与施封锁号码核对，并检查施封是否有效。拆封时，从钢丝绳处剪断，不得损坏站名、号码。拆下的施封锁，对编有记录涉及货运事故的，自卸车之日起，必须保留180天备查。

二、零担货物运输

零担货物运输，是铁路的主要运输形式之一。货主需要运送的货物不足一车时，则作为零担货物交运。零担货物运输是承运部门将不同货主的货物按同一到站凑整一车后再发运的服务形式。

（一）零担货物运输的条件

（1）单件货物的体积不得小于0.02 m^3（单件货物重量在10 kg以上的除外）。

（2）每批货物的件数不得超过300件。

（二）零担货物的种类

根据性质和作业特点的不同，零担货物可以分为以下四种：

（1）普通零担货物，简称普零货物或普零，即按零担办理的普通货物。

（2）危险零担货物，简称危零货物或危零，即按零担办理的危险货物。

（3）笨重零担货物，简称笨零货物或笨零，是指一件重量在1 t以上、体积在2 m³以上或长度在5 m以上，需要以敞车装运的货物。货物的性质适用于敞车装运和吊装吊卸。

（4）鲜活易腐零担货物，简称鲜零货物或鲜零，即按零担货物办理的鲜活易腐货物。

（三）零担车的种类

装运零担货物的车辆称为零担货物车，简称零担车。按照零担货物的装运方式，零担车可以分为整装零担车（简称"整零车"）和沿途零担车（简称"沿零车"）。

1. 整装零担车

到站是两个（普零）或三个（危零或笨零）以内的零担车，称为整装零担车（简称"整零车"）。按车内所装货物是否需要中转，整零车又分以下两种：

（1）直达整零车。所装的货物不经过中转站中转，可以直接运至货物到站。全车所装的货物到达一个站的，称为一站直达整零车，全车所装的货物到达两个站的，称为两站直达整零车。

（2）中转整零车。所装的货物为同一去向，但到站分散。组织中转整零车时应尽可能装运到距离货物到站最近的中转站，以减少中转次数。此外，为了及时运送零散的长大、笨重或危险货物，整零车中还有同一路径的三站直达整零车，或三站中转整零车。

整零车按其到站个数分为以下三种：

① 一站整零车。车内所装货物不得少于货车标重的50%或容积的90%。

② 两站整零车。第一到站的货物，不得少于货车标记载重的20%，或容积的30%；第二到站的货物不得少于货车标记载重的40%，或容积的60%。两站整零车，第一到站卸货后，只允许加装第二到站到达或中转的货物。两站整零车的第一到站与第二到站间的距离不得超过250 km。因为距离过远，第一到站无货加装时，车辆载重力浪费太大。在组织这种两站整零车时，还应注意始发站与第一到站的距离越远越好。

③ 三站整零车。第一到站卸货后，只准加装第二到站到达或中转的货物。在不影响第二到站卸货的条件下，可以加装第三到站到达或中转的货物。第二到站卸货后，只准加装第三到站到达或中转的货物。三站整零车，第一到站与第二到站必须为始发站至第三到站的经路，第一到站与第三到站间不能超过500 km。

无论是两站整零车，还是三站整零车，均不允许增加新到站。其目的是加快货物运送，防止零担车无限制地在途中滞留。

第一（或第二）到站不办理危险货物时，车内不得装入第二（或第三）到站的危险货物。因为第一（或第二）到站不办理危险货物，往往缺乏这方面的知识和有关安全设备，在装卸作业中容易造成事故。易腐货物只允许配装第一到站，以防途中延滞造成腐烂。

2. 沿途零担车

沿途零担车是在指定区段内运行，装运该区段内各站发到的零担货物的零担车。沿途零担车的发到站一般都是中转站或辅助中转站。

沿途零担车分为以下两种：

（1）直通沿途零担车。即通过几个沿零区段不进行货物的中转（换装）作业，但需要在途中经过几次列车改编的长距离沿零车。

（2）区段沿途零担车。即在两个技术站中间运行的短距离沿途零担车。

（四）零担货物的承运方式

1. 随到随承运

为了方便承运人，车站可采取随到随承运的方式。因为托运人发送货物是随机的，事先无法计划，只能待承运以后在车站仓库内集结，所以仓库设备利用效率低，货物集结时间长，不利于组织直达整零车或中转整零车。

2. 计划受理（预先审批运单）

在零担货物运量较小而货物去向又分散的车站，可采用这种方式。计划受理是由托运人提前向车站提交运单，车站对所提运单实行集中审批。当发送某一到站或去向的货物能够配装一整辆零车时，则通知托运人按指定日期进货，使货流集中。采用此方法，加强了零担货物运输的计划性，提高了零担货物运输的组织水平，但是容易造成货物在承运前的积压。

3. 承运日期表

承运日期表是车站有计划地组织零担货物运输的主要方式，这种方式是车站在掌握货物流量、流向基本规律的前提下，按主要到站或方向分别安排承运日期，事先公布，托运人按规定的日期办理托运。

承运日期表可以使托运人事先了解车站对各主要到站或方向的收货日期，及时做好托运的准备工作，做到有计划托运；可将分散的零担货流按主要到站或方向集结，便于配装整零车。车站可以平衡安排日间作业量，提高车站货运设备的利用效率；可以有计划地配送空车和按主要到站、中转站组织整零车。

 知识链接

铁路货运组织名词解释：

笨零，笨重零散货物的意思。笨零指的是单件货物不足30 t，但是重量不足以用简单工具搬运、装载的货物。

普零，普通成件包装，无危险或危险性小，易与其他货物拼装，便于起重量1 t的电瓶叉车进出铁路棚车装卸的货物。

危零，按零担办理的危险货物。

三、集装化运输

（一）集装化运输的基本条件

（1）集装化运输的货物，以集装后组成的集装单元（盘、架、笼、袋、网、捆等）为一件，每件集装货件的体积应不小于0.5 m^3，或重量不小于500 kg。

（2）棚车装运的集装化货物，每件重量不得超过1 t，长度不得超过1.5 m，体积不得超过2 m^3，到站限制为叉车配属站。

（3）敞车装运的集装化货物，每件重量不得超过到站的最大起重能力。

（4）集装化货件应捆绑牢固，表面平整，适合多层码放；码放要整齐、严密，并按规定有包装储运的标志。

（5）集装化货物与非集装化货物不能同一批运输，一批运输的多件集装化货物，按零担运输时，应采用同一集装方式。

（二）铁路集装箱运输的基本条件

在铁路货物运输中，符合集装箱运输条件的可按集装箱托运。

1. 符合铁路集装箱运输条件的货物

符合集装箱运输条件的货物为：以贵重、易碎、怕湿货物为主的"适箱货物"，如家电、仪器、仪表、小型机械、玻璃陶瓷、建材、工艺品、文化体育用品、医药、卷烟、酒、食品、日用品、化工产品、针纺织品、小五金和其他适合铁路集装箱运输的货物。

不能使用铁路集装箱运输的货物包括：

（1）易于污染箱体的货物，如生毛皮、牲骨、化肥、油脂、油漆、炭黑、水泥等。

（2）易于损坏箱体的货物，如金属块、盘圆等，发货人自装的企业自备通用集装箱除外。

（3）鲜活货物，其中在一定季节内不易腐烂的货物，可由铁路局确定在一定时间和区域内使用集装箱运输。

（4）危险货物，《危险货物运输规则》中规定可按普通货物条件运输的除外。

2. 铁路集装箱运输的基本条件

（1）集装箱要在规定的铁路集装箱办理站之间运输。

（2）集装箱货物按一批办理的条件是：① 每批必须是同一吨位的集装箱；② 每批至少一箱，且最多不超过一辆货车所能装运的箱数；③ 铁路集装箱与自备集装箱一般不能按一批办理。

（3）适箱货物应采用集装箱装运。目前禁止使用铁路通用集装箱装运的货物包括易于污染和腐蚀箱体的货物，易于损坏箱体的货物，鲜活货物，危险货物。

（4）集装箱装箱货物重量由托运人确定。

（5）集装箱的施封和拆封分别由托运人和收货人负责。

（三）集装化运输组织

1. 托运

（1）托运人要求铁路运输整车集装化货物时，应在月度要车计划表、旬要车计划表中注明"集装化"字样。

（2）托运人托运集装化货物，在货物运单"托运人记载事项"栏内注明"集装化"，运单"件数"一栏应填写集装后的件数，"包装"栏填写集装方式名称。

（3）发站受理集装化货物时，应在运单右上角加盖"××站集装化运输"戳记。

（4）车站不得将批准的集装化运输计划以非集装化运输。

2. 承运和交付

车站对集装化货物，按集装化后的件数承运。承运时只检查集装化的件数和货件外部状态。到站交付时，也按集装化后的件数和货件外部状态交付。如收货人提出内部货物发生损坏、丢失，除了能证明其属于铁路责任外，均由托运人负责。

集装箱运输在办理发、到作业时，承运人与托运人、收货人间的交接按以下规定办理：在车站货场交接时，重箱凭箱号、封印和箱体外状，空箱凭箱号和箱体外状。箱号、施封号码与货物运单记载一致，施封有效，且箱体没有发生危及货物安全的变形或损坏时，箱内货物由托运人负责。

3. 集装化用具的回送

集装化货物运抵到站后，企业自备的集装化用具应一并交给收货人。需要回送的集装化用具，到站后根据运单记载的集装化运输戳记和有关规定签发特价运输证明书。收货人凭特价运输证明书办理回送。车站对回送的集装化用具要优先运输。

知识链接
五定班列

"五定班列"是铁路运输部门，为适应市场经济发展，向社会推出的一种快运货物列车的优质服务项目。"五定班列"运输整车、集装箱和零担（仅限一站直达）货物，但不办理水陆联运，先运后付，超限、限速运输货物和运输途中需加水或装运途中需加冰、加油的冷藏车的货物。具体的内容如下：

1. 定点，装车站和卸车站固定。

2. 定线，运输线固定。

3. 定车次，班列车次固定。

4. 定时间，货物发到时间固定。

5. 定运价，全程运输价格固定。

与整车货物运输、集装化运输和零担货物运输相比，"五定班列"具有以下特点：

1. 运行快速，日行800 km（单线600 km）。

2. 手续简便，一个窗口一次办理承运手续。

3. 一次收费，明码标价，价格合理。

4. 安全优质，保证运到时间，安全系数高。

第三节
铁路货物运输流程

一、货运合同的签订

铁路货物运输合同是托运人利用铁路运输货物，与铁路承运人签订有关货物运输权利、义务和经济责任关系的协议。货运合同的当事人是承运人、托运人与收货人，货运合同的签订者是承、托双方。铁路货运合同有预约合同和承运合同两种。

（一）预约合同

预约合同以"铁路货物运输服务订单"为合同形式，分为铁路整车货物运输服务订单和零担、集装箱、班列货物运输服务订单两种。

1. 铁路整车货物运输服务订单

托运人与承运人在按季度、半年度或更长期限签订整车大宗物资运输合同时，还必须提出铁路货物运输服务订单，其他整车货物也用铁路货物运输服务订单作为运输合同。它主要包括货物运输的时限、发站、到站、托运人、收货人、品名、车种、车数、吨数以及相关服务内容等。

整车货物运输服务订单一式两份，由托运人正确填写，要求内容完整，字迹清楚，不得涂改。铁路货运计划人员受理，并经审定合格后加盖人名章，返还托运人1份，留存1份。与铁路联网的托运人，可通过网络直接向铁路提报订单。

托运人可随时向装车站提报订单，铁路部门随时受理，随时审定。对于大宗稳定、能够提前确定运输的物资，托运人可以在每月的19日前将订单提报给装车站，铁路部门将其纳入次月计划，进行集中审定，以便统一安排，重点保证。对抢险救灾和紧急运输物资的订单，则随时受理，立即审定，在运输安排上优先保证。

订单的审定结果，铁路装车站要及时通知托运人。托运人根据订单审定的车数、到站等内容按实际需要向车站提出装车请求，并同时做好装车准备，将货物搬入车站或自己选择的专用线。

2. 零担、集装箱、班列货物运输服务订单

托运人在办理零担、集装箱、班列货物运输时，将填好的零担、集装箱、班列运输服务订单一式两份，提报给装车站，车站随时受理并根据货场能力、运力，安排班列开行日期并在订单上加盖车站日期戳，交与托运人1份，留存1份。铁路部门据此安排运输，并通知托运人将货物搬入仓库或集装箱内。

（二）承运合同

承运合同以"货物运单"作为合同书。托运人按要求填写运单并提交承运人，经承运人审核同意并承运后，承运合同成立。运单是托运人与承运人之间为运输货物而签订的一种货运合同或货运合同的组成部分。因此，运单既是确定托运人、承运人、收货人之间在运输过程中的权利、义务和责任的原始依据，又是托运人向承运人托运货物的申请书，承运人承运货物和核收运费、填制货票以及编制记录和理赔的依据。

零担货物和以零担形式运输的集装箱货物使用运单作为货运合同。整车货物与以整车形式运输的集装箱货物的货运合同包括经过审定的订单和运单。

二、铁路货物运输流程

铁路货物运输流程主要包括货物发送作业、货物途中作业、货物到达作业及货运事故及赔偿等，如图4-1所示。

（一）货物发送作业

货物发送作业包括托运人向承运人的发站申报运输要求、提交货物运单、进货、缴费，与发站共同完成承运手续；发站受理托运人的运输要求，审查货物运单，验收货物及其运输包装，填制货物运输票据，核收运输费用，在货物运单上加盖发站的日期戳，组织装车及货车、集装箱的施封等。

1. 货物的托运与受理

（1）托运。托运人向承运人提出货物运单和运输要求，称为货物的托运。托运人所托运的货物应符合一批的要求，托运人向车站按批提出货物运单一份，且货物已准备就绪，随时可以移交承运人。

（2）受理。车站对托运人提出的货物运单，经过审查符合运输要求的，在货物运单上签好货物搬入日期或装车日期后，即为受理。

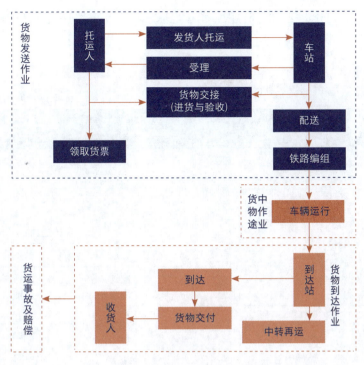

图4-1　铁路货物运输流程

2. 进货与验货

（1）进货。托运人凭签证后的货物运单，按指定日期将货物搬入货场指定的货位即为进货。

（2）验货。验货是为了保证货物运输安全、完整，以及划清承运人与托运人之间的责任。检查的内容主要有以下几项：① 货物的名称、件数、重量是否与货物运单的记载相符；② 货物的状态是否良好；③ 货物的运输包装和标记及加固材料是否符合规定；④ 货物的标记（货签）是否齐全、正确；⑤ 装载整车货物所需要的货车装备物品或加固材料是否齐备。

3. 填制货票

整车货物装车后（零担货物过秤终了，集装箱货物装箱后），货运员将签收的运单移交货运室填制货票，核收运杂费。

货票（见表4-2）是铁路运输货物的凭证，也是一种具有财务性质的票据，可以作为承运货物的依据和交接运输的凭证。货票分现付货票和后（到）付货票，后（到）付货票是后付或在到站付费时使用。货票一式四联：甲联为发站存查联；乙联为报告联，由发站按日顺号装订，定期上报分局、路局；丙联供托运人报销使用；丁联为运输凭证，由发站将其与运单一起随货物递交到站存查。

4. 货物的承运

零担运输和集装箱运输的货物由发站接收完毕，整车货物装车完毕，发站在货物运单上加盖车站日期戳时起，即为承运。承运标志着铁路负责运输的开始，是承运人与托运人划分责任的时间界限，承运也标志着货物正式进入运输过程。

表4-2 货　票

计划号码或运输号码　　　　　　　　××铁路局　　　　　　　　　　No:
甲联　发站存查

发站	到站（局）		车种车号	货车标重			承运人/托运人装车
经由	货物运到期限		施封号码或铁路棚布号码				
运价里程	集装箱号码		保价金额		现付金额		
					费别	金额	费别	金额
托运人名称及地址				发到运费		运行运费	
收货人名称及地址				印花税		京九分流	
货物品名	品名代码	件数	货物重量	计费重量	运价号	运价率	建设基金	电气化附加费
集装箱号码								
记事					合计			

5. 托运货物的基本要求

（1）如一批托运的货物品名过多，托运人不能在运单内逐一填记或在同一包装内有两种以上货物，必须提出物品清单一式三份。

（2）托运人对其在货物运单和物品清单内所填记事项的真实性应负完全责任，匿报、错报货物品名、重量时还应按照规定支付违约金。

（3）托运人托运易腐货物时，应在货物运单"货物名称"栏内填记货物名称，并在"托运人记载事项"栏内注明易腐货物容许运输期限。托运需检疫运输的易腐货物时，应按国家有关规定提出检疫证明。

（4）托运人托运危险货物时，必须出具"铁路危险货物托运人资质证书"、经办人身份证和铁路危险货物运输业务培训合格证书。在货物运单"货物名称"栏内填写危险货物品名索引表内列载的品名和编号，并在运单的右上角用红色戳记标明类项。

（5）活动物、需要浇水运输的鲜活植物、生火加温运输的货物，以及按规定需要派押运人的货物，托运人必须派人押运。

铁路货运规章多，内容修改频繁，应及时了解和掌握。

（二）货物途中作业

1. 货运合同变更

（1）货运合同变更的种类有：

① 变更到站。货物已经装车挂运，托运人或收货人可按批向货物所在的中途站或到站提出变更到站。为保证液化气体运输安全，液化气体罐车不允许进行运输变更或重新起票办理新到站，如遇特殊情况需要变更或重新起票办理新到站时，需要经过铁路局批准。

② 变更收货人。货物已经装车挂运，托运人或收货人可按批向货物所在的中途站或到站提出变更收货人。

（2）货运合同变更的限制。铁路是按计划运输货物的，货运合同变更必然会给铁路运输工作的正常秩序带来一定的影响。所以，对于下列情况，承运人不受理货运合同的变更：① 违反国家法律、行政法规；② 违反物资流向；③ 违反运输限制；④ 蜜蜂运输；⑤ 变更到站后的货物运到期限大于容许运到期限；⑥ 变更一批货物中的一部分；⑦ 第二次变更到站的货物。

2. 货运合同解除

整车货物和大型集装箱在承运后、挂运前，零担和其他型集装箱货物在承运后、装车前，托运人可向发站提出取消托运，经过承运人同意，货运合同即告解除。承运人按照托运人请求取消托运后，不再履行向原收货人交付货物的义务，且对收货人没有告知的义务。

解除合同后，发站退还全部运费与押运人乘车费，但特种车使用费和冷藏车回送费不退。此外，还应按规定支付变更手续费、保管费等费用。

3. 货运合同变更和解除的处理

当托运人或收货人要求变更或解除合同时，应提出领货凭证和货物运输变更要求书，如不能提出领货凭证，应提出其他有效证明文件，即除领货凭证以外的能够证明其是运输合同当事人的书面文件，如单位介绍信等，并在货物运输变更要求书内注明。提出领货凭证的目的是防止托运人要求铁路部门办理变更，同时原收货人又持领货凭证向铁路部门要求交付货物的矛盾。

（三）货物到达作业

货物到达作业即货物在到站进行的货运作业，包括收货人向承运人的到站查询、缴费、领货、接受货物运单，与到站共同完成交付手续；到站向收货人发出货物催领通知，接受到货查询、收费、交货、交单，与收货人共同完成交付手续；由铁路组织卸车或收货人自己组织卸车，到站向收货人交付货物或办理交接手续，到达列车乘务员与到站人员的交接，亦为到达作业。

1. 货物的暂存

对到达的货物，收货人有义务及时将货物搬出，铁路部门也有义务提供一定的免费保管期限，以便收货人安排搬运车辆，办理仓储手续。免费保管期限规定为：由承运人组织卸车的货物，收货人应于承运人发出催领通知的次日（不能实行催领通知或会同收货人卸车的货物为卸车的次日）起算，2天（铁路局规定1天的为1天）内将货物搬出，超过此期限未将货物搬出的，按其超过的时间核收货物暂存费。

货物运抵到站，收货人应及时领取。拒绝领取时，应出具书面说明，自拒领之日起3日内，到站应及时通知托运人和发站，征求处理意见。托运人自接到通知之日起，30日内提出处理意见答复到站。

自承运人发出催领通知次日起（不能实行催领通知时，从卸车完成的次日起），经过查找，满30日（搬家货物满60天）仍无人领取的货物或收货人拒领，托运人又未按规定期限提出处理意见的货物，承运人可按无法交付货物处理。

对无法交付货物的范围、保管期限、上报和移交手续、价款处理，应按照《关于港口、车站无法交付货物的处理办法》的规定办理。对性质不宜长期保管的货物，承运人根据具体情况，可缩短通知和处理期限。

2. 票据交付

收货人持领货凭证和规定的证件到货运室办理货物领取手续，在支付费用并在货票丁联盖章或签字后，留下领货凭证，在运单和货票上加盖到站交付日期戳，然后将运单交给收货人，凭此领取货物。如收货人在办理货物领取手续时领货凭证未到或丢失，机关、企业、团体应出示本单位的证明文件，个人应出示本人居民身份证（或户口簿）、工作证或服务所在单位（或居住单位）出具的证明文件。

货物在运输途中发生的费用（如包装整修费、托运人责任的整理或换装费、货物变更手续等）和到站发生的杂费，应由收货人在到站支付。

3. 现货交付

现货交付即承运人向收货人点交货物。收货人持货运室交回的运单到货物存放地点领取货物，货运员向收货人点交货物完毕后，在运单上加盖"货物交讫"戳记，并记明交付完毕的时间，然后将运单交还给收货人，凭此将货物搬出货场。

在实行整车货物交付前保管的车站，货物交付完毕后，如收货人不能在当日将货物全批撤出车站，对其剩余部分，按件数和重量承运的货物，可按件数点交车站相关负责人负责保管，只按重量承运的货物，可向车站声明。

收货人持加盖"货物交讫"的运单将货物搬出货场，门卫对搬出的货物应认真检查品名、件数、交付日期与运单记载是否相符，经确认无误后放行。

（四）货运事故及赔偿

1. 货运事故范围

货物在铁路运输过程中发生火灾、丢失、损坏、变质、污染等情况，给货物造成损失及误运送、误交付等严重办理差错的，在铁路内部均属货运事故。

2. 货运事故处理

发生或发现货运事故时，车站应在当日按批编制货运记录，记录有关情况。当货物发生损坏或部分丢失，不能判明事故发生原因或损坏程度时，承运人可与收货人或托运人协商，也可邀请鉴定人进行鉴定，根据鉴定结果编制货运事故鉴定书。

在货物运输过程中，如发现违反政府法令、危及运输安全等情况，承运人依据有关规定进行处理，将处理结果编制记录，随运输票据递交到站处理。承运人对无法处理的意外情况，应该立即通知车站转告托运人或收货人处理。

货运事故发生后，处理单位通知有关各方组织调查分析，确定货物损失事故原因和事故责任单位，并根据有关规定做出赔偿处理。

3. 货运事故责任划分

承运人自承运货物时起至将货物交付时止，对货物发生的灭失、短少、变质、污染、损坏承担赔偿责任，但由于下列原因造成的损失，承运人不承担赔偿责任：①不可抗力因素；②货物本身自然属性、合理损耗；③托运人、收货人、押运人的过错。

由于托运人、收货人的责任或押运人的过错，造成铁路运输工具、设备或第三方的货物损失时，托运人、收货人应负赔偿责任。

4. 索赔

收货人或托运人在接到承运人交给的货运记录后，认为属于承运人的责任，可向承运人提出赔偿要求。提出赔偿要求时，必须填制赔偿要求书并附货物运单（货物全部丢失时或票据丢失时为领货凭证和货票丙联）、货运记录、货物损失清单和其他证明材料。承运人向托运人、收货人提出赔偿要求时，必须出示货运记录、损失清单和其他必要的证明文件。

托运人、收货人与承运人相互间要求赔偿的有效期为180日。有效期的起算时间为：货物丢失、损坏或铁路设备损坏的为承运人递交货运记录当日，货物全部损失且未编有货运记录的为运到期限满的第31日，其他赔偿为发生事故的次日。

承运人对托运人或收货人提出的赔偿要求，自受理之日起30日（跨及2个铁路局以上的赔偿要求为60日）内进行处理，并答复要求人。要求人收到答复的次日起60日内未提出异议，即为结案。对于承运人的审理结果有不同意见时，应自收到承运人答复的次日起60日内提出异议，逾期则视为默认。

5. 赔偿额度

（1）保价货物。按货物实际损失赔偿，最多不超过该批货物的保价金额。货物损失一部分时，按损失部分占全批货物的比例乘以保价金额进行赔偿。

（2）非保价货物。不按件数只按重量承运的货物，每吨最多赔偿100元；按件数和重量承运的货物，每吨最多赔偿2 000元；个人托运的行李，搬家货物每10 kg最多赔偿30元；实际损失低于上述赔偿限额的，按照实际损失赔偿。

投保运输险的货物发生损失，由承运人与保险公司按规定赔偿。货物的损失是由于承运人的故意行为或重大过失造成的，则不适用于上述赔偿限额的规定，按照实际损失赔偿。

三、货物运单

（一）货物运单的性质

货物运单是承运人与托运人之间，为了运输货物而签订的一种运输合同。货物运单体现了在货物运输过程中承运人、托运人双方的权利、义务和责任，双方都应对所填记的内容负责。

货物在运输过程中，如果发生事故或运输费用计算错误，货物运单是处理承运人与托运人、收货人之间责任的根据。因此，货物运单既是办理铁路货物运输最原始的依据，也是划清承运人与托运人、收货人之间责任的重要根据。铁路货物运单是铁路货物运输合同最主要的单证。在一定程度上，相当于旅客运输的车票，货到哪里，货物的运单就到哪里。

托运人对货物运单和物品清单内所填记事项的真实性应负完全责任。匿报、错报货物品名、重量时，应按照规定承担责任。

（二）货物运单的传递过程

货物运单的传递过程为：托运人→发站→到站→收货人。

货物运单由托运人填写后提交发站，发站承运后随货递送至到站。到站交付时，连同货物一并交给收货人，即视为运输合同已经履行完毕。

领货凭证的传递过程为：托运人→发站→托运人→收货人→到站。

领货凭证是托运人、收货人变更、解除运输合同和领取货物时应当出示的证明其身份的文件，与托运人、收货人出示的其他证明文件具有同等效力。领货凭证不是物权凭证，不构成承运人必须向收货人交付货物的保证。

领货凭证由托运人随运单一并填写后交给发站，货物承运后加盖承运戳记退还托运人。托运人寄交收货人，收货人凭此在到站领取货物。当发生全批货物灭失时，收货人可凭此提出赔偿要求。

（三）运单填写的基本要求

运单的填写，分为托运人填写和承运人填写两部分。运单中"托运人填写"和"领货凭证"有关各栏由托运人填写；"承运人填写"各栏由承运人填写。承运人、托运人双方在填写时均应对所填写的内容负责。填写货物运单时，要求按规定填写正确、齐全，字迹要清楚，使用简化字要符合国家规定，不得使用自造字。如有更改时，属于托运人填写事项的，应由托运人盖章证明；属于承运人填写事项的，应由车站加盖站名戳记。表4-3为货物运单与领货凭证的样式。

表4-3　货物运单与领货凭证

领货凭证

- 车种及车号
- 货票第　号
- 运到期限　日
- 发站
- 到站
- 托运人
- 收货人
- 货物名称
- 托运人盖章或签字
- 发站承运日期

注：收货人领货须知见背面

货 物 运 单

× × 铁路局　　　　货票第　号

承运人/托运人装车　　货物指定于　月　日搬入
承运人/托运人施封　　货位：

计划号码或运输号码：
运到期限：　日　托运人

发站 → 到站 → 收货人

托运人填写

到站		
到站所属省（市）自治区		到站（局）
托运人	名称	托运人邮政编码
	住址	电话
收货人	名称	收货人邮政编码
	住址	电话
货物名称	件数	
	包装	货物价格
合计		
托运人记载事项	保险	

承运人填写

货车标重		
车种车号		
施封号码		
铁路货车棚车号码		经由
		运价里程
集装箱号码		
计费重量	运价号	承运人确定重量
	运价率	托运人确定重量
运费		
承运人记载事项		
到站交付日期		
发站承运日期		

托运人盖章或签字
年　月　日

注：本单不作为收款凭证，托运人签约须知见背面。

为了分清承运人与托运人之间的责任，承运人对托运人填写事项，除承运后变更到站或收货人时，由处理站根据托运人提出的货物变更要求分别变更"到站（局）""收货人"和"收货人地址"栏填写的内容，并加盖站名戳记外，其余项目不得更改。遇到以下三种情况，托运人在提交运单的同时，还必须提交物品清单一式三份：

（1）一批托运的货物品名过多，不能在运单内逐一填写时；

（2）搬家货物；

（3）同一包装内有两种以上的货物。

物品清单由车站加盖车站承运日期戳后，一份由发站存查，一份随同运输票据递交到站，一份退还托运人。

第四节
铁路货物运输费用

在开展铁路货运业务中，顾客最关心的是铁路部门对所要发出的货物在运输上有哪些要求，在价格上是如何规定的。计算铁路货物运输费用所依据的基本规章是《铁路货物运价规则》（以下简称《价规》）及其附件，它规定了计算货物运输费用的基本条件，各种货物运输使用的运价号、运价率，各种杂费的核收办法、费率及运价里程的计算方法等。铁路货物运价是由国家铁路局拟定，报国务院批准的。

一、铁路货物运价的种类

铁路货物运价由发到基价和运行基价两部分组成。运费一般是由货物运输组织形式、货物的种类、货物的计费重量及货物的运输距离等因素决定的。铁路货物运价有以下几种分类。

（一）按适应范围分类

1. 普通运价

普通运价是货物运价的基本形式，在全铁路办理正式营业的铁路运输线上都适用的统一运价（特定运价、优待运价、国际联运运价及地方运价等除外）。我国现行的整车货物、冷藏车货物、零担货物和集装箱货物运价即属于普通运价。无论是普通货物还是按特殊条件运送的货物，都以此作为计算运费的基本依据。不过，特殊条件运送的货物在某些情况下做一些特殊规定。例如，超限货物是特殊条件下运送的货物，其运价按不同超限等级分别在普通货物运价的运价率上加50%或100%计算运费。

2. 特定运价

特定运价是指在一定条件下，运送一定种类货物时规定的运价。它是国家在一定时期内对某些货物临时采取的限制手段或鼓励手段，是贯彻国家经济政策的一种体现，是普通运价的重要补充。因此，特定运价可以高于或低于普通运价。我国现行《铁路货物运价规则》所规定的特定运价都是低于普通运价的一种运价。如《铁路货物运价规则》中2号特定运价，就是为发展我国集装运输，鼓励企业单位多制造集装用具。对企业自备集装用具，凭收货人提出的特价运输证明书回送时，其整车运输按4号运价、零担运输按23号运价，运价率各减50%计费。

3. 优待运价

优待运价是指对一定机关或企业运输的一切货物或对于不同托运人运送给一定机关或企业的货物而规定的低于普通运价的一种运价。例如，企业自备10 t及其以下通用集装箱装运货物按其适用的运价率减20%计费。

4. 国际联运运价

国际联运运价是指经铁路国际联运的货物所规定的运价。包括过境运输运价和国内区段运输运价两部分运价。过境运输运价按《国际货协统一过境运价规程》的规定办理；国内区段运输运价按现行《铁路货物运价规则》的规定办理。

5. 地方运价

地方运价是指地方铁路局经国家铁路局批准对某些管内支线或地方政府对地方铁路所规定的运价。

（二）按货物运输组织形式分类

1. 整车货物运价

整车货物运价是《价规》中规定的按整车运输的货物的运价，根据货物种类，由每吨发到基价和每吨千米或每轴千米的运行基价组成。

2. 零担货物运价

零担货物运价是铁路对按零担运输的货物所规定的运价，根据货物种类，由每10 kg的发到基价和每10 kg·km的运行基价组成。

3. 集装箱货物运价

集装箱货物运价是铁路对按集装箱运输的货物所规定的运价，由每箱的发到基价和每箱千米的运行基价组成。

📺 知识链接

铁路货物运价，由国务院铁路主管部门拟定，经国务院批准后执行，杂费由国务院铁路主管部门规定。货物运输费用的收费项目和收费标准必须公告，未公告的不准予实施。

计算货物运输费用的依据有：①《铁路货物运价规则》；②铁路货物运输品名检查表（《价规》附件三）；③货物运价里程表（《价规》附件四）；④《国际铁路货物联运统一过境运价规程》；⑤《铁路和水路货物联运规则》；⑥《铁路军事运输计费付费办法》；⑦《铁路货物装卸作业计费办法》；⑧铁路货物装卸作业费率；⑨国家铁路局的其他有关规定。

二、货物运价里程确定

运价里程根据"货物运价里程表"按照发站至到站间国铁正式营业线最短路径计算，但"货物运价里程表"内或国家铁路局规定有计费路径的，按规定的计费路径计算运价里程。运价里程不包括专用线、货物支线的里程。通过轮渡时，应将换装站至码头线的里程加入运价里程内计算。

下列情况发站需要在货物运单内注明，运价里程按绕路经由计算：

（1）因货物性质（如鲜活货物、超限货物等）必须绕路运输时。

（2）因自然灾害，经政府指示或其他不是由于铁路的问题，托运人要求绕路运输时。

（3）因最短路径运输能力不足，由国家铁路局指定计费路径的整车货物绕路运输时。

三、货物运价号与运价率的确定

（一）货物运价号

《价规》将货物共分为26类、115项，同时也规定了各种货物的整车运价号、零担运价号和集装箱运价号。

（1）整车货物有7个运价号，为1～7号。

（2）冷藏车货物按车型分为加冰冷藏和机保冷藏。

（3）零担货物有2个运价号，为21～22号。

（4）集装箱货物按箱型分为4个运价号：1吨箱运价号、10吨箱运价号、20英尺箱运价号、40英尺箱运价号。

能否正确判定货物的运价号，直接影响到运输费用的计算和运价制度的执行。在计算运费时，必须根据货物运单上正确的货物名称填写。

部分铁路货物运输代码、品类与运价号见表4-4。

表4-4　铁路货物运输代码、品类与运价号（部分）

代　码		货物品类	运价号		代　码		货物品类	运价号	
			整车	零担				整车	零担
01		煤			02	4 0	柴油	6	22
01	1 0	原煤	4	21	02	5 0	重油	6	22
01	2 0	洗精煤	5	21	02	6 0	润滑油、脂	6	22
01	3 0	块煤	4	21	02	9 0	其他成品油	6	22
01	4 0	洗、选煤	4	21	03		焦炭		
01	5 0	水煤浆	4	21	03	1 0	焦炭	5	21
01	9 0	其他煤	4	21	03	2 0	沥青焦、石油焦	5	22
02		石油			04		金属矿石		
02	1 0	原油	6	22	04	1 0	铁矿石	3	21
02	2 0	汽油	6	22	04	2 0	放射性矿石	4	22
02	3 0	煤油	6	22	04	9 0	其他金属矿石	3	21

（二）货物运价率的确定

现行货物运价率由货物的发到基价和运行基价两部分构成。在运输过程中，发到基价（基价1）是每次发货每吨货物的基本价，是与运送里程远近无关的始发作业费和终到作业费，这一部分费用是固定的。运行基价（基价2）是每吨货物每运行1 km的价格，与运送里程成正比例。因此，近距离运送时每t·km负担的固定费用较多，成本较高。反之，距离越长，成本越低。

铁路货物运价率见表4-5。

表4-5　铁路货物运价率表

办理类别	运价号	基价1		基价2	
		单位	标准	单位	标准
整车货物	1	元/吨	7.40	元/吨千米	0.056 5
	2	元/吨	7.90	元/吨千米	0.065 1
	3	元/吨	10.50	元/吨千米	0.070 0
	4	元/吨	13.80	元/吨千米	0.075 3
	5	元/吨	15.40	元/吨千米	0.084 9

办理类别	运价号	基价1		基价2	
		单位	标准	单位	标准
整车货物	6	元/吨	22.20	元/吨千米	0.114 6
	7			元/轴千米	0.402 5
	机械冷藏车	元/吨	16.70	元/吨千米	0.113 4
零担货物	21	元/10 千克	0.168	元/10 千克千米	0.000 86
	22	元/10 千克	0.235	元/10 千克千米	0.001 20
集装箱货物	20英尺箱	元/箱	387.50	元/箱千米	1.732 5
	40英尺箱	元/箱	527.00	元/箱千米	2.356 2

四、货物运费计算

（一）整车货物运输费用

整车货物运输费用（整车运费）的计算公式如下：

整车运费 = （发到基价 + 运行基价 × 运价里程） × 计费重量

整车以吨为单位，吨以下四舍五入。

1. 整车货物计费重量的计算方法

除了下列情况外，均按货车标记载重量作为计费重量。货物重量超过标准重量时，按货物重量计费。

（1）使用矿石车、平车、砂行车，经铁路局批准装运"铁路货物运输品名分类与代码表""01、0310、04、06、081"和"14"类货物按40 t计费，超过部分按货物重量计费。

（2）使用自备冷藏车装运货物，按60 t计费；使用标重低于50 t的自备罐车装运货物，按50 t计费。

（3）标重不足30吨的家畜车，计费重量按30吨计算。

（4）铁路配发计费重量高的货车代替托运人要求的计费重量低的货车，如托运人无货加装，按托运人要求用车的计费重量计费。例如，托运人在某站托运化工机械设备一套，货物重量15.7 t，托运人要求用40 t敞车装运。经调度命令，承运一辆50 t敞车代用，托运人无货加装，则其计费重量按40 t计算。如有货加装，如加装5 t，则在加装后按50 t标重计费。

（5）表4-6所列货车装运货物时，计费重量按表中规定计算，货物重量超过规定计费重量的，按货物重量计费。

表4-6　货车货物规定计费重量表

车种车型	计费重量/t
B6 B6N B6A B7（加冰冷藏车）	38
BSY（冷板冷藏车）	40
B18（机械冷藏车）	32
B19（机械冷藏车）	38
B20 B21（机械冷藏车）	42
B10 B10A B22 B23（机械冷藏车）	48
SQ1（小汽车专用平车）	85
QD3（凹底平车）	70
GH95/22、GY95/22（石油液化气罐车）	65
GH40、GY40（石油液化气罐车）	65

2. 其他费用

整车分卸的货物，途中每分卸一次，另行核收分卸作业费（不包括卸车费）每车次80元。派有押运人押运的货物，核收每人3元/百千米的押运人乘车费。

[例题3]

从郑州北站向广州东站发一车块煤，重52.6 t，用一辆50 t的车装运，计算其运费。

解：从郑州北站至广州东站的运价里程为1 638 km。查货物检查表，块煤运价号为4号。再查运价率表，运价号为4号的发到基价为13.8元/t，运行基价为0.075 3元/t·km。计费重量53 t。

运费为：（13.8+0.075 3×1 638）×53=7 268.494 2（元）

因此，该批货物的运费为7 268.5元。

（二）零担货物运输费用

零担货物运输费用（简称"零担运费"）的计算公式如下：

$$零担运费 = \frac{（发到基价+运行基价 \times 运价里程）\times 计费重量}{10}$$

零担货物运费的规定如下：

1. 计费重量

零担货物的计费重量以10 kg为单位，不足10 kg的进为10 kg。具体分三种情况计算重量：

（1）按规定计费重量计费。

（2）按货物重量计费。

（3）按货物重量和折合重量择大计费。

为保持零担货物运价与整车货物运价之间的合理比价关系，避免货物运输中发生运费倒挂、化整为零的现象，除上述特殊规定外，凡不足300 kg/m³的轻浮零担货物均按其体积折合重量与货物重量择大确定计费重量。

$$折合重量=300×体积（kg）$$

货物长、宽、高的计算单位为m，小数点后保留两位小数，第三位小数四舍五入。体积的计算单位为m³，保留两位小数，第三位小数四舍五入。

 ［例题4］

某站发送一批零担货物，重225 kg，体积为0.82 m³，在确定计费重量时，其折合重量=300×0.82=246 kg。因此计费重量应为250 kg。

2. 起码运费

零担货物每批的起码运费，发到运费为1.60元，运行运费为0.40元，合计2.00元。

 ［例题5］

从广安门站向包头车站发4件灯管，重46 kg，货物每件长1 m，宽0.35 m，高0.15 m，试计算运费。

解： 广安门至包头的运价里程为798 km。查货物检查表，灯管的运价号为22号。再查运价率表，运价号为22号的发到基价为0.235元/10 kg，运行基价为0.001 20元/10 kg·km。

体积：4×1×0.35×0.15=0.21 m³

折合重量为：300×0.21=63 kg，所以计费重量为63 kg。

发到运费=发到基价×计费重量=0.235×63/10=1.48（元），低于起码运费，因此发到运费为1.6元。

运行运费=0.001 20×798×63/10=6.032 88=6.03（元）

所以运费为1.6+6.03=7.63（元）

3. 分项计费

在货物运单内分项填写重量的零担货物时，应分项计费。

A. 运价率相同时，重量应合并计算。

 ［例题6］

某托运人从包头站向石家庄南站发各两辆双轮及三轮摩托车，重量分别为116 kg和166 kg，按一批托运，分项填记重量，试计算其运费。

解： 从包头站至石家庄南站的运价里程是1 091千米。查货物检查表，摩托车的运价号为22号。再查运价率表，运价号为22号的发到基价为0.235元/10 kg，运行基价为0.001 20元/10 kg·km。

按一批托运，分项填记重量，应分项计算。因该批货物中两种货物的运价率相同，应先合并重量。摩托车为按规定计费重量计费的货物，双轮为每辆750 kg，三轮为每辆1 500 kg，该批货物的计费重量为2×（750+1 500）=4 500 kg。

所以运费为（0.235+0.001 20×1 091）×4 500/10=694.89（元）

B. 运价率不同的零担货物在一个包装内或按总重量托运时，按该批货物或该项货物中运价率高的计费。

[例题7]

某托运人从西安西站向锦州站发5件玻璃酒具，10件塑料箱，共重364 kg，总体积1.2 m³，计算运费。

解： 从西安西站至锦州站的运价里程是1 698 km。查货物检查表，玻璃酒具运价号为22号，塑料箱运价号为21号，因而选择运价号为22号。再查运价率表，运价号为22号，发到基价为0.235元/10 kg，运行基价为0.001 20元/10 kg·km。

体积为1.20 m³

折合重量=300×1.20=360 kg

计费重量=370 kg

所以运费为（0.235+0.001 20×1 698）×370/10=84.09（元）

（三）铁路集装箱货物运输费用

铁路集装箱货物运输费用的计算有两种方法。一是常规计算法，由运费、杂费、装卸作业费和国家铁路局规定的其他费用组成；另一种是为适应集装箱需要而制定的集装箱一口价计算方法。

1. 常规计算法

（1）集装箱运费。集装箱运费计算以箱为单位，由发到基价和运行基价两部分组成，其计算公式为：

集装箱每箱运价＝发到基价＋运行基价 × 运价里程

计算步骤为：集装箱分箱型并按"铁路货物运价率表"确定适用的发到基价和运行基价率，按"铁路货物运价里程表"确定发站至到站的运价里程，根据上述公式计算出每箱运价。

（2）铁路集装箱货物装卸作业费用。根据国家铁路局规定，铁路集装箱货物的装卸作业，实行综合作业费率计费的办法。

（3）铁路集装箱货物运杂费。铁路集装箱货物运输收取的杂费主要包括以下项目：过秤费、取送车费、铁路集装箱使用费和延期使用费、自备集装箱管理费、地方铁路集装箱使用费、铁路集装箱清扫费、货物暂存费、集装箱拼箱费、变更手续费、运杂费迟交金、铁路电气化附加费、新路新价均摊运费、铁路建设基金等。

（4）其他费用。根据货物运输的具体情况，铁路还可能向托运人或收货人征收其他费用，如铁路电气化附加费、铁路建设基金等。

2. 集装箱运输一口价

集装箱运输一口价（即铁路集装箱货物运费）是指集装箱自进入发站货场时起至搬出到站货场为止，铁路运输全过程中各项价格的总和，包括了"门-门"运输取空箱、还空箱的站内装卸作业，专用线取送车作业，港站作业的费用和经国家铁路局确认的转场货场费用等。

装箱运输一口价不包括下列费用：① 要求保价运输的保价费用；② 快运费；③ 委托铁路装掏箱的装掏箱综合作业费；④ 专用线装卸作业的费用；⑤ 集装箱在到站超过免费暂存期产生的费用；⑥ 由于托运人或收货人的责任而发生的费用。

不适用于一口价运输，但仍按一般计费规定计费的铁路集装箱货物包括：① 使用集装箱国际铁路联运；② 集装箱危险品运输（可按普通货物运输的除外）；③ 冷藏、罐式、板架等专用集装箱运输。

3. 计收注意事项

（1）集装箱货物的运费按照使用的箱数和"铁路货物运价率表"中规定的集装箱运价率计算，但危险货物集装箱、罐式集装箱、其他铁路专用集装箱的运价率，按"铁路货物运价率表"的规定分别增加30%、30%和20%计算。自备集装箱空箱运价率按其适用重箱其他货物运价率的50%计算。承运人利用自备集装箱回空捎运货物，在货物运单铁路记载事项栏内注明的，免收回空运费。

（2）使用铁路集装箱装运货物，向托运人核收集装箱使用费。使用铁路危险品专用集装箱装运货物时，核收集装箱使用费增加20%。使用铁路集装箱超过规定期限的，核收集装箱延期使用费。托运人使用自备集装箱在铁路上运输时，向承运人缴纳自备箱管理费。

（3）集装箱货物超过集装箱标记总重量，对其超过部分，1 t箱每超过10 kg，5 t箱、6 t箱每超过50 kg，10 t箱、20 ft箱、40 ft箱每超过100 kg，对其超过部分，按该箱所装货物运价率的5%核收违约金。

（四）超限货物运输费用

运输超限货物时，发站应将超限货物的等级在货物运单货物名称栏内注明。按下列规定计费：一级超限货物，按运价率加50%；二级超限货物，按运价率加100%；超级超限货物，按运价率加150%。

从天津站向呼和浩特站发一台机器，其为二级超限货物。发到基价为22.20元/t，运行基价为0.1146元/t·km。重26 t，使用一辆50 t的平车装运，运价里程为550 km，各种运杂费1 000元，试计算其运费。

解：（22.20+0.1146×550）×50×（1+100%）+1 000
　　　=9 523（元）

（五）冷藏车运输费用

铁路冷藏车运输费用的计算公式：

冷藏车运费=（冷藏车货物基价1+冷藏车货物基价2×运价里程）×冷藏车计费重量。

使用冷藏车运输货物按《铁路货物运价规则》附件二"铁路货物运价率表"中规定的运价率计算。该表中的冷藏车在运价率上分为加冰冷藏车、机械冷藏车。

（1）使用铁路加冰、机械冷藏车运输的货物按"铁路货物运价率表"中规定的冷藏车运价率计费。使用铁路冷板冷藏车运输的货物按加冰冷藏车运价率增加20%计费。

（2）使用铁路机械冷藏车运输，要求途中保持温度−12℃（不含）以下的货物，按机械冷藏车运价率增加20%计费。

（3）加冰冷藏车在始发站或途中不加冰运输的，仍按冷藏车运价率计费。

（4）自备冷藏车，隔热车（即无冷源车）和代替其他货车装运非易腐货物的铁路冷藏车，均按所装货物适用的运价率计费。

铁路冷藏车运输包括的其他费用有：

（1）冷却费。在温季和热季（装车时外温确定）使用机械冷藏车装运需要途中制冷运输的未冷却的瓜果、蔬菜，冷藏运输价格按货物重量核收冷却费每吨20元。

（2）货车回送费。根据托运人的要求，铁路冷藏车在其他站加冰、盐后送至发站装货时，由发站或加冰站按7号运价率与自加冰站至发站间里程核收货车回送费。

（3）冷藏车送到装车以后，若托运人取消托运，应核收空车回送费，每车150.00元。

（4）制冷费。由于托运人（收货人）的责任，机械冷藏车超过规定的装（卸）车时间，在此期间需要制冷时，除核收货车使用费外，还应根据《铁路货物运价规则》表4"铁路货物运杂费表"，按日（不足12小时按半日）核收制冷费。

冷藏车送到装车以后，托运人取消托运，除核收空车回送费外，对已经预冷的机械冷藏车，还应核收一日的制冷费。

（5）加冷冷藏车始发所需的冰、盐由托运人准备。如托运人要求承运人供应，承运人按实际发生的费用核收。

（六）货物快运费的计算

货物快运费按照"铁路货物运价率表"规定的该批货物适用运价率的30%计算核收。中途变更到站时，已核收的货物快运费不退还。

五、其他费用计算

（一）铁路建设基金

铁路建设基金是国家批准开征的用于铁路建设的专项资金，由发站一次核收。其中，粮食、豆粕、棉花、整车化肥、黄磷免征铁路建设基金。

铁路建设基金的计算公式为：

铁路建设基金 = 费率 × 计费重量（箱数或轴数）× 运价里程

铁路建设基金费率见表4-7。

表4-7 铁路建设基金费率表

种　类		计费单位	农　药	磷矿石	其他货物
整车货物		元/吨千米	0.019	0.028	0.033
零担货物		元/10千克千米	0.000 19	0.000 33	
自轮运转货物		元/轴千米	0.099		
集装箱	1吨箱	元/箱千米	0.019 8		
	10吨箱	元/箱千米	0.277 2		
	20英尺箱	元/箱千米	0.528 0		
	40英尺箱	元/箱千米	1.122 0		
	空自备箱 1吨箱	元/箱千米	0.009 9		
	空自备箱 10吨箱	元/箱千米	0.138 6		
	空自备箱 20英尺箱	元/箱千米	0.264 0		
	空自备箱 40英尺箱	元/箱千米	0.561 0		

（二）铁路电气化附加费

铁路电气化附加费由发站一次核收，铁路电气化里程按该批货物经由国家铁路局正式营业线和实行统一运价的运营临管线电气化区段的运价里程合并计算。电气化附加费的计算公式为：

电气化附加费 = 费率 × 计费重量（箱数或轴数）× 电气化里程

铁路电气化附加费费率见表4-8。

表4-8　铁路电气化附加费费率表

种　类			计费单位	费　率
整车货物			元/吨千米	0.012
零担货物			元/10千克千米	0.000 12
自轮运转货物			元/轴千米	0.036
集装箱		1吨箱	元/箱千米	0.007 2
		5吨箱、6吨箱	元/箱千米	0.06
		10吨箱	元/箱千米	0.100 8
		20英尺箱	元/箱千米	0.192
		40英尺箱	元/箱千米	0.408
	空自备箱	1吨箱	元/箱千米	0.003 6
		5吨箱、6吨箱	元/箱千米	0.03
		10吨箱	元/箱千米	0.050 4
		20英尺箱	元/箱千米	0.096
		40英尺箱	元/箱千米	0.204

（三）铁路货物保价运输

保价是指货物的保证价值，也可称为声明价格。铁路货物保价运输是指托运人在托运货物时声明其价格，并向承运人支付保价费用，由承运人在货物损失时按声明价格赔偿的一种货物运输方式。保价运输是铁路货物运输合同的组成部分，是铁路实行限额赔偿后，保证承运人、托运人利益对等的一种赔偿形式。

（1）托运人托运货物时，根据自愿的原则，可向发站要求办理保价运输，并按其办法规定支付货物保价费。

（2）按保价运输办理的货物，托运人应以全批货物的实际价格保价，货物的实际价格以托运人提出的价格为准。货物的实际价格包含税款、包装费用和已发生的运输费用。

（3）托运人要求按保价运输货物时，应在货物运单"托运人记载事项"栏内注明"保价运输"字样，并在"货物价格"栏内以"元"为单位，填写货物的实际价格。全批货物的实际价格即为货物的保价金额。

（4）货物保价费用按保价金额乘以所适用的货物保价费率计算。

（5）按保价运输办理的货物，应全批保价，不得只保其中一部分。保价率不同的货物做一批托运时，应分项填写品名及保价金额，保价费用分别计算。保价率不同的货物合并填写时，以其中最高的保价费率为准。

（四）印花税

国家规定，凡使用提运单、填货票托运货物，托运人及承运人均须缴纳印花税。托运方和承运方所缴纳印花税由铁路部门汇总缴当地税务机关。

印花税以每张货票计算，按运费的万分之五计收。不足1角（或运费不足200元）的免税，超过1角按实际收缴，计算到分。

习题与训练

一、名词解释
笨重零担货物　发到基价　运行基价　整零车　铁路枢纽

二、单项选择题
1. 铁路运输区别于其他运输方式最显著的特点是（　　　）。

　　A. 运量大　　　　B. 机动灵活　　　C. 连续性好　　　D. 速度快

2. 将山西大同的1万吨煤炭运往北京，选择（　　　）方式比较合适。

　　A. 铁路运输　　　B. 公路运输　　　C. 航空运输　　　D. 水路运输

3. 铁路运输的经济特点是（　　　）。

　　A. 固定成本高，变动成本低

　　B. 固定成本高，变动成本高

　　C. 固定成本低，变动成本低

　　D. 固定成本低，变动成本高

4. 整车运输（　　　）。

　　A. 运载量大　　　　　　　　B. 经济性最优化

　　C. 速度最快　　　　　　　　D. 货源广泛

5. 铁路运输的经济里程在（　　　）。

　　A. 800千米以上　　　　　　B. 500千米以上

　　C. 200千米以上　　　　　　D. 无限制

三、多项选择题
1. 按特殊运输条件办理的货物运输包括（　　　　　）。

　　A. 阔大货物运输　　　　　　B. 危险货物运输

　　C. 灌装货物运输　　　　　　D. 鲜活货物运输

2. 危险货物是指在铁路运输中，凡具有（　　　　　）等特性，在运输、装卸和储存保管过程中，容易造成人身伤亡和财产毁损而需要特殊防护的货物。

　　A. 串味　　　　　　　　　　B. 爆炸

C. 易燃　　　　D. 毒蚀　　　　E. 放射性

3. 按一批托运的货物，（　　　　）必须相同。

    A. 托运人　　　B. 收货人　　　C. 货物名称　　　D. 发站

    E. 到站　　　　F. 装卸地点

4. 必须按整车运输的货物包括（　　　　）。

    A. 需要冷藏、保温或加温运输的货物

    B. 蜜蜂

    C. 起爆器材、炸药

    D. 未经消毒处理的湿毛皮

    E. 不易计算件数的货物

5. 以下货物中不能使用集装箱运输的有（　　　　）。

    A. 易于污染箱体的货物

    B. 易于损坏箱体的货物

    C. 易于腐烂的鲜活货物

    D. 针纺织品

    E. 日用品

四、简答题

1. 按特殊运输条件办理的货物有哪些？

2. 货物运到期限包括哪几方面？

3. 简述铁路货物运输的技术经济特性。

4. 简述铁路货物运输流程。

5. 郑州站发广州东站一批机器（运价号为6），运价里程为1 638千米，重26吨，使用一辆50吨的平车装运，试计算其运费。

案例讨论

    2020年2月，天津某有限责任公司在齐齐哈尔火车站办理托运，将一批豆粕发往衡阳。但托运人在办理托运票据时误将收货人名称写为衡阳县粮油贸易运输总公司贸易分公司（实际收货人应为衡南县粮油贸易运输总公司贸易分公司）。2020年2月26日，豆粕陆续到达衡阳站。衡阳站货运部门于货物到达次日起按运单记载的收货人名称及地址连续三次发出催领货物通知书。2020年3月7日，取货人邓某持盖有衡阳县粮油贸易运输总公司公章并注明"经查我公司从齐齐哈尔发来豆粕已到"的取货公函到衡阳站领货。货运员刘小平在邓某称"领货凭证未寄过来"后，对其公函进行审查，在发现公章与收货人名称不相符且邓某所写的内容都有错误的情况下，未进行认真核对即办理了两车豆粕的交付手续。衡南县粮油贸易运输总公司贸易分公司因未收到货物而数次到衡阳站查询，衡阳站经过调查方知该批货物已误交第三人。

案例研讨：

1. 铁路货物运输的流程。

2. 通过案例分析，铁路货物运输要注意哪些问题？

3. 案例中的货运员刘小平在这个案例中是否有责任？如果有，他应负有什么责任？货物到达后需要进行哪些操作？

本章综合实训

一、实训名称

铁路货物运输运费的计算。

二、实训目标

了解铁路货物运输运费收取及计算的程序，能够按照规定熟练地计算铁路货物运输的运费。目前，铁路货物运输依赖于铁路内部网络系统，只要在系统中输入货物名称、数量、起站和到站等系统提示的信息，即可知道铁路货物运输的运费、电气化附加费、铁路基金、印花税和保价费等。但是掌握铁路货物运输运费的计算仍然是必要的。

三、实训内容

1. 查表。

进行铁路货物运价率表、货物运价里程表、铁路电气化区段表、铁路货运营运杂费费率表的查阅练习。

2. 计算运价。

第一，确定运价里程。

第二，确定运价号。

第三，确定基价。

第四，确定计费重量。

3. 计算附加费。

第一，确定电气附加费。

第二，确定新路新价均摊费。

第三，确定铁路建设基金费。

4. 计算各项杂费。

5. 计算运杂费。

四、实训步骤

1. 教师准备4～5套实训作业，每一套罗列10余个车站，指定一个车站为发运站，提供4～5种托运物品的品名、毛重、体积（零担）、车吨（整车）、保价金额（需保价运输的物品）、运输要求。

2. 学生按照教师提供的实训作业进行资料查询，完成运费的计算。

五、评价标准

1. 能够查询各种有关运输费用的规则。

2. 能够正确选择铁路车辆。

3. 能正确进行货物重量与数量的核定。

4. 能正确进行铁路货物运输运到期限的计算。

5. 能够进行货物运价里程确定。

6. 能够判断货物运价号。

7. 能够查询货物运价率。

8. 能够计算货物运费。

9. 能够计算其他费用。

六、成果形式

1. 以小组为单位完成一套实训作业报告。

2. 各个小组分别召开一次交流讨论会。

3. 根据实训作业报告和个人在交流中的表现进行成绩评估。

第五章

航空货物运输

知识目标

- 了解航空货运的组织机构
- 熟悉航空公司货运营运方式
- 熟悉航空公司货运组织方法

技能目标

- 熟悉各种航空运载工具
- 能够处理航空运输单证
- 熟悉航空货运进出口业务流程
- 能够正确核定计费重量

素养目标

- 了解中国航空货运业的现状及发展趋势，培养学生的社会责任感
- 培养学生持续探索学习的理念，具备处理复杂航空业务的专业技能

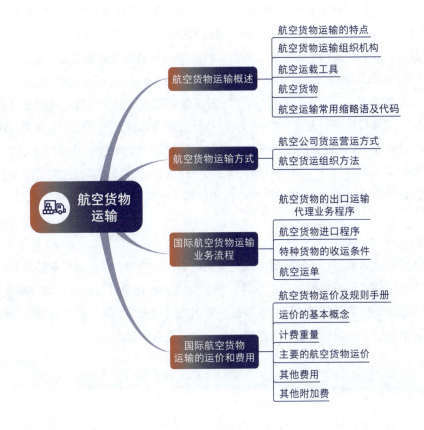

引例
小张的困扰

　　小张自物流专业毕业后进入义乌的一家物流公司国际业务部。一天，公司收到一位东欧客人的询盘，要求做空运，出运港为宁波、上海或杭州，到达港为阿尔巴尼亚的首都地拉那。小张找了几家做空运的货物代理公司，有一家公司的报价是23元/kg。4月初，合同确定，货物毛重是300 kg，体积1.8 m³。小张联系之前报价的货物代理公司，货物代理公司说，航空公司涨价了，价格调整到了43元/kg了。同事告诉小张，那是货物代理公司欺生乱报价。小张联系了其他公司，拿过来的价格都是37～40元/kg，最后，有一家货物代理公司给的价格是35元/kg，走的是土耳其航空公司，并经过对方书面确认。小张请示领导后，觉得这个价格可做，于是将委托书传给对方，联系送货进仓事宜。对方也很快将进仓单传来，小张马上联系工厂第二天早上发货。结果，第二天下午，货代来电说，那个土耳其航空公司的航班停飞了。小张查询后认定对方觉得35元/kg的价格太低，不想做了。小张质问货代，这个价格是你签字盖章确认过的，再说货已经发了，你要怎么处理？对方说，重新给小张找家航空公司。后来找了家意大利的航空公司，但价格却要38元/kg，经过讨价还价，最后以36元/kg成交。对方重新传了进仓单。谁知货物登机时又出了问题。货代来电说，因意大利航空公司的飞机是小飞机，货物的尺寸过大，连机舱的门都进不去。多次交涉未果，只能重新安排航空公司。转了一圈又回到土耳其航空公司，确认价格，以36.5元/kg成交，但对方说货物的重量经过机场的测量达到了342 kg。因为国内没有直航地拉那的航班，要到土耳其中转，但二程没安排好，于是货物报关后，就一直在机场放着，拖了10多天，终于在4月的最后一个星期日从上海出发。其间，应航空公司的要求，补寄了几次文件。货物发出后，对方传来了费用清单，超重是没办法的，但价格又变成37元/kg了，原先说好的300 kg以上免报关费150元的，居然把这150元又加进去了。

【引例分析】

通过阅读本案例，了解并掌握航空货物运输知识的重要性。本案例涉及航空货运的主要方式、航空货物进出口程序、各类货物的收运条件及航空货物计费重量、运价与运费计算等问题。熟悉并掌握航空货运的基础知识，可以使企业顺利地使用航空运输方式，避免可能遇到的各种问题，减少企业的损失。

第一节
航空货物运输概述

一、航空货物运输的特点

微课：
航空港的作用及分类

航空货物运输是采用商业飞机运输货物的商业活动，是一种安全迅速的运输方式，它具有许多其他运输方式所不能比拟的优越性，受到现代化企业管理者的青睐。

航空货物运输的主要特征有以下几方面。

（一）运输速度快

航空货物运输以快速而著称。常见的喷气式飞机的经济巡航速度为850～900 km/h。快捷的交通工具大大缩短了货物在途时间，对于易腐烂、变质的鲜活商品，时效性、季节性强的报刊，时令性商品，抢险、救急品，使用航空运输的优势显得尤为突出。运送速度快，在途时间短，也使货物在途风险降低，因此许多贵重物品、精密仪器也往往采用航空运输的形式。当今国际市场竞争激烈，航空货物运输所提供的快速服务也使得供货商可以对国外市场瞬息万变的行情即刻做出反应，迅速推出适销产品占领市场，获得较好的经济效益。

（二）机动性强

航空货物运输利用天空这一自然通道，不受地理条件的限制。对于地理条件恶劣、交通不便的内陆地区非常合适，有利于当地资源的出口，促进当地经济的发展。航空货物运输使本地与世界相连，对外的辐射面广，而且航空货物运输相比较公路货物运输与铁路货物运输而言，占用土地少，对寸土寸金、地域狭小的地区发展对外交通无疑是十分适合的。

（三）安全、准确

与其他运输方式相比，航空货物运输的安全性较高。1997年，世界各航空公司共执飞航班1 800万架次，仅发生严重事故11起，风险率约为1/300万。航空公司的运输管理制度也比较完善，货物的破损率较低，如果采用航空货运集装箱的方式运输货物，则更为安全。

 知识链接

（一）国际民用航空组织

国际民用航空组织（International Civil Aviation Organization，ICAO）是联合国所属专门机构之一，也是政府间的国际航空机构。其总部设在加拿大的蒙特利尔。我国是该组织的成员国，也是理事国之一。该组织的宗旨是发展国际航空的原则和技术，促进国际航空运输的规划和发展，以保证全世界国际民用航空安全和有秩序的增长。

（二）国际航空运输协会

国际航空运输协会（International Air Transport Association，IATA）是各国航空运输企业之间的联合组织，其会员必须是国际民用航空组织成员国的空运企业。该协会的主要任务是：促进安全、定期和经济的航空运输，扶助发展航空运输业；提供各种方式，以促进直接或间接从事国际空运业务的空运企业之间的合作；促进与国际民用航空组织和其他国际组织的合作。国际航空运输协会是一个自愿参加的、不排他的、非政府的民间国际组织。

（三）国际货运代理协会联合会

国际货运代理协会联合会（International Federation of Freight Forwarders Associations，FIATA）是一个非营利性的国际货运代理行业组织。1926年5月31日在奥地利维也纳成立，总部设在瑞士苏黎世。该联合会的宗旨是保障和提高国际货运代理在全球的利益，工作目标是团结全世界的货运代理行业；以顾问或专家身份参加国际性组织，处理运输业务，代表、促进和保护运输业的利益；通过发布信息，分发出版物等方式，使贸易界、工业界和公众熟悉货运代理人提供的服务；制定和推广统一货运代理单据、标准交易条件，改进和提高货运代理的服务质量，协助货运代理人进行职业培训，处理责任保险问题，提供电子商务工具。

二、航空货物运输组织机构

在航空货物运输业务中，涉及的有关当事人主要有发货人、收货人、承运人、代理人，以及地面运输公司。承运人一般指航空公司，代理人一般指航空货运代理公司（简称空运代理）。在航空货物运输中，有关当事人之间的责任划分如图5-1所示。

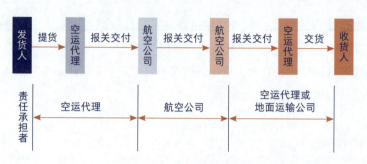

图5-1 航空货物运输当事人的责任划分

（一）航空公司

航空公司自身拥有飞机并借以从事航空运输活动，在货运业务中，航空公司一般只负责空中运输，即从某地机场运至另一地机场。表5-1为我国部分航空公司名称及其代码。

表5-1 我国部分航空公司名称及其代码

航空公司名称	公司代码	航空公司名称	公司代码
中国国际航空公司	CA	中国东方航空公司	MU
中国南方航空公司	CZ	厦门航空有限公司	MF
海南航空公司	HU	四川航空公司	3U
山东航空公司	SC	上海航空公司	FM
深圳航空公司	ZH	上海吉祥航空有限公司	HO

（二）航空货运代理公司

航空货运代理公司又称空运代理，是随航空运输业的发展及航空公司运输业务的集中化而发展起来的服务性行业。

1. 航空货运代理公司的主要业务

出口货物在始发站机场与航空公司之间的揽货、接货、订舱、制单、报关和交运等；进口货物在目的站机场从航空公司接货、接单、制单、报关、送货或转运等。

2. 航空货运代理公司的身份

航空货运代理公司的身份是根据具体情况确定的。

（1）承运人身份。当航空货运代理公司以自己的名义从不同的客户手中接受零散货物，并将这些零散货物集中起来以自己的名义与航空公司签订运输合同时，相对于其客户而言，它是空运缔约承运人。

空运缔约承运人是指本身拥有或不拥有航空运输工具，以自己的名义与旅客或者托运人，或与旅客或者托运人的代理人签订航空运输合同的人。空运缔约承运人的职责是保证按照合同约定的时间、地点履行运输任务，它可以亲自履行航空运输任务，也可以将全部或部分运输任务授权他人代为履行。

空运实际承运人是指本身拥有航空运输工具，根据空运缔约承运人的授权，履行全部或部分航空运输合同任务的人。空运实际承运人在授权范围内的行为由其承担责任。

（2）托运人身份。当航空货运代理公司以自己的名义与航空公司签订运输合同时，相对于运输合同对方当事人而言，它是托运人，航空公司是承运人。

（3）收货人身份。在目的地，航空货运代理公司可以自己的名义接受货物，同样可以成为收货人。

（4）托运人的代理人。当航空货运代理公司从不同的托运人手中接受货物，以托运人的名义与航空公司签订运输合同时，航空货运代理公司是托运人的代理人，航空公司是承运人。

（5）承运人的代理人。当航空货运代理公司以承运人的名义与托运人签订运输合同并向托运人签发航空货运单时，航空货运代理公司是承运人的代理人。

3. 航空货运代理公司的作用

（1）航空货运代理公司大多对运输环节和有关规章十分熟悉，并与民航、海关、商检和交通运输部门有着广泛而密切的联系。同时，航空货运代理公司在世界各地都设有分支机构和代理人，随时掌握货物运输的动态。因此，委托航空货运代理公司办理进出口运输较为便利。

（2）航空货运代理公司的主要业务是办理集中托运，即把若干单独发运的货物组成一整批货物，用同一份主运单发运到同一个目的站，再由其在当地的代理人负责接货，清关后分拨交给实际收货人。这种托运方式可以从航空公司争取到较低的运价，航空货运代理公司和货主都可以从这种服务中得到好处。

（3）就航空公司而言，虽然航空公司要向其货运代理公司支付一定的酬金，但货运代理公司将众多客户的货物集中起来交运，为其节省了大量的人力、物力和时间，从而有助于进一步开拓空运市场。

4. 航空货运代理公司的类型

（1）一级代理公司：经营国际及中国香港、中国澳门、中国台湾地区航线的代理业务。

（2）二级代理公司：经营除中国香港、中国澳门、中国台湾地区航线外的国内航线的代理业务。

在业务操作中，一级代理公司是指可以直接从航空公司领取运单，直接报关、交接的代理公司。二级代理公司是指自己没有直接的境外地面交接权、报关权等权利的代理公司。

三、航空运载工具

（一）货运飞机类型

1. 按机身尺寸划分

（1）窄体飞机。指机身宽度约为3 m，舱内只有一条通道，一般只能在下舱内装载包装尺寸较小的件杂货的飞机。如B737、B757、A320、A321等。

（2）宽体飞机。指机身宽度不小于4.72 m，舱内有两条通道，下舱可装机载集装箱的飞机。如B787、B777、B767、B747、A350、A340、A330等。

知识链接

世界上最大的运输机——安−225运输机

安−225运输机，是苏联时期研制的超大型军用运输机。最大起飞重量640吨，货舱最大载重250吨，可搭载16节集装箱。机身长度84米，比当今世界最大的客机还要长7米多。翼展88.4米，可并列站立近百人。安−225运输机至今仅生产一架，现归乌克兰所有。

2. 按机舱载货方式划分

（1）全货机。全货机是指机舱全部用于装载货物的飞机。全货机一般为宽体飞机，主舱可装载大型集装箱。目前世界上最大的全货机装载量达250 t，通常的商用大型全货机载重量在100 t左右。全货机如麦道MD−11大型全货机和波音747−400型飞机，如图5−2和图5−3所示。

（2）客货两用机。客货两用机即普通客机，上舱（主舱）用于载客，下舱（腹舱）用于载货。此外，客货两用机还有两种机型：①"COMBINE"（康比）机型，即上舱半载货机型，主要是B747；②"QC"机型，即根据市场需要可临时拆装座椅的机型。

图5-2　麦道MD-11大型全货机

图5-3　波音747-400型飞机

（二）飞机的装载限制

1. 重量限制

由于飞机结构的限制，飞机制造商规定了每一货舱可装载货物的最大重量限额。任何情况下，货舱所装载的货物重量都不可以超过此限额。否则，飞机的结构很有可能遭到破坏，飞行安全会受到威胁。

2. 容积限制

由于货舱内可利用的空间有限，因此这也成为货物运输的限定条件之一。轻泡货物已占满了货舱内的所有空间，而未达到重量限额。相反，高密度货物的重量已达到限额而货舱内仍会有很多剩余空间无法利用。将轻泡货物和高密度货物混运装载，是比较经济的解决方法。

3. 舱门限制

由于货物只能通过舱门装入货舱内，货物的尺寸必然会受到舱门的限制。为了便于确定一件货物是否可以装入货舱，飞机制造商提供了舱门尺寸表。

4. 地板承受力

飞机货舱内每平方米的地板可承受一定的重量，如果超过它的承受能力，地板和飞机结构很有可能遭到破坏。因此，装载货物时应注意不能超过地板承受力的限额。

（三）航空集装器

装运航空集装器（Unit Load Devices，ULD）的飞机，其舱内设有固定集装器的设备，当航空集装器固定于飞机上时，便成为飞机的一部分，所以航空集装器的大小有严格的规定。

1. 集装设备的分类

（1）按注册与非注册分类。

① 注册的飞机集装器。注册的飞机集装器是国家政府有关部门授权集装器生产厂家生产的，适用于飞机安全载运的，在其使用过程中不会对飞机的内部结构造成损害的集装器。

② 非注册的飞机集装器。非注册的飞机集装器是指未经有关部门授权生产的，

未取得适航证书的集装器，非注册的飞机集装器不能看作飞机的一部分。因为它与飞机不匹配，一般不允许装入飞机的主货舱，它仅适合于某些特定机型的特定货舱。

（2）按用途分类。

① 集装板（pallet）。集装板是具有标准尺寸的、四边带有卡销轨或网带卡销限、中间夹层为硬铝合金制成的平板，以便货物在其上码放。网套用来把货物固定在集装板上。网套靠专门的卡锁装置来固定。如图5-4所示。

② 集装棚。集装棚有两类。非结构式集装棚为：无底、前端敞开，套到集装板及网套之间。结构式集装棚为：与集装板固定成一体，不需要网套。

（3）航空集装箱。航空集装箱是指在飞机的底舱与主舱中使用的一种专用集装箱，与飞机的固定系统直接结合，不需要任何附属设备。如图5-5所示。

图5-4　集装板

图5-5　航空集装箱

2. 航空集装器编号

每个集装器都有IATA编号，编号由9位字母与数字组成，例如AKE1204WH。每位含义如下：

第1位：集装器的种类码。

第2位：底板尺寸码。

第3位：箱外形、与机舱相容性码。

第4位～第7位：集装器序号码。由各航空公司对其所拥有的集装器进行编号。

第8位、第9位：注册号码。一般为航空公司的ITAT二字代码。

3. 对集装器货物的限制

（1）最大载重限制。各类集装器都有最大承重限制：

- LD3（AVEAKERKN）型最大载重1 588千克
- LD2（DPE）型最大载重1 250千克
- LD-6（DQF）型最大载重2 499千克
- LD-8（ALFHMJAMA）ALF型最大载重3 175千克
- HMJ型最大载重3 800千克
- AMA型最大可以载重6 800千克

（2）体积、尺寸限制。

- 货物装载后的体积受货舱舱容限制
- 货物装载后的形状应与货舱内部形状相适应

● 货物装载后的尺寸受舱门尺寸限制

各种机型的飞机舱门尺寸和收货尺寸见表5-2。

表5-2　各种机型的飞机舱门尺寸和收货尺寸

单位：cm

机　　型	舱门尺寸	收货尺寸
MD-82	135×75	125×65
A-320	120×180	110×170
B737-200	85×120	75×110
B737-300	85×120	75×110
B757-200	110×140	100×100
FK-100	75×65	65×55
TU-154	135×80	125×70
B-146	135×76	125×66

注：FK-100单件重量不超过80千克，其他散装飞机单重不超过200千克，收货尺寸根据舱门尺寸掌握。

（3）集装器内货物限制。

①货物品名限制：危险品、活动物、贵重品、尸体不能放入集装器。

②货物集重不能超过集装器底板承重限制。

波音系列：下货舱散舱：732千克/平方米；下货舱集装舱：976千克/平方米

　　　　　主货舱集货舱：1 952千克/平方米；488千克/平方米（T）区

空客系列：下货舱散舱：732千克/平方米

　　　　　下货舱集货舱：1 050千克/平方米

四、航空货物

航空运输的货物主要是高附加值、深加工、技术密集型、适时生产的产品和鲜活食品。现今中国航空货物运输主要服务于5个行业：鲜活产品（如水果、鲜花）、精密机械产品（如医疗器械）、电子产品（如计算机）、商务文件、通信产品（如手机）。随着服务开放的不断深入，书籍、药品、软件、玩具等逐渐成为航空物流的服务行业。

五、航空运输常用缩略语及代码

IATA对世界上的国家、城市、机场、加入国际航空运输协会的航空公司制定了统一的编码。

（一）城市代码

城市代码为三个字母，如北京（PEK）、广州（CAN）、上海（SHA）、杭州（HGH）、伦敦（LON）、巴黎（PAR）。

（二）机场代码

机场代码为三个字母，国内很多城市机场的代码与城市代码相同，国际上大多数机场的代码与城市代码是不相同的，尤其当一座城市有多个机场时。如上海虹桥国际机场代码为SHA，上海浦东国际机场代码为PVG。

（三）航空公司代码

航空公司代码为两个字母或三位数字，如中国国际航空公司代码为CA或999。

（四）国家代码

国家代码用两个字母表示，如德国（DE），法国（FR），日本（JP），韩国（KR），澳大利亚（AU）。

（五）货币代码

货币代码为国家代码+货币的首字母。如人民币代码为CNY，美元代码为USD。

第二节
航空货物运输方式

一、航空公司货运营运方式

（一）班机运输

班机（scheduled airline）是指定期开航、定航线、定始发站、定目的地、定途经站的飞机。按业务对象不同，班机运输分为客运航班和货运航班。客运航班一般使用客货混合型飞机，一方面搭载旅客，另一方面又运送少量货物。货运航班只承揽货物运输，使用全货机，由一些规模较大的航空运输公司在货源充足的航线上开辟。班机运输有如下特点。

1. 迅速准确

班机有固定航线，固定停靠港和定期开航等优点，因此国际航空货物大多使用班机运输方式，能安全迅速地到达世界上各通航地点。

2. 方便货主

收货人、发货人可准确掌握货物起运和到达的时间，这对于市场上急需的商品、鲜活易腐货物，以及贵重商品的运输非常有利。

3. 舱位有限

班机运输一般是客货混载，因此舱位有限，不能使大批量的货物及时出运，往往需要分期分批运输，这是班机运输的不足之处。

（二）包机运输

当班机运输无法满足需要或发货人有特殊需要时，可选择包机运输（chartered carrier）。包机人为了一定的目的包用航空公司的飞机运载货物的形式称为包机运输。包机运输按租用舱位的大小分为整机包机和部分包机两类。

1. 整机包机

整机包机即包租整架飞机，指航空公司按照与租机人事先约定的条件及费用，将整架飞机租给包机人，从一个航空港或几个航空港装运货物至目的地。

包机人一般要在货物装运前一个月与航空公司联系，以便航空公司安排运载和向起降机场及有关政府部门申请办理过境或入境的有关手续。

包机的费用一次一议，随着国际市场供求情况变化而变化。原则上包机运费是按每飞行千米固定费率核收费用，并按每飞行千米费用的80%收取空放费。因此，大批量货物使用包机时，要争取往返均有货载，这样费用比较低。只使用单程，运费比较高。

2. 部分包机

由几家航空货运公司或发货人联合包租一架飞机或者由航空公司把一架飞机的舱位分别卖给几家航空货运公司装载货物。部分包机适用于托运不足一架整飞机舱容，但货量又较多的货物运输。部分包机与班机有以下不同之处：

（1）时间比班机长。尽管部分包机有固定时间表，但往往因其他原因不能按时起飞。

（2）各国政府为了保护本国航空公司利益，经常对从事包机业务的外国航空公司实行各种限制。如包机的活动范围比较狭窄，降落地点受到限制。需降落指定地点外的其他地点时，一定要向当地政府有关部门申请，同意后才能降落（如申请入境、通过领空和降落地点）。

3. 包机的优点

（1）解决班机舱位不足的问题。

（2）货物全部由包机运出，节省时间和多次发货的手续。

（3）弥补没有直达航班的不足，且不用中转。

（4）减少货损、货差的现象。

（5）在空运旺季缓解航班紧张状况。

（6）解决海鲜、活动物等易腐坏变质品的运输问题。

二、航空货运组织方法

（一）集中托运

集中托运（consolidation）是指航空货运代理人（也称集中托运人）将若干批单独发往同一方向的货物，组成一票货物交付给承运人，填写一份主运单，发到同一目的地，并由集中托运人在目的地的指定代理人（也称分拨代理人）收货、报关，再根据集中托运人签发的航空分运单将货物分拨给各实际收货的航空货运组织的方法。

1. 集中托运的具体做法

（1）将每一票货物分别制定航空运输分运单（house airway bill，HAWB）。

（2）将所有货物区分方向，按照其目的地相同的同一国家、同一城市来集中，向航空公司托运，与航空公司签订主运单（master airway bill，MAWB）。主运单的发货人和收货人均为航空货运代理公司。

（3）打出该主运单项下的货运清单（manifest），即此主运单有几个分运单，分运单包括各分运单号码，实际托运人与收货人、件数、重量等。

（4）把该主运单和货运清单作为一整票货物交给航空公司。一个主运单可视货物具体情况随附分运单（可以是一个分运单，也可以是多个分运单）。如一个主运单内有10个分运单，说明此总运单内有10票货，发给10个不同的收货人。

（5）货物到达目的地机场后，当地的货运代理公司作为主运单的收货人负责接货、分拨，按不同的分运单制定各自的报关单据并代为报关，为实际收货人办理有关接货事宜。

（6）实际收货人在分运单上签收以后，目的站货运代理公司以此向发货的货运代理公司反馈到货信息。

2. 集中托运的限制

（1）集中托运只适合办理普通货物，对于等级运价的货物，如贵重物品、危险品、活动物，以及文物等不能办理集中托运。

（2）目的地相同或临近的可以办理。如不能把到日本的货物与到欧洲的货物集中托运。

3. 集中托运的特点

（1）节省运费。航空货运代理公司的集中托运运价一般都低于航空协会的运价。发货人可得到低于航空公司运价的价格，从而节省费用。

（2）提供方便。将货物集中托运，可以使货物到达航空公司到达地点以外的地方，这延伸了航空公司的服务，方便了货主。

（3）提早结汇。发货人将货物交与航空货运代理后，即可取得货物分运单，可持分运单到银行尽早办理结汇。

集中托运的方式已在世界范围内普遍开展，形成较完善、有效的服务系统，为促进国际贸易发展起到了良好的作用，集中托运成为我国进出口货物的主要运输方式之一。

（二）航空快递

航空快递又称快件、快运或速递，是指具有独立法人资格的企业将进出境的货物或物品，从发货人所在地通过自身的或代理的网络运达收货人的一种快速运输方式。具体地说，就是由专业经营该项业务的航空货运公司与航空公司合作，委派专人以最快的速度，在货主、机场和用户之间传送急件的运输服务业务。航空快递特别适用于急需的药品和医疗器械、贵重物品、图样资料、货样、单证等小件物品，是目前航空货物运输中最快捷的运输方式。

1. 航空快递的特点

（1）航空快递业务以商务文件、资料、小件样品和小件货物为主。

（2）中间环节少，速度快于普通的航空货物运输。

（3）航空快递中使用一种比普通空运分运单应用更为广泛的交付凭证——POD（proof of delivery）。

（4）办理快递业务的大多是国际性的跨国公司，如DHL、UPS、FedEx等。

2. 航空快递的主要形式

（1）场到场的快递服务。发货人在航班始发站将货物交给航空公司，然后发货人通知目的地的收货人到机场取货。采取这种方式的一般是海关当局有特殊规定的货物。

（2）"门到门"（也称"桌到桌"）的快递服务。发货人需要在发货时通知快递公司，快递公司立即派人到发货人的办公室取货，直接送交航空公司空运，然后通知目的地的快递公司或代理人，按时取货并按照要求的时间将货送交收货人手中。送货后立即将货物交接时间及签收人姓名等情况通知发货人。

（3）快递公司派人随机送货。由专门经营该项业务的航空货运公司与航空公司合作，委派专人用最快的速度，在货主、机场、用户之间传送急件的运输服务业务。

在上述三种运输方式中，第一种简单收费低，但不方便；第三种服务周到，但费用较高；一般采用第二种方式的较为普遍。

第三节
国际航空货物运输业务流程

一、航空货物的出口运输代理业务程序

航空货物的出口运输代理业务程序是指航空货运公司从发货人手中接货到将货物交给航空公司承运这一过程的手续，以及必备的单证，其程序如图5-6所示。

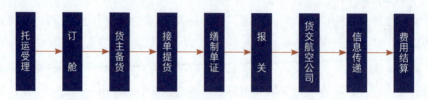

托运受理 → 订舱 → 货主备货 → 接单提货 → 缮制单证 → 报关 → 货交航空公司 → 信息传递 → 费用结算

图5-6 航空货物的出口运输代理业务程序

（一）托运受理

托运人即发货人。发货人在货物出口地寻找合适的航空货运公司，为其代理空运订舱、报关、托运业务。航空货运公司根据自己的业务范围、服务项目等接受托运人委托，并要求其填制航空货物托运书，以此作为委托与接受委托的依据，托运人应对托运书上所填内容及所提供与运输有关的运输文件的正确性和完备性负责。

（二）订舱

航空货运公司根据发货人的要求及货物本身的特点（一般来说，非紧急的一般货物可以不预先订舱），填写民航部门要求的订舱单，注明货物的名称、体积、质量、件数、目的地、时间等，要求航空公司根据实际情况安排航班和舱位，也就是航空货运公司向航空公司申请运输并预订舱位。

（三）货主备货

航空公司根据航空货运公司填写的订舱单安排航班和舱位，并由航空货运公司及时通知发货人备单、备货。

（四）接单提货

代理人在收运国际货物时，应认真完成下列程序：

1. 重点检查

（1）货物内容。了解托运人所交运的货物是否属于特定条件下运输的货物。凡是中国及有关外国政府和空运企业规定禁运的和不承运的货物，不得接受。

（2）目的地。代理人应了解托运人所交货物是否为通航地点，如目的地无航站时，可建议托运人将货物到达站改为离目的地最近的通航地点，但收货人栏内仍须填写货物的目的地。

（3）货物的包装和体积。代理人在收运货物时，应检查货物的包装情况和货物的尺寸。对于包装不牢、过于简陋，以及带有旧标志的包装，应要求托运人重新包装。另外，应检查货物的体积是否符合所装载机型的要求，对于联程货物，则应考虑其中转航站所使用的机型。

（4）海关手续。检查货物的报关手续是否齐备。如要求代理人代理报关，发货人要提供相关报关单证，主要有报关单、合同副本、商检证明、出口许可证、配额许可证、登记手册、正本的装箱单、发票等。

2. 托运书上有关各栏的检查

上述四点均符合要求的，请托运人填写托运书，代理人应着重检查以下栏目：

（1）货物品名栏。检查货物品名栏内的品名是否填写得过于笼统，如"鱼罐头"不应笼统地填写为"食品"。另外，应检查托运人所填写的货物尺寸是否注明计量单位，对于危险物品，则应要求注明其专用名称和包装级别。

（2）收货人姓名和地址栏。代理人应了解收货人所在城市名称是否属于不同国家中的重名城市，遇有此种情况时，必须要求标注国名，运往美国的货物还应标注州名。本栏不得出现"to order"字样，因为航空货运单不能转让。

（3）托运人签字栏。检查托运人签字栏内是否有托运人的签字。

3. 对货物进行称重和量尺寸

代理人对货物应进行称重和量尺寸，以便计算出计费重量。如托运人自己将货物重量填入栏内，代理人必须进行复核。

4. 计算运费

在计算运费前，必须准确地确定费率。计算完运费后，必须进行复核。

（五）缮制单证

航空货运公司审核托运人提供的单证，绘制报关单，报海关初审。

缮制航空货运单，并将收货人提供的货物随行单据订在运单的后面；如果是集中托运的货物，要制作集中托运清单、航空分运单，一并装入一个信封，订在运单后面。

（六）报关

持缮制完的航空运单、报关单、装箱单、发票等相关单证到海关报关放行。海关将在报关单、运单正本上盖放行章，并在出口产品退税的单据上盖验讫章。

（七）货交航空公司

将盖有海关放行章的航空运单与货物一起交给航空公司，由其安排航空运输，随附航空运单正本、发票、装箱单、产地证明、品质鉴定书等，航空公司经验收，单货无误后，在交接单上签字。

（八）信息传递

货物发出后，航空货运公司及时通知国外代理收货。通知内容包括航班号、运单号、品名、数量、质量、收货人的有关资料等。

（九）费用结算

费用结算主要涉及航空货运公司、承运人和国外代理三个方面与发货人的结算，即向发货人收取航空运费、地面运费及各种手续费、服务费，向承运人支付航空运费并向其收取佣金，可按协议与国外代理结算到付运费及利润分成。

二、航空货物进口程序

航空货物进口程序是指航空货物从入境到提取或转运的整个过程中所需通过的环节、所需办理的手续，以及必备的单证。航空货物入境后，要经过各个环节才能提请海关监管场所，而每经过一道环节都要办理一定的手续，同时，出具相关的单证。在入境海关清关的进口货物，其程序如图5-7所示。

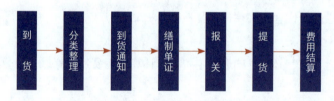

图5-7　航空货物进口程序

（一）到货

航空货物入境后，即处于海关监管之下，货物存放在海关监管仓库内。同时，航空公司根据运单上的发货人发出到货通知。若运单上的第一收货人是航空货运公司，则航空公司会把有关货物运输单据交给航空货运公司。

（二）分类整理

航空货运公司在取得航空运单后，根据自己的习惯进行分类整理，对集中托运货物和单票货物、运费预付货物和运费到付货物应区分开来。集中托运货物需要对总运单项下的货物进行分拨，按每一分运单的货物分类整理。分类整理后，航空货运公司编上公司内部的编号，以便于用户查询和内部统计。

（三）到货通知

航空货运公司根据收货人的资料寄发到货通知，催促其速办报关、提货手续。

（四）缮制单证

根据运单、发票及证明货物合法进口的有关批文缮制报关单，并在报关单的右下角加盖报关单位的报关专用章。

（五）报关

将制作好的报关单连同正本的货物装箱单、发票、运单等递交海关，向海关提出办理进口货物报关手续。海关经过初审、审单、征税等环节后，放行货物。只有经过海关放行后的货物才能运至海关监管场所。

（六）提货

凭借盖有海关放行章的正本运单到海关监管场所提取货物并送货给收货人，收货人也可自行提货。

（七）费用结算

货主或委托人在收货时应结清各种费用。

三、特种货物的收运条件

特种货物包括贵重货物、动物、尸体、骨灰、危险物品、外交信件、作为货物运输的行李和鲜活易腐货物等。运输这类货物，利润空间比普通货物要大，因此越来越受到航空公司、代理公司的重视。同时，由于运输特种货物操作难度大，容易出现问题，因此，运输特种货物除按照一般运输规定外，还应严格遵守每一类特种货物的规定。通常需要查询有关国家对特种货物的特殊规定及承运人对特种货物的特殊规定。

（一）鲜活易腐货物

鲜活易腐货物是指在一般运输条件下易于死亡或易于变质腐烂的货物。此种货物，一般要求在运输和保管过程中采取特别的措施，如冷藏、保温等，以保持其鲜活或不变质。

1. 收运条件

（1）鲜活易腐货物应具有必要的检验合格证明和卫生检疫证明，还应符合有关到达站国家关于此种货物的进出口规定和过境规定。

（2）托运人交运鲜活易腐货物时，应书面提出在运输中需要注意的事项及允许的最长运输时间。

（3）须有适合此种货物特性的包装。要注意不致因在运输途中包装破损或液体溢出而污损飞机或其他装载物。怕压货物外包装应坚固抗压；需通风的货物包装上应有通气孔；需冷藏冰冻的货物，容器应严密；带土的树种或树苗等不得用草包、草绳包装，应用塑料袋包装，以免土粒、草屑等杂物堵塞飞机空气调节系统。为便于搬运，鲜活易腐货物每件重量以不超过 25 kg 为宜。

（4）除识别标签外，货物的外包装上还应拴挂"鲜活易腐"标签和"向上"标签。

2. 文件

（1）货运单。在货运单品名栏内应注明"perishable"字样，还应注明已订妥的各航段航班号／日期。

（2）其他文件。在"handing information"栏内注明其他文件的名称和注意事项，并将装有各种卫生检疫证明的信封订在货运单后面，随货运单寄出。

3. 运输

承运前必须查阅TACT规则本中的第七部分中关于各个国家对鲜活易腐物品进出口、转口的运输规定，及第八部分中关于承运人对鲜活易腐品承运的规定，确定无误后方可承运。

 知识链接

TACT是The Air Cargo Tariff的英文缩写，TACT是由国际航空出版社（IAP）与国际航空运输协会（IATA）合作出版的"空运货物运价表"的缩写。

（二）活动物

由于航空运输的快捷安全，活动物的运输在整个国际航空运输中占有非常重要的地位。活动物不同于其他货物，对环境变化的敏感性很强，且活动物的种类繁多、各具特性，工作中容易出现各种各样的麻烦。因此，工作人员一方面应多了解各种动物的个性；另一方面应严格按照运输规则来组织运输。

IATA每年出版一期"活动物规则"（live animal regulation，LAR），包括有关活动物运输的各项内容，如包装种类、操作和仓储标准等，目的是保证活动物安全到达目的地。

1. 一般规定

（1）收运活动物应以LAR为依据，严格遵守各项规定。

（2）装卸活动物时必须谨慎，以确保动物和人的健康与安全。

（3）装卸活动物时应避免污染其他的货物。

2. 收运条件

（1）基本条件。交运的动物必须健康，无传染病，并具有卫生检疫证明。托运人必须办妥海关手续，根据有关国家的规定，办妥进出口和过境许可证，以及目的地国家所要求的一切文件。妊娠期的哺乳动物，一般不予收运，除非经兽医证明动物在运输过程中无分娩的可能方可收运，但必须对此类动物采取防护措施。有特殊不良气味的动物不予收运。

（2）包装。动物容器的尺寸应适合不同机型的舱门大小和货舱容积。容器的大小应适应动物的特性，并应为动物留有适当的活动余地，大型动物容器需符合用机械进行装卸的要求。

容器应坚固，防止动物破坏、逃逸和接触外界。容器上应有便于搬运的装置，动物的出入口处，应设有安全设施，以防发生事故。容器必须防止动物粪便漏溢，污损飞机。容器必须有足够的通气孔以防止动物窒息。

3. 文件

（1）活动物证明书。托运人每交运一批动物，应填制活动物证明书，一式两份，证明书应由托运人签字，一份交承运人留存，另一份和其他证件一起附在货运单上寄往目的站。填制完活动物证明书，托运人应声明动物健康状况良好，并根据LAR中的规定和有关承运人、国家的要求对货物进行适当的包装，符合空运条件。

（2）货运单。在货运单的品名栏内必须写明与LAR中一致的动物俗名和动物的数量，还应注明已订妥的各航段航班号／日期。所有文件的名称和操作要求都应写在handing information栏中。

（3）其他文件。包括动物卫生检疫证明、有关国家的进出口许可证等。

4. 标签和标记

容器上应清楚地注明收货人的姓名和详细地址（与货运单上相同），容器上还应注明动物的习性和特性，有关饲养的方法及应注意的事项。容器上应贴有下列标贴：

（1）"动物"标贴（live animal）。

（2）"不可倒置"标贴（this side up）。

（3）对危害人的有毒动物应贴"有毒"标贴（poisonous）。

5. 运输

（1）必须在订妥全程舱位之后方可收运。

（2）动物运输不办理运费到付。

（3）动物运输应尽量利用直达航班；如无直达航班，应尽量选择中转次数少的航班。

（三）危险品

"危险物品手册"（dangerous goods regulation，DGR）由ICAO每年进行修改，

包含各类危险物品的包装、标签、数量等方面的内容，所有承运人和代理人都必须统一使用最新出版的"危险物品手册"。

1. 一般要求

收运危险物品应以"危险物品手册"为依据，严格遵守各项规定。运营人应当制定检查措施，防止普通货物中隐含危险品。

2. 文件

（1）危险品申报单（shipper's declaration for dangerous goods）。托运人必须填写一式两份的危险品申报单，签字后一份交始发站留存，另一份随货物运至目的站。申报单必须由托运人填写、签字并对申报的所有内容负责。任何代理人都不可替代托运人签字。

（2）货运单。在货运单中的"handing information"栏内注明：Dangerous goods as per attached shipper's declaration。

3. 运输

（1）预先检查。危险物品的包装件在组装集装器或装机之前，必须进行认真检查。包装件在完全符合要求的情况下，方可继续进行作业。检查的内容包括：外包装无漏洞、无破损，包装件无气味，无任何泄漏及损坏的迹象；包装件上的"危险性"标签和"操作"标签正确无误、粘贴牢固，包装件的文字标记（包括运输专用名称、UN或ID编号、托运人和收货人的姓名及地址）书写正确，字迹清楚。

（2）轻拿轻放。在搬运或装卸危险物品包装时，无论是人工操作还是机械操作，都必须轻拿轻放，切忌磕、碰、摔、撞。

（3）固定货物，防止滑动。危险物品包装完毕装入货舱后，装载人员应设法固定，防止危险物品在飞机飞行中倾倒或翻滚，造成损坏。

（四）超大超重货物

超大货物一般是指需要一个以上的集装板方能装下的货物，这类货物的运输需要特殊装卸设备以及处理程序。

超重货物一般是指每件超过150 kg的货物，但最大允许货物的重量主要取决于飞机的机型（地板承受力）、机场设施，以及飞机在地面停站的时间。

1. 收运条件

（1）订舱。如果一票货物包括一件或几件超大超重货物，订舱时应说明货物的重量和尺寸，并在货运单内单独列明，承运人可提前制订装载计划并准备必要的固定设施。

（2）包装。托运人所提供的包装应便于承运人操作，如托盘、吊环等，必要时应注明重心位置。

2. 运输

（1）确保货物内部不含有危险性的物品（如电池、燃油）。如果有此类物品，应按照TACT有关危险品的规定来处理。

（2）托运人应提供装卸超大货物、超重货物的设施。

（3）重货尽量装在集装器的中间位置。

（4）如果装载的货物未超过集装器2/3的容积，属于重货的需绑扎固定。

（五）贵重货物

根据2005年由原中国民用航空总局发布的《贵重物品航空运输规定》，贵重物品可以分为两类：一是毛重每千克的运输声明价值（国际运输中超过1 000美元或等值货币，国内运输超过2 000元人民币的货物）。二是含有黄金、白金、铱、铑、钯等稀贵重金属及其制品；各类宝石、玉器、钻石、珍珠及其制品；珍贵文物，包括书、画、古玩等；现钞、有价证券类物品。

1. 收运条件

在收运贵重货物时要特别注意下列要求：

（1）包装。应用坚固、严密的包装箱，不得使用纸质包装，接缝处必须有封志。

（2）标记与标签。贵重货物只能使用挂签；除识别标签和操作标签外，贵重货物不用任何其他标签和额外粘贴物；货物的外包装上不可有任何对内装物做出提示的标记。

（3）价值。托运人交运贵重货物时自愿办理声明价值，每票货物的声明价值不得超过10万美元。超过10万美元时，请托运人分批托运，即分几份货运单托运，同时说明由此产生的运费差额或其他费用由托运人负担，或告知上级机关，按照给予的答复办理。每次班机上所装载的贵重货物价值不得超过100万美元。

2. 文件

（1）货运单。货运单上应记载详细的托运人、通知人和收货人的名称、地址、联系电话。除在"nature and quantity of goods"栏内填写真实的货物名称、准确净重、内装数量外，还应注明"valuable cargo"字样。货运单上还要注明已订妥的各航段航班号/日期。贵重货物不可与其他货物作为一票货物运输。

（2）其他文件。其他文件的名称和操作要求应在"handing information"栏内注明。

3. 订舱

（1）优先使用直达航班。

（2）收运贵重货物前必须订妥全程舱位，并符合有关承运人的运输条件。

（3）如需变更续程承运人，必须得到有关承运人的许可。

（4）如需特别安全措施，应在电文中特别注明，由此产生的费用应由托运人负担。

（5）托运人应预先将货物的航班安排情况通知收货人。

4. 运输

（1）运输贵重货物，尽量缩短货物在始发站、中转站和目的站机场的时间，避开周末或节假日交运。

（2）在装机或装集装箱过程中，至少应有三人在场，其中一人必须是承运人的代表。

（3）装在集装箱内的贵重货物，装机站负责监护装机至飞机舱门关闭。航班离港后，装机站应立即用电话或电报通知卸机站，并做详细记录。卸机站接到通知后，应安排专人监督卸机直至货物入库。

（4）在中转站接收中转的贵重货物，应进行复核。如果发现包装破损或封志有异，应停止运输，征求始发站的处理意见。

（5）贵重货物不得使用机场地面运输。

（6）如果发现贵重货物有破损、丢失或短少等迹象，应立即停止运输，填写《货物不正常运输记录》并通知有关部门。

（7）收货人提取货物前，应仔细检查货物包装，如有异议，应当场向承运人提出，必要时重新称重，并详细填写运输事故记录。

四、航空运单

（一）航空运单的性质和作用

航空运单是一种运输合同，是由承运人或其代理人签发的一份重要的货物单据。它具有以下性质和作用。

1. 承运合同

航空运单是发货人与承运人之间的运输合同，一旦签发，便成为签署承运合同的书面证据，该承运合同必须由发货人或其代理人与承运人或其代理人签署后才能生效。

2. 货物收据

当发货人将其货物发运后，承运人或其代理人将一份航空运单正本交给发货人，作为已接受其货物的证明，也就是一份货物收据。

3. 不可转让

航空运单有别于海运提单，并非代表货物所有权的物权凭证，是不可转让的单据。

4. 运费账单

航空运单上分别记载着属于收货人应负担的费用和属于代理人的费用，因此可以作为运费账单和发票，承运人可将一份正本运单作为记账凭证。

5. 报关单据

当航空货物运达目的地后，应向当地海关报关，在报关所需的各种单证中，航空运单通常是海关放行查验时的基本单据。

6. 保险证书

若承运人承办保险或者发货人要求承运人代办保险，则航空运单即可作为保险证书。载有保险条款的航空运单又称为红色航空运单。

7. 承运人内部业务的依据

航空运单是承运人在办理该运单项下货物的发货、转运、交付的依据，承运人根据运单上所记载的有关内容办理有关事项。

（二）航空运单的种类

航空运单有航空主运单和航空分运单之分。

1. 航空主运单

凡是由航空公司签发的航空运单称为航空主（或总）运单。每一批由航空运输公司发运的货物都必须具备航空主运单，它是承运人办理该运单项下货物的发运和交付的依据，是承运人与托运人之间订立的运输契约。

2. 航空分运单

航空分运单是由航空运输代理公司在办理集中托运业务时签发给各个发货人的运单。

航空分运单的运输合同的当事人双方，一方是航空货运代理公司，另一方是多个发货人；而航空主运单的运输合同的当事人双方，一方是航空公司（实际承运人），另一方是航空货运代理公司（作为托运人）。货物到达目的站后，由航空货运代理公司在该地的分公司或其代理凭航空主运单向当地航空公司提取货物，然后按航空分运单分别拨交各收货人。所以发货人和收货人与航空公司不发生直接关系。

（三）航空运单的构成

航空运单通常为每套12联，其中正本3联，副本9联，每联上都注明该联的用途。

第一联正本注明"original-for the shipper"，应交发货人，是承运人或其代理人收到货物后出具的收据。

第二联正本注明"original-for the issuing carrier"，载有收货人、发货人应负担的费用和代理费用，由承运人留存作为运费账单和记账凭证。

第三联正本注明"original-for the consignee"，该份航空运单随货同行，运达目的地后由航空公司交给收货人作为接收货物的依据。

其余副本则分别注明"for airport of destination""delivery receipt""for second carrier""extra copy"等，由航空公司按规定和需要进行分发。

在发货人或其代理人和承运人或其代理人履行签署手续并注明日期后，运单即开始生效。只要运单上没有注明日期和签字盖章，承运人就可不承担对货物的任何责任，货物也不受承运合同的约束。当货物一旦交给运单上所记载的收货人后，运单作为承运合同即宣布终止，亦即承运人完成了货物的全程运输任务。

（四）航空运单的内容

航空运单与海运提单类似，也有正面条款、背面条款之分，不同的航空公司也会有自己独特的航空运单格式。不同的是，海运公司的海运提单可能千差万别，但各航空公司所使用的航空运单则大多借鉴IATA所推荐的标准格式，差别并不大（见表5-3）。

表5-3 航空运单

ORIGINAL.3（FOR CONSIGNEE）

012-1153 4891		012-1153 4891							
Shipper's Name and Address	Shipper's Account Number	Not Negotiable Air Waybill Issued By :							
		Copies 1, 2 and 3 of this Air Waybill have the same validity							
Consignee's Name and Address	Consignee's Account Number	It is agreed that the goods described herein are accepted in apparent good order and condition（except as noted）for carriage SUBJECT TO THE CONDITIONS OF CONTRACT ON THE REVERSE HEREOF. ALL GOODS MAY BE CARRIED BY ANY OTHER MEANS INCLUDING ROAD OR ANY OTHER CARRIER, UNLESS SPECIFIC CONTRARY INSTRUCTIONS ARE GIVEN HEREON BY THE SHIPPER, AND SHIPPER AGREES THAT THE SHIPMENT MAY BE CARRIED VIA INTERMEDIATE STOPPING PLACES WHICH THE CARRIER DEEMS APPROPRIATE. THE SHIPPER'S ATTENTION IS DRAWN TO THE NOTICE CONCERNING CARRIER'S LIMITATION OF LIABILITY. Shipper may increase such limitation of liability by declaring a higher value for carriage and paying a supplemental charge if requested.							
Issuing Carrier's Agent and city		Accounting Information : This Air Waybill is subject to U.S. Domestic Contract of Carriage and International Conditions of Contract of NORTHWEST AIRLINE.							
Agent's IATA Code :	Account No.								
Airport of Departure（The three-letter code for the airport of departure and requested routing）		Reference Number and Optional Shipping Info							
To	By First Carrier	To	By	To	By	Currency	CHGS	WT/VAL	Other	Declared Value for Carriage	Declared Value for Customs
Airport of Destination :		Flight/Date				Amount of Insurance		INSURANCE	

Handling Information notify consignee on arrival

SCI

These commodities, technology or software were exported from the United States in accordance with the Export Administration Regulations. Ultimate destination: GB.

Diversion contrary to U.S. law prohibited.

Pieces	Gross Weight	kg/lb	Rate Class	Chargeable Weight	Rate Charge	Total	Nature and Quantity of Goods (inc.Dimensions or Volume)
			Commodity item No.				
22J	22K						

Prepaid — Weight charge — Collect — Other Charges

Valuation charge

Tax

Total Other charges Due Agent

Shipper certifies that the particulars on the face hereof are correct and that INSOFAR AS ANY PART OF THE CONSIGNMENT CONTAINS DANGEROUS GOODS, SUCH PART IS PROPERLY DESCRIBED BY NAME AND IS IN PROPER CONDITION FOR CARRIAGE BY AIR ACCORDING TO THE APPLICABLE Dangerous Goods Regulations

Total Other charges Due Agent

Signature of Shipper or its Agent

Total Prepaid — Total Collect

Currency Conversion Rates	CC Charges in Dest. Currency	Executed on (date)	at (place)	Signature of Issuing Carrier or its Agent
For Carriers Use Only at Destination	Charges at Destination	Total Collect Charges		

ORIGINAL 3 (FOR CONSIGNEE)

（五）货运单的修改

（1）当货运单内容填写出现错误需要修改时，应将错误处划去，在旁边空白处填写正确的内容，并在货运单各联的修改处加盖修改人的戳印。

（2）每份货运单只限修改一次，修改不得超过三处。如果发生多处填写错误无法修改清楚时，应另填制新的货运单，原货运单作废。

（3）已经作废的货运单，应在全部各联上加盖"作废"的戳印，随同货物销售日报送财务部门注销。修改货运单时，还应严格遵守财务部门的其他各项规定。

第四节
国际航空货物运输的运价和费用

一、航空货物运价及规则手册

IATA制定并出版了一本通用的运输手册——TACT（the air cargo tariff）。TACT主要分为三部分，包括国际航空货物运价的所有规定运价计算规则及程序，它是世界上大多数航空公司、货运代理和货主在航空运输中遵循的依据。

（1）TACT Rules是描述IATA在国际运输中的所有规则。TACT Rules每半年出版一次，出版时间分别为4月和10月；

（2）TACT Rules-North America是北美运价手册，包含从北美出发或到达北美的运价。

（3）TACT Rules-Worldwide是世界（除北美外）运价手册，包含了除北美外的全世界运价。

TACT运价表每两个月出版一期。

二、运价的基本概念

（一）运价率（rates）

承运人为运输货物规定的单位重量（或体积）收取的费用称为运价率。运价指机场与机场间（airport to airport）的空中费用，不包括承运人、代理人或机场收取的其他费用。

（二）运费（transportation charges）

根据适用运价率所得的发货人或收货人应当支付的每批货物的运输费用称为运费。

（三）运价的分类

（1）根据运价制定的途径不同，运价分为IATA运价和协议运价。

（2）根据运价公布的形式不同，运价分为公布直达运价和非公布直达运价。公布直达运价指承运人在运价手册上对外公布的运价，包括普通货物运价、指定商品运价、等级货物运价、集装货物运价等；非公布直达运价指承运人未在运价手册上对外公布的运价，包括比例运价、分段相加运价等。

（四）运价使用的注意事项

（1）运价的有效期。使用的运价应为填开运单之日的有效运价，不考虑实际运输的日期。

（2）运价的方向性。使用运价时要注意运输路线的方向性而不得使用反方向运价。

（3）运价是机场到机场的价格，不包含附加费、取件、送件、清关的费用。

（4）原则上讲，运价的使用不考虑路径，但承运人对路径的指定可能对运价有影响。

（5）运价是以始发站所在国家的货币为单位的，或以美元为单位。运单的货币单位应与运价表的货币单位一致。

（6）为用户提供最便宜的运价。

（7）货物运费计费以"元"为单位，元以下四舍五入。

三、计费重量

在实际计算一笔航空货物运输费用时，要考虑货物的计费重量，有关的运价和费用，以及货物声明价值。其中，计费重量是按照实际重量和体积重量两者之中较高的一个计算的。也就是在货物体积小、重量大的情况下，以货物的实际重量作为计费重量；在货物体积大、重量小的情况下，以货物的体积重量作为计费重量。

（一）实际重量

实际重量是指一批货物包括包装在内的实际总重量。凡是重量大而体积相对小的货物用实际重量作为计费重量。具体计算时，重量不足0.5 kg的按0.5 kg计算；0.5 kg以上不足1 kg的按1 kg计算；不足1 Ib的按1 Ib计算。

（二）体积重量

体积重量是对于货物体积大而重量相对小的轻泡货物而言的。体积重量的计算方法如下：

（1）分别量出货物的最长、最宽和最高的部分，三者相乘算出体积，尾数四舍五入。

（2）将体积折算成千克（或磅）。

中国民用航空局规定以 6 000 cm^3 折合为 1 kg 为计算标准。

计费重量是按照货物的实际毛重和体积重量两者中较高的一个计算的。当一批货物由几件不同货物所组成时，如集中托运的货物，其中有重货也有轻泡货，其计费重量采用整批货物的总毛重或总体积重量两者之中较高的一个计算。

例如：一批货物的总毛重为 500 kg，总体积为 3 817 800 cm^3，航空公司便要按 636.3 kg 计收运费。

四、主要的航空货物运价

（一）公布的航空货物运价

1. 普通货物运价

普通货物运价，又称一般货物运价，是为一般货物制定的，仅适用于计收一般普通货物的运价。普通货物运价，以 45 kg 作为重量划分点，45 kg（或 100 lb）以下的普通货物运价，运价类别代号为"N"；45 kg 以上的普通货物运价，运价类别代号为"Q"。

2. 等级货物运价

等级货物运价是指适用于规定地区或地区间指定等级的货物所适用的运价，等级货物运价是在普通货物运价的基础上增加或减少一定百分比而构成的。

（1）等级运价加价，运价类别代号"S"，商品包括：活动物、急件、生物制品、珍贵植物和植物制品、活体动物、骨灰、灵柩、鲜活易腐物品、贵重物品、枪械、弹药、押运货物等。上述物品的运价是按 45 kg 以下的普通货物的运价的 150% ~ 200% 计收。

（2）等级运价减价，运价类别代号"R"，商品包括：报纸、杂志、书籍及出版物，作为货物托运的行李。上述物品的运价是按 45 kg 以下的普通货物运价的 50% 计收。等级货物运价计算注意事项：① 运单填写。运价类别代号栏：R、S；重量栏：K、L；泡货填体积尺寸；货品品名多于两个的，填写总重量。② 等级运价减价一般取 45 kg 以下的普通货物的运价的 50%；当运量较大时，若此重量分界点的普通货物运价率低于 45 kg 以下的普通货物运价的 50%，采用普通货物运价，运价类别代号栏应填写 N。③ 无人押运行李的最低计费重量不得小于 10 kg。

3. 特种货物运价

特种货物运价，又称指定商品运价，运价类别代号"C"，指始发地至指定目的地而公布的适用于特定商品、特定品名的低于普通货物运价的某些指定商品的运价。

特种货物运价是由参加国际航空协会的航空公司，根据不同航线上有经常性特种运输的发货人的要求，或者为促进某地区的某种货物的运输，向国际航空协会提出申请，经同意后制定的。对于一些批量大、时令性强、单位价值低的货物，航空公司可申请建立指定商品运价。

例如：某航空公司指定运价中货物的类别如下：

（1）海产品、水产品、普通植物、食品、冷冻制品和鲜花。

（2）禽苗、鱼苗及虾类货物。

（3）服装、服装辅料、纺织品、布匹、鞋类、鞋材、皮料和皮类制品。

（4）除（3）类外的普通货物。

特种货物运价计算注意事项：

（1）运单填写。运价类别代号栏：C；重量栏：K、L；泡货填写体积尺寸；货品品名多于两个的，填写总重量。

（2）特种货物一般有最低计费重量的限制，当运量较小时，若采用普通货物运价计算的运费小于按特种货物运价计算的运费，采用普通货物运价，运价类别代号栏内应填写N。

4. 起码运费

起码运费也称最低运费，是航空公司承运一批货物所能接受的最低运费，不论货物的重量或体积大小，在两点之间运输一批货物应收的最低金额。起码运费的类别代号为"M"。它是航空公司在考虑办理一批货物（即使是一批很小的货物）所必须产生的固定费用而制定的，当货物运价少于起码运费时，就要收起码运费。不同的国家和地区有不同的起码运费。

5. 集装运价

集装运价适用于采用集装箱运输的货物。由于集装箱运输可以显著减少包装费用和搬运费用，其运价大大低于普通货物运价。这种运价适用于各种货物，但是货物必须装进集装箱。集装运价规定了基准重量，其作用类似于最低运费。托运人要按照基准重量支付运费，不管其货物是否达到这一重量。如果托运人的货物超过这一基准重量，超过部分需支付额外的运费，但是运价要低于大宗的普通货物运价或指定物品运价。

6. 协议运价

协议运价是航空公司鼓励客户使用航空运输的一种运价。航空公司与客户签订协议，客户保证在协议期内向航空公司交运一定数量的货物，航空公司依照协议向客户提供一定数量的运价折扣。这种运价使得双方都有收益，对在一定时期内有相对稳定货源的客户比较有利。

（二）非公布的直达航空运价

如甲地至乙地没有可适用的公布的直达航空运价，则要选择比例运价或分段相加运价。

1. 比例运价

在运价手册上除公布的直达航空运价外，还公布了一种不能单独使用的附加数。当货物的始发地或目的地无公布的直达航空运价时，可采用比例运价与已知的公布的直达运价相加，构成非公布的直达运价。

2. 分段相加运价

分段相加运价是指在两地间既没有直达航空运价也无法利用比例运价时，可以在始发地与目的地之间选择合适的计算点，分别找到始发地至该点、该点至目的地的运价，两段运价相加组成全程的最低运价。

无论是比例运价还是分段相加运价，承运人允许发货人在正确使用的前提下，以不同的计算结果中的最低值作为该货适用的航空运价。

（三）择优使用航空运价

（1）优先使用双边协议运价。

（2）直达货物运价优先于分段相加组成的运价。

（3）指定商品运价（特种货物运价）优先于等级货物运价和普通货物运价。

（4）等级货物运价优先于普通货物运价。

（5）无直达货物运价时，比例运价优先于分段相加运价。

（6）按重量计得的运费与最低运费相比取其高者。

当使用等级运价或普通货物运价计算出的运费低于按特种货物运价计算出的运费时，则可以使用等级运价或普通货物运价。

五、其他费用

与水路运输或铁路运输的承运人相似，航空运输的承运人也要求将自己对货方的责任限制在一定范围内，以限制经营风险。

《统一国际航空运输某些规则的公约》（简称《华沙公约》）中对由于承运人自身的疏忽或故意造成的货物的灭失、损坏或延迟规定了最高赔偿责任限额，此限额一般被理解为20美元每千克或其他等值货币。如果货物的价值超过了上述值，即增加了承运人的责任，承运人要收取声明价值费（valuation charges）。否则，即使出现更多的损失，承运人对超出的部分也不承担赔偿责任。

货物的声明价值是针对整件货物而言的，不允许对货物的某部分声明价值。声明价值费的收取依据货物的实际毛重，计算公式为：

声明价值费=（货物价值−货物毛重 × 20美元/kg）× 声明价值费的费率

声明价值费的费率通常为0.5%。大多数的航空公司在规定声明价值费的费率的同时还要规定声明价值费的最低标准。如果根据上述公式计算出来的声明价值费低于航空公司的最低标准，则托运人要按照航空公司的最低标准缴纳声明价值费。

六、其他附加费

其他附加费包括制单费、货到付款劳务费、提货费等，一般只有在承运人或航空货运代理人或集中托运人提供服务时才收取其他附加费。

货到付款劳务费是由承运人接受发货人的委托，在货物到达目的地后交给收货人的同时，代为收回运单上规定的金额，承运人则按货到付款金额收取规定的劳务费用。

习题与训练

一、名词解释

航空集装器　特种货物　比例运价　等级货物运价率　特种货物运价

二、单项选择题

1. 将一箱玫瑰（约合0.5体积吨）从广州运往北京，选用（　　）方式比较合适。

　　A. 铁路运输　　　B. 公路运输　　　C. 航空运输　　　D. 水路运输

2. 航空运输区别于其他运输方式最显著的特点是（　　）。

　　A. 运量大　　　　　　　　　B. 机动灵活

　　C. 连续性强　　　　　　　　D. 速度快

3. 航空运输与陆运或海运在单据流转方面的主要不同是（　　）。

　　A. 托运单与货运单分离　　　B. 报关单

　　C. 配舱　　　　　　　　　　D. 空运无提单

4. 航空货物体积重量的折算标准为每（　　）cm³折合1 kg。

　　A. 3 000　　　　　　　　　　B. 4 000

　　C. 5 000　　　　　　　　　　D. 6 000

5. 在航空主运单上，填写的运价是指（　　）。

　　A. 协议运价　　　　　　　　B. 国际航协运价

　　C. 优惠运价　　　　　　　　D. 特殊运价

三、多项选择题

1. 空运的主要经营方式有（　　）。

　　A. 班机　　　　B. 包机　　　　C. 集中托运　　　D. 快递

2. 以下属于贵重货物的有（　　）。

　　A. 黄金　　　　B. 有价证券　　　C. 镀金首饰　　　D. 养殖珍珠

3. 下列（　　　　）的运输属于航空快递运输业务范围。

　　A. 邮件　　　　　B. 小型样品　　　C. 货样广告　　　D. 单证

4. 航空货运中，托运人有权对航空货运单上除（　　　　　）项外的内容要求变更。

　　A. 运费金额　　　B. 保险金额　　　C. 货物价值　　　D. 申明价值

5. 活动物的收运，应严格按照IATA颁发的活动物操作手册和承运人的特殊规定来办理，在托运时需要提供的特殊文件有（　　　　　）。

　　A. 活动物证明书　　　　　　　　B. 活动物检疫证明

　　C. 活动物托运证明　　　　　　　D. 活动物喂养说明书

四、简答题

1. 简述航空运输的国际组织。

2. 航空货运运载工具有哪些？

3. 简述航空货运的组织形式。

4. 简述航空货运的组织方法。

5. 简述特种货物收运条件。

6. 航空货物运价率有哪些？

案例讨论

　　某货主托运下列物品自上海至美国西雅图，货物品名及有关资料如下：

　　1. 一件38.5千克的景德镇瓷器，运输声明价值320 000元人民币；

　　2. 一件纺织品，可使用SCR"2211"代码；

　　3. 一面大型文艺演出用的鼓；

　　4. 两箱儿童读物。

案例研讨：

　　1. 上述货物至少需要（　　）张货运单？

　　A. 1　　　　　　B. 2　　　　　　C. 3　　　　　　D. 4

　　2. 如果瓷器、鼓、纺织品和儿童读物分别以三张货运单交运，则瓷器的航空运费是（　　）元人民币？

　　运价资料如下：SHA-SEA：M：420.00　　　N：51.69　　　45：38.71

　　Construction exchange rate：1美元 = 8.356 68元人民币

　　A. 3 557.90　　B. 3 980.13　　C. 5 051.73　　D. 5 550.11

　　3. 鼓的直径为180 cm，高150 cm，则体积重量为（　　）kg？

　　A. 810　　　　　B. 785　　　　　C. 675　　　　　D. 1 177.5

4. （　　　）的计费运价低于GCR。

　　　A. 儿童读物　　B. 纺织品　　　C. 瓷器　　　　　D. 鼓

5. 由于承运人原因，使景德镇瓷器丢失，则承运人的赔偿限额为（　　　）元人民币。

　　　A. 5 481.98　　B. 6 434.64　　C. 3 200 000　　D. 5 550.11

本章综合实训

一、实训名称

航空运单填制与运费计算。

二、实训目标

1. 能正确填制航空运单。

2. 掌握计费重量、普通货物运费计算，初步掌握指定商品、等级商品的运费计算。

三、实训内容

1. 航空运单的种类与填制。

2. 航空货物运输计费重量的核定。

3. 普通货物运费的计算。

4. 等级商品航空运输运费的计算。

四、实训步骤

1. 教师准备4～5套实训作业，每一套罗列10余种有不同运费计算要求的托运物品的品名、件数、毛重、体积、声名价值、出运港、到达港等内容。

2. 提供出运港、到达港的公布运价。

3. 提供中性航空运单，并注明要求填制的栏目。

4. 重点要求学生列举各种货品的运输要求，并准确填制每份航空运单。

五、评价标准

1. 熟悉航空运单的种类，并能够正确填制。

2. 正确核定航空货物运输计费重量。

3. 能够正确计算普通货物航空运输费用。

4. 能够正确计算等级商品货物航空运输费用。

5. 熟悉航空货物运输的要求。

六、成果形式

1. 以小组为单位完成实训作业报告。

2. 各个小组分别召开一次交流讨论会。

3. 根据实训作业报告和个人在交流中的表现进行成绩评估。

第六章

管道运输

知识目标

- 了解管道运输的特点
- 熟悉运输管道的分类
- 掌握管道运输系统的组成与工艺
- 掌握管道运输生产与安全管理的内容

技能目标

- 能够识别管道运输的主要设备
- 能够分析管道运输的工艺

素养目标

- 了解中国管道运输发展史，增强学生的民族自信心和职业自豪感
- 具有较强的安全意识，能够做好管道运输管理

- **思维导图**

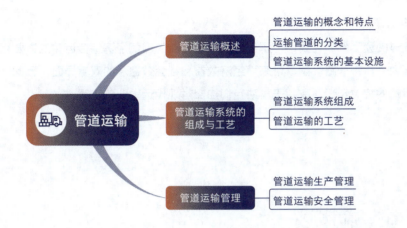

管道运输

- 管道运输概述
  - 管道运输的概念和特点
  - 运输管道的分类
  - 管道运输系统的基本设施
- 管道运输系统的组成与工艺
  - 管道运输系统组成
  - 管道运输的工艺
- 管道运输管理
  - 管道运输生产管理
  - 管道运输安全管理

引例
中缅油气管道

中国石油集团经济技术研究院发布的《2019年国内外油气行业发展报告》表示，2019年，中国原油净进口量首次突破5亿吨大关，成品油净出口量首次突破5 000万吨，原油对外依存度双破70%。

中国石油大多数是从中东进口的，过去只能选择航运，通过马六甲海峡和新加坡把购买的中东地区石油运至中国。因此，马六甲海峡对于我国来说是一个重要的能源运输通道，可以说是"海上生命线"。然而，马六甲海峡的关税很高，且一旦运输通道被控制，将对中国石油进口有着极大的影响。

为了改变中国的石油运输安全状况，2009年，中国石油天然气集团公司与缅甸能源部签署了"中缅原油管道权利与义务"协议，明确了中石油作为控股方的东南亚原油管道有限公司在中缅原油管道建设运营上所承担的权利和义务。协议规定，缅甸联邦政府授予东南亚原油管道有限公司对中缅原油管道的特许经营权，并负责管道建设及运营；公司享有税收减免、原油过境、进出口清关和路权作业等相关权利；缅甸政府保证公司对管道的所有权和独家经营权，保障管道安全。

中缅油气管道是继中哈原油管道、中亚天然气管道和中俄原油管道之后的又一条重要能源进口通道，缓解了中国对马六甲海峡的依赖程度，降低了海上进口原油的风险。

作为共建"一带一路"在缅甸的先导示范项目和样板工程，中缅油气管道不仅带动当地基础设施建设，而且推动了管道沿线经济发展、油气产业发展，改善了当地民生。截至2019年11月30日，中缅油气管道分别累计向中国输送原油2 485.75

万吨、天然气242.33亿立方米，累计为缅甸带来直接经济收益5.2亿美元。

【引例分析】
通过阅读案例，让我们了解到管道运输已成为国民经济综合运输的重要组成部分，能为"一带一路"国家带来"经济效益和社会效益"的双赢局面。因此，学习管道运输的相关知识，有利于帮助我们加深对现代运输业的了解。

第一节
管道运输概述

一、管道运输的概念和特点

（一）管道运输的概念

微课：
管道运输

管道运输是用管道作为运输工具的一种长距离输送液体物资和气体物资的运输方式，是统一运输网中干线运输的特殊组成部分。

管道运输是中国的新兴运输方式，是继铁路运输、公路运输、水路运输、航空运输之后的第五大运输方式。它在国民经济和社会发展中起着十分重要的作用。管道运输利用地下管道将原油、天然气、成品油、矿浆、煤浆等介质送到目的地。

（二）管道运输的特点

1. 管道运输的优点

在五大运输方式中，管道运输有着独特的优势。

（1）运量大。一条输油管线可以源源不断地完成输送任务。根据其管径的大小不同，其每年的运输量可达数百万吨到几千万吨，甚至超过亿吨。

（2）占地少。运输系统的建设实践证明，运输管道埋藏于地下的部分占管道总长度的95%以上，因而管道运输对于土地的永久性占用很少，分别仅为公路运输的3%，铁路运输的10%左右。在交通运输规划系统中，优先考虑管道运输方案，这对于节约土地资源，意义重大。

（3）管道运输建设周期短、费用低。国内外交通运输系统建设的大量实践证明，管道运输系统的建设周期与相同运量的铁路运输系统的建设周期相比，一般来说要短1/3以上。历史上，中国建设大庆至秦皇岛全长1 152千米的输油管道，仅用了23个月的时间，而若要建设一条同样运输量的铁路，至少需要3年时间。统计资料表明，管道建设费用比铁路建设费用低60%左右。天然气管道输送与其液化船运（Liquefied Natural Gas，LNG）的比较：以输送 $300\ \mathrm{m^3/a}$（立方米/年）的天然气为例，如建设6 000千米管道投资约120亿美元；而建设相同规模（2 000万吨）LNG厂的投资则需200亿美元以上，另外，需要容量为12.5万立方米的LNG船约20艘，一艘12.5万立方米的LNG船造价在2亿美元以上，总的造船费约40亿美元。仅在投资上，采用LNG的费用就大大高于采用管道运输的费用。

（4）管道运输安全可靠、连续性强。由于石油天然气易燃、易爆、易挥发、易泄漏，采用管道运输方式，既安全，又可以大大减少挥发损耗。同时，由于漏露导致的对空气、水和土壤的污染也可大大减少，管道运输能较好地满足运输工程的绿色化要求。此外，由于管道基本埋藏于地下，其运输过程受恶劣多变的气候条件影响小，可以确保运输系统长期稳定地运行。

（5）管道运输耗能少、成本低、效益好。发达国家采用管道运输石油，每吨千米的能耗不足铁路运输的1/7，在大量运输时的运输成本与水路运输接近，因此在无水条件下，采用管道运输是一种最为节能的运输方式。管道运输是一种连续性工程，运输系统不存在空载行程，因而系统的运输效率高。理论分析和实践经验已证明，管道口径越大，运输距离越远；运输量越大，运输成本就越低。以运输石油为例，管道运输、水路运输、铁路运输、公路运输的运输成本之比为1∶1.2∶1.7∶17.5。

2. 管道运输的局限性

（1）只能运输特定的物料。管道运输系统只能运输特定的物料，例如特定的石油、天然气，特定的固体料浆（精矿、矿石、煤或其他固体料浆），运输功能比较单一，不如其他运输方式可以进行大多数物资的运输和客运。

（2）只能进行定向定点运输。管道运输系统只能运输大宗、特定、适用于管道运输的物料，不像其他运输方式，可以进行双向、不定点、多种物资的运输。不论是运输石油、天然气还是粉粒状物料，对物料的质量均有严格的要求。管道运输系统的敏感性强、应变能力低，因此要求严格控制物料的特性。浆体管道运输的物料，只允许运输与水混合后不会产生物理性质和化学性质变化的颗粒状物料。

（3）管道运输系统的运输能力不易改变。每个管道运输系统的运输能力一经确定，运输系统的设备和管道就是确定的，不能改变。如果要增加运输能力，就必须增加设备和管道的运输能力。

（4）浆体需脱水处理。浆体管道运输物料到达终点后，需进行脱水（过滤甚至干燥）处理，以供用户使用。

二、运输管道的分类

（一）按所输送的物品分类

1. 输油管道
输油管道又可分为原油管道和成品油管道。原油运输主要是自油田将原油输给炼油厂或输给转运原油的港口或铁路车站，或两者兼而有之。因此其运输特点是：运量大、运距长、收油点和交油点少，特别适宜用管道输送。世界上的原油约有85%以上是用管道输送的。如图6-1所示。

图6-1　输油管道

成品油管道输送汽油、煤油、柴油、航空煤油和燃料油，以及从油气中分离出来的液化石油气等。每种成品油在商业上有多种牌号，常采用在同一条管道中按一定顺序输送多种油品的工艺，这种工艺能保证油品的质量并准确地分批运到交油点。成品油管道的任务是将炼油厂生产的大宗成品油输送到各大城镇附近的成品油库，然后用油罐汽车转运给城镇的加油站或用户。有的燃料油则直接用管道输送给大型电厂，或者用铁路油槽车外运。其运输特点是：批量多、交油点多。因此，管道的起点段管径大，输油量大，一经多处交油分输以后，输油量减少、管径亦随之变小，从而形成成品油管道多级变径的特点。

2. 输气管道

输气管道是输送天然气和油田伴生气的管道，包括集气管道、输气干线和供配气管道。就长距离运输而言，输气管道是指高压、大口径的输气干线。这种输气管道约占全世界管道总长的一半。如图6-2所示。

3. 固体料浆管道

固体料浆管道主要用于输送煤、铁矿石、磷矿石、铜矿石、铝矾土和石灰石等矿物，配置浆液主要用水，还有少数采用燃料油或甲醇等液体作载体。其输送方法是将固体粉碎后与适量的液体配置成可泵送的浆液，再用泵按液体管道输送工艺进行输送。到达目的地后，将固体与液体分离送给用户。如图6-3所示。

图6-2　输气管道

图6-3　固体料浆管道

目前，全世界油气管道总长度超过200万千米，其中一半以上在美国和俄罗斯。美国油气管道干线总长度超过70万千米，其中1/3为原油管道和成品油管道。

全球重要的原油输油管道包括：① 世界运输距离最长的原油管道——友谊输油管道，管道全长5 327千米；② 世界上第一条深入北极圈的管道——美国阿拉斯加输油管道，管道全长约1 300千米，管道穿越三座山脉、活跃的断层、广大的冻土层和驯鹿和驼鹿定时迁徙地带；③ 世界上最大的成品油管道——科洛尼尔管道，干线全长4 600多千米，支线长度近3 500千米，整个系统有10多个供油点，近300个收油点，150多个泵站，采用顺序输送工艺，输送100多个品级和牌号的油品，总输送能力达1亿吨/年以上；④ 世界管径最大的输油管道——沙特东—西原油管道，管径1 220 mm，全长1 202千米。

（二）按用途分类

1. 集输管道

集输管道（或集气管道）是指从油（气）田井口装置经集油（气）站到起点压力站的管道，主要用于收集从地层中开采出来的未经处理的原油（天然气）。

2. 输油（气）管道

以输气管道为例，它是指从气源的气体处理厂或起点压气站到各大城市的配气中心、大型用户或储气库的管道，以及气源之间相互连通的管道，输送经过处理符合管道输送质量标准的天然气，是整个输气系统的主体部分。

3. 配油（气）管道

对于油品管道来说，它是指在炼油厂、油库和用户之间的管道。对于输气管道来说，是指从城市调压计量站到用户支线的管道。该类管道压力低、分支多、管网稠密、管径小，除大量使用钢管外，低压配气管道也可使用塑料管或其他材质的管道。

三、管道运输系统的基本设施

管道运输系统的基本设施包括管道、储存库、压力站（泵站）和控制中心。

（一）管道

管道是管道运输系统中最主要的部分，它的制造材料可以是金属、混凝土或塑胶，完全依靠输送的货物种类及输送过程中所要承受的压力大小决定。

（二）储存库

由于管道运输的过程是连续进行的，因此管道两端必须建造能足够容纳其所承载货物的储存库。如图6-4所示。

图6-4　储存库

（三）压力站（泵站）

压力站是管道运输动力的来源，靠压力推动货物经由管道从甲地输送到乙地。一般管道运输压力的来源可有气压式、水压式、重力式及最新的超导体磁力式。通常气体的输送动力来源靠压缩机来提供，这类压力站彼此的设置距离一般为80 ～ 160 km。液体的输送动力来源则是靠泵提供，这类的压力站设置距离为30 ～ 160 km。如图6-5所示。

（四）控制中心

管道运输虽然具有高度自动化的特点，但是它仍需要有良好的控制中心，并配合最现代化的监测器及熟练的管理与维护人员，随时检测、监视管道运输设备的运转情况，以防止意外事故发生，造成漏损及危害。如图6-6所示。

图6-5　压力站　　　　　　　　　　图6-6　控制中心

第二节
管道运输系统的组成与工艺

一、管道运输系统组成

管道运输主要有输油管道、输气管道和固体料浆管道运输系统等，它们采用的设备也各不相同。

（一）输油管道

1. 输油管道的组成

输油管道由输油站和管线两大部分组成。

（1）输油站。输油站包括首站、末站、中间输油站等。输油管道的起点称为首站，其任务是集油，经计量后加压向下一站输送。输油管道沿途设有中间输油站，其任务是对所输送的原油加压、升温，俗称"中间泵站"。输油管道末站接受输油管道送来的全部油品，供给用户或以其他方式转运。

（2）管线。输油管道的线路（即管线）部分包括管道、沿线阀室、穿越江河山谷等的设施和管道阴极防腐保护设施等。为保证长距离输油管道的正常运营，还设有供电和通信设施。

2. 输油管道的主要设备

（1）离心泵。离心泵是一种将机械能（或其他能）转化为液体能的液力机械，是输油管线的心脏。离心泵通过离心力作用完成介质的输送任务。

（2）输油泵站。输油泵站设于首站和中间输油站，它的基本任务是供给油流一定的能量（压力能或热能），将油品输送到终点站（末站）。

（3）输油加热炉。在原油输送过程中对原油采用加热输送的目的是使原油温度升高，防止输送过程中原油在输油管道中凝结，减少结蜡，降低动能损耗。通常采用输油加热炉为原油提供热能。

（4）储油罐。储油罐是一种储存石油及其产品的设备。储油罐按建造方式可分为地下储油罐（罐内油品最高液面比邻近自然地面低 0.2 m 以上者）、半地下储油罐（油罐高度的 2/3 左右在地下）和地上储油罐（油罐底部在地面或高于地面者）三种；按建造材料分为金属储油罐、非金属储油罐；按罐的结构形式分为立式圆柱形储油罐、卧式储油罐、双曲率形储油罐三类。

（5）管道系统。输油系统一般采用有缝或无缝钢管，大口径者可采用螺旋焊接钢管。无缝钢管壁薄、质轻、安全可靠，但造价高，多用于工作压力高、作业频繁的主要输油管线上。焊接钢管又称有缝钢管，是目前输油管路的主要用管，制造材料多为普通碳素钢和合金钢。

（6）清管设备。油品在运输过程中，管道结蜡使管径缩小，造成输油阻力增加，输油能力下降，严重时可使原油丧失流动性，导致凝管事故。处理管道结蜡有效而经济的方法是机械清蜡，即从泵站收发装置处放入清蜡球或者其他类型的刮蜡器械，利用泵输送原油在管内顶挤清蜡工具，使蜡被清除并随油输走。

（7）计量及标定装置。为保证输油计划的完成，加强输油生产管理，长输管线上必须对油品进行计量，以及时掌握油品的收发量、库存量及耗损量。在现代管道运输系统中，流量计已不仅是一个油品计量器，而且还是监测输油管运行的中枢。如通过流量计调整全线运行状态、校正输油压力与流速、发现泄漏等。

（二）输气管道

1. 输气管道的组成

输气管道系统主要由矿场集气网、干线输气管道（网）、城市配气管网，以及与此相关的站、场等设备组成。这些设备从气田的井口装置开始，经矿场集气、净化及干线输送，再经配气网输送给用户，形成一个统一的、密闭的输气系统。

2. 输气管道主要设备

（1）矿场集气设备。集气过程从井口开始，经分离、计量、调压净化和集中等一系列过程，到向干线输送为止。集气设备包括井场、集气管网、集气站、天然气处理厂、外输总站等。

（2）输气站。输气站可按作用分为压气站、调压计量站、储气库三类。压气站任务是对气体进行调压、计量、净化、加压和冷却，使气体按要求沿着管道向前流动。由于长距离输气需要不断供给压力能，故沿途每隔一定距离（一般为110～150 km）设置一座中间压气站（或称压缩机站），首站是第一个压气站，最后一站即干线网的终点——城市配气站。调压计量站多设在输气管道的分输处或末站，其作用是调节气体压力、测量气体流量，为城市配气系统分配气量并分输到储气库；储气库则设于管道沿线或终点，用于解决管道均衡输气和气体消费的昼夜不均衡及季节不均衡问题。

（3）干线输气。干线是指从矿场附近的输气首站开始到终点配气站为止的管路。

（4）城市配气系统。城市配气指从配气站（即干线终点）开始，通过各级配气管网和气体调压所按用户要求直接向用户供气的过程。配气站是干线的终点，也是城市配气的起点与枢纽。

（三）固体料浆管道系统

1. 固体料浆管道系统的组成

固体料浆管道系统的基本组成部分与输气管道、输油管道大致相同，但还有一些制浆、脱水干燥设备。以煤浆管道为例，整个系统包括煤水供应系统、制浆厂、干线管道、中间加压泵站、终点脱水与干燥装置。它们也可分为三个不同的组成部分：浆液制备厂、输送管道、浆液后处理系统。

2. 固体料浆管道系统的主要设备

（1）浆液制备系统。以煤为例，煤浆制备过程包括洗煤、选煤、破碎、场内运输、浆化、储存等环节。

（2）中间泵站。中间泵站的任务是为煤浆补充压力能。停运时则提供清水冲洗管道。

（3）后处理系统。煤浆的后处理系统包括脱水、储存等部分。管输煤浆可脱水储存，也可直接储存。

二、管道运输的工艺

（一）管道输油工艺

管道输油工艺是指实现管道油品输送的技术和方法，即根据油品性质和输量，确定输送方法和流程、输油站类型和位置，选择钢材和主要设备，制定运行方案和输量调节措施。

1. 油品的输送方法

油品的输送方法根据油品性质和管道所处的环境确定。对轻质成品油大多采用顺序输送方法；对易凝高黏油品，目前常用加热、掺轻油稀释、热处理、水悬浮、加改性剂和减阻剂等输送方法。

（1）油品顺序输送。油品顺序输送是在一条管道中按一定顺序连续输送多种油品的管道输油工艺。顺序输送的油品主要是汽油、煤油、柴油等轻质油品类，以及液化石油气类和重质油品类。同类油品中的不同规格或不同牌号的油品，也可按批量顺序输送；不同油田、不同性质的原油，按照炼制要求也可以采取分批顺序输送。根据油品顺序输送的要求，不同的油品之间可以用隔离器或隔离液隔离的方法输送；也可以用相邻的不同油品直接接触的方法输送。这两种方法都会产生混油现象。

输送顺序排列的总原则是相邻的油品，其基本物理性质和化学性质要相近，以减少混油量。首先，相邻油品的重度和黏度值应逐渐变化，其次，一种油品中混入另一种油品后，不应发生有害的变质，尤其是对油品质量敏感的指标，如含铅量、闪点等。在油品输送顺序排列不符合这些原则时，可在两种油品间输入小批量的隔离油品，以起到"缓冲"作用。法国成品油管道中成品油、原油输送顺序如图6-7所示。

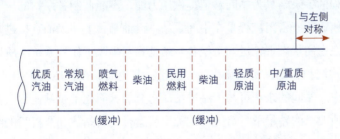

图6-7　法国成品油管道中成品油、原油输送顺序

多种油品采用顺序输送与采用多条单一油品管道输送相比，具有明显的经济效益。且产生的混油可以采取技术措施予以处理。因此，油品顺序输送成为成品油长距离管道输送的主要方式。

（2）易凝高黏油品输送。易凝油品是指凝固点高于管道所处环境温度的高含蜡量的原油和重油，高黏油品是指在温度为50 ℃的条件下其黏度值很高的油品。迄今为止，中国已建的原油输送管道所输送的大多是易凝高黏原油。易凝高黏油品通常采取降黏和减阻等方法输送。目前用于工业生产的主要有下列方法：① 加热。将油品加热以提高蜡和胶质在油中的溶解度，降低输送时的黏度。② 高速流动。利用油品在管道中高速流动时产生的摩擦热，使油品保持在一定的温度范围内输送。③ 稀释。将易凝高黏油品与低凝原油、凝析油或轻馏分油混合输送，以减少输送时的摩阻，并降低油品的凝固点。④ 改变蜡在油品中的结构形态。常用热处理方法是将油品加热到某一温度后，按一定的条件和速度冷却，使蜡在重新结晶时形成强度较低的网络结构，从而降低凝固点，改善流动性。⑤ 用水分散易凝高黏油品或改变管壁附近的液流形态。

2. 输送流程

管道沿线上下两泵站之间的连接方式，有开式流程和密闭流程两种输送流程，如图6-8所示。

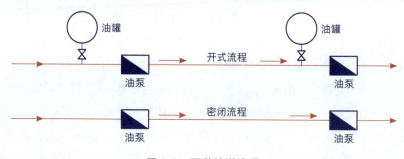

图6-8　两种输送流程

（1）开式流程。上站来油通过中间泵站的常压油罐输往下站的输送流程。目前采用的开式流程是上站来油直接进入油泵的进口汇管，与汇管旁接的常压油罐仅用于缓冲上、下游泵站输量的不均衡，根据旁接罐油面的升降来调节输量，不作计量用。开式流程的各泵站只为站间管道提供压力能，不能调制各泵站的压力。

（2）密闭流程。密闭流程是在中间泵站不设油罐，上站来油直接进泵，沿管道全线的油品在密闭状态下输送。全线各泵站是相互串联工作的系统，所以各站输量相等。同开式流程相比，密闭流程的优点是：避免油品在常压油罐中的蒸发损耗，减少能量损失。站间的余压可与下站进站压力叠加，简化了泵站流程，便于全线集中监控。在所要求的输量下，可统一调配全线运行的泵站数和泵机组的组合，以最经济的方式实现输油目的。但是在密闭流程运行时，任何一个泵站或站间管道工作状况的变化，都会使其他泵站和管段的输量和压力发生变化，这就要求管道、泵机组、阀件、通信和监控系统有更高的可靠性。

3. 泵站布置

油品在输油首站加压进入管道后，在流动中要克服摩擦阻力，能量不断减少，长距离输送油品，必须建立中间加压泵站。每个泵站供给油品的最大压力能，受泵的管材性能和强度的限制。输送距离越长，所需的中间泵站越多。

4. 管道事故防护

输油管道上某个泵站突然停电或因事故停泵、阀门误关，使上站来油在进站处突然受阻、油流的动能转化为压力能，会导致进站处的压力骤然升高，这种因流速迅速变化而引起压力变化的现象称为水击。水击产生的压力可能超过管道和设备的强度极限而造成的破坏，在密闭输送时须有防止水击破坏的措施。进站处须设立超压保护装置。常用的自动泄压阀，在压力上升到控制值时自动开启，将部分油流泻放入事故放空罐，避免压力继续上升。中间泵站上设自动越站流程，当进站压力上升，出站压力下降到前者超过后者时，越站单向阀自动开启，使油流越站输送，可起到一定的保护作用。

（二）管道输气工艺

管道输气工艺指实现天然气管道输送的技术和方法。主要是根据气源条件及天然气组分，确定输气方式、输气流程和运行方案，确定管材、管径、设备、沿线设站的类型及站距等。现代天然气管道输送普遍采用压气机提供压力能，对所输送的天然气的质量有严格的要求。

1. 输气流程

来自气井的天然气先在集气站进行加热、降压、分离，计量后进入天然气处理厂，脱除水、硫化氢、二氧化碳，然后进入压气站，除尘、增压、冷却，再输入输气管道。在沿线输送过程中，压力逐渐下降，经中间压气站增压，输至终点调压计量站和储气库，再输往配气管网。气田井口压力降低时，则需建矿场压气站增压。输气管道系统流程如图6-9所示。

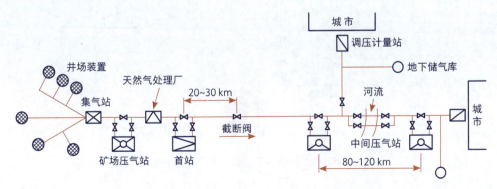

图6-9 输气管道系统流程

2. 输气管道计算

输气管道计算是指输气管道的管径、壁厚、起点压力、压缩比（压气机出口与进口压力之比）和压气站间距等参数的计算。参数间的相互关系反映在输气量计算式上。对于大管径、高压输气管道输气量的计算和中小管道、矿场集气管道输气量的计算应分别采用不同的公式计算。

3. 压气站设置

为提高天然气压力或补充天然气沿管道输送所消耗的压力，需要设置压气站。是否需要建设起点压气站，取决于气田压力。当气田压力能满足输气的需要时，可暂不建站。长距离输气管道必须在沿线建设若干个中间压气站，其数目主要由输送距离和压缩比决定。站距主要由输气量决定，每个压气站都要消耗一部分天然气作燃料，因此输气量逐站减少，从而使各站距也有所不同。在确定站距时，应根据通过该站的实际输气量和进出口压力值，按照输气量公式计算，还应综合考虑压气站址的地理、水源、电力、交通等条件。

4. 末端储气

利用输气管道末端的工作特点作为临时储气手段。末端长度对管道管径及压气站站数的确定有影响，因此也是输气工艺应考虑的问题。输气管道末端与中间各段的工作条件的差别是：中间各段的起终点流量基本相同，而末端的起终点天然气流量和压力则随终点外输量的变化而变化。气体外输量少时，多余的天然气就积存在末端；外输量大于输气管前段的输气量时，若有不足就由积存在末端中的天然气来补充。

（三）固体料浆管道的输送工艺

固体料浆管道的输送工艺包括三个步骤，如图6-10所示（以煤浆管道为例）。

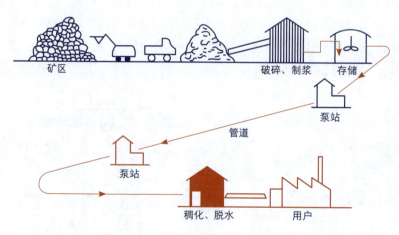

图6-10　固体煤浆管道的输送工艺流程

1. 破碎、制浆

将待输送的固体破碎到所需粒度范围，并经筛选，组成适当的颗粒级配，再掺水制成浓度适宜的浆液。煤浆液的质量百分数一般为50%左右，铁矿浆液的质量百分数约为66%。

2. 管道输送

根据年输送量选择适宜的管径，确定临界流速，以高于临界流速的速度输送配制好的浆液。浆液是固液两相的混合物，流态多变。在相同的流速下，当为均质流态时，管道断面上的颗粒均匀悬浮，不会出现固体颗粒沉淀；当为半均质流态时，细颗粒均匀分布在管道断面的上部，大颗粒则分布在下部，因而下部浓度大，上部浓度小，但也不至于出现固体颗粒沉淀；当为非均质流态时，管道全断面上的浓度分布很不均匀，则会出现固体颗粒沉淀，在管道底部形成沉淀层。出现沉淀时的流速为浆液临界流速。只有采用临界流速以上的速度输送浆液，才能使浆液稳定流动，不致形成沉淀层。

3. 固液分离

对由管道输送至末站的浆液进行脱水，分离出固体，然后提供给用户。在浆液输送过程中，靠增压设备为浆液提供输送动力。

第三节
管道运输管理

一、管道运输生产管理

管道运输生产管理是指管道运行过程中利用技术手段对管道运输实行统一的指挥和调度，以保证管道在最优化状态下长期安全平稳地运行，从而获得最佳经济效益的过程。管道运输生产管理包括管道输送计划管理、管道输送技术管理、管道输送设备管理和管道线路管理。前两者合称"管道运行管理"。

（一）管道输送计划管理

根据管道所承担的运输任务和管道设备状况编制合理的运行计划，以便有计划地进行生产。管道输送计划管理首先是编制管道输送的年度计划，根据年度计划安排管道输送的月计划、批次计划、周期计划等。然后根据这些计划安排管道全线的运行计划，编制管道站、管道库的输入计划和输出计划，以及分输和配气计划。另外，根据输送任务和管道设备状况，编制设备维护检修计划和辅助系统作业计划。

（二）管道输送技术管理

根据管道输送的货物特性，确定输送方式、工艺流程和管道运行的基本参数等，以实现管道生产最优化。管道输送技术管理的内容包括随时检测管道运行状况参数，分析输送条件的变化，采取各种适当的控制措施和调节措施调整运行参数，以充分发挥输送设备的效能，尽可能地减少能耗。对输送过程中出现的技术问题，要随时予以解决或提出来研究。管道输送技术管理和管道输送计划管理都是通过管道的日常调度工作来实现的。

（三）管道输送设备管理

对管道站、管道库的设备进行维护和修理，以保证管道的正常运行。管道输送设备管理的内容主要包括：对设备状况进行分级、登记；记录各种设备的运行状况；制订设备日常维修和大修计划；改造和更新陈旧、低效能的设备；保养在线设备。

（四）管道线路管理

对管道线路进行管理，以防止线路受到自然灾害或其他因素的破坏。管道线路管理内容主要包括：日常的巡线检查；线路构筑物和穿越、跨越工程设施的维修；管道防腐层的渗漏检查和维修；管道的渗漏检查和维修；清管作业和管道沿线的放气、排液作业；管道线路设备的改造和更换；管道线路的抗震管理；管道紧急抢修工程的组织等。

二、管道运输安全管理

安全生产管理是企业管理的重要组成部分，是企业生存的根本。安全生产管理是保证生产线正常运行，防止发生伤亡事故，确保安全生产而采取的各种对策、方针和行动的总称。它要管理好人、物和环境。安全生产管理同样存在计划、实施、检查、处理循环。

（一）输油管道事故

输油管道由输油站和管线两大部分组成，两者有不同的安全特点。输油站内有机泵、阀门、管汇、加热炉、油罐、通信及电力系统等。而管道则有埋设在地下、隐蔽性、单一性和野外性等特点。输油管道的易发事故，根据其不同的特点，可将其分成六类。

1. 管道强度不足造成损坏

这类事故多数是因焊缝材料或管道材料的缺陷而引起的管道破裂。另外，管道的施工温度与输油温度之间存在一定的温差，造成管壁拉伸变薄，也会形成破裂。

2. 管道腐蚀穿孔

一般管道都有防腐绝缘层，使管材得到保护，不会造成腐蚀破坏。但是，由于土壤中含有的水、盐、碱及地下杂散电流等会造成管道腐蚀，严重的会造成管道穿孔。

3. 凝管事故

长输热油管道发生凝管事故，不仅造成管线停输，影响油田、炼油厂、装油码头的正常生产，而且消耗大量的人力、物力解堵，其经济损失是相当大的。造成长输热油管道凝管事故的原因主要有以下方面：

（1）管道投产初期，油源不足，又无反输能力，造成凝管。

（2）管道输量不足，采用正反输交替运行时，未能及时跟踪监测运行参数的变化，没有采取相应措施而导致凝管。

（3）油源不足而采用降量输送时，因输油温度低造成凝管。

（4）停输时间过长造成凝管。

（5）长期没清管的管道，清管过程中造成凝管。

4. 设备事故

输油站内的泵机组、阀门、加热炉、油罐、锅炉等设备都存在发生事故的可能性。

5. 自然灾害

地震、洪水、地层滑坡、泥石流、雷击等自然灾害都可能破坏管道，造成泄漏污染事故，也可能击毁油罐或其他设备，造成损失。

6. 违规事故

这是指因违反操作规程而造成的跑油、憋压、冒罐等事故。

（二）输油管道的维修和抢修

当输油管道发生穿孔、破裂、蜡堵、凝管或其他设备事故时，均可能伴随出现跑油或发生火灾事故，其后果是很惨重的。所以，一旦发生事故，必须组织力量进行抢修，而日常的维护保养更是不可缺少的。如果是管道穿孔、破裂跑油，应选择适当的位置开挖储油池，防止原油泄漏，污染农田、河流、湖泊等。对于长输管道的事故，应根据具体情况采取不同的措施和方法进行处理。

1. 管道穿孔的抢修

管道穿孔常见的有腐蚀穿孔、砂眼孔、缝隙孔和裂缝等。其特点是漏油量较小，初始阶段对输油生产影响较小，也不易被发现，但随着时间的延续，会逐步扩大，以致影响输油生产。这类事故在初始阶段处理较为简单，所以应抓紧时机，及时排除故障。

2. 管道破裂的抢修

管道由于强度不够、韧性不好或焊缝有夹渣、裂纹等缺陷或管道受到意外载荷发生破裂，则会形成原油大量外泄。这种事故的抢修根据破裂的具体情况，可采取如下措施：

（1）裂缝较小时，使用带有引流口的引流封堵器。

（2）对于较大裂缝，可用"多顶丝"封堵器进行封堵。

（3）当管道破裂、不能补焊时，需要更换管段，或因输油生产需要更换阀门时，可使用DN型管道封堵器进行封堵。

3. 凝管事故的抢修

凝管事故是石油长输管道最严重的恶性事故，可根据具体情况采取以下两种抢修措施：

（1）在发现凝管的苗头时，或处于初凝阶段时，可以采用升温加压的方法进行顶挤。

（2）当管道经开孔后，管内输量仍继续下降，此时管道已进入凝管阶段时，应采取沿线开孔、分段顶挤的方法。此外，还可采用一种电热解堵方法。

（三）站库安全技术

工作中的粗心大意或违反操作规程，极易造成火灾、爆炸或中毒事故。因此，在油品的收、发、储、运过程中必须加强安全工作，严格遵守操作规程和有关规章制度，最大限度地排除可能引起火灾、爆炸和中毒事故的一切因素，保证平稳安全输油。

1. 防火防爆

爆炸、失火是对油库安全最严重的威胁。一旦发生爆炸、失火，就会造成生命财产的巨大损失。因此，必须高度重视和切实做好油库的防火防爆工作。油库发生爆炸和火灾事故的主观原因有：油库工作人员思想麻痹大意、制度不严、管理不善、违章作业等。客观原因有：由于电气设备短路、触头分离、泵壳接地等原因引起弧光或火花，金属撞击引起火花，雷电或静电，可燃物自燃，油库周围的意外明火等。

油品蒸气在空气中会引起爆炸的最小浓度，称为爆炸下限，最大浓度称为爆炸上限。上限和下限之间称为爆炸区间，油品的爆炸区间越大，发生爆炸的危险性越大。当油品蒸气浓度在爆炸区间时，遇到火源则会引起爆炸。

防火防爆的措施有：避免火源与油品蒸气接触；在站库内有工业用火作业时，严格执行工业用火审批制度；进行明火作业前，应提出用火施工方案和安全措施，处理好可燃物并经批准后方可用火。

针对燃烧三要素和构成燃烧的其他条件，在站库消防中常采用冷却法（目的在于吸收可燃物氧化过程中放出的热量）、窒息法（取消助燃物——氧，使燃烧物在与新鲜空气隔绝的情况下自行熄灭）和隔离法（将火源与可燃物隔离，防止燃烧蔓延）进行灭火。

2. 防雷

雷电的危害可分为直接雷电危害和间接雷电危害两大类。避雷针是一种最常用的防雷电保护装置，由受雷器、引下线和接地装置三部分组成。

3. 防静电

在长输管道中，静电的主要危害是静电放电会引起火灾和爆炸。防静电的安全措施以消除静电引起爆炸火灾的条件为目标，主要采取防止静电产生及静电积聚的措施，消除火花放电，防止存在爆炸性气体。

4. 防毒

油品及其蒸气具有毒性，特别是含硫油品及加铅汽油毒性更大。油品蒸气可经口、鼻进入呼吸系统，使人产生急性中毒或慢性中毒。轻质油品的毒性虽然比重质油品的毒性小些，但其挥发性强，在空气中的浓度相应也要大，因此，危害性更大。为保证站库工作人员的身体健康，必须严格控制工作场地空气中有毒气体含量，使其不超过最大允许浓度；保证设备的严密性，加强通风，尽量减少工作场地中油蒸气的浓度。

习题与训练

一、名词解释

输油管道　输气管道　储存库　控制中心　集输管道

二、单项选择题

1. 在一条管道中按一定顺序连续输送多种油品的管道工艺是指（　　　）。

    A. 易凝高黏油品输送工艺　　　　B. 油品顺序输送工艺

    C. 管理输送工艺　　　　　　　　D. 固液分离工艺

2. 管道按所输送的物品不同而分类，但不包括（　　　）。

    A. 液体管道　　　　　　　　　　B. 输油管道

    C. 天然气管道　　　　　　　　　D. 固体料浆管道

3. 管道运输的不足之处是（　　　）。

    A. 运输物品受限制　　　　　　　B. 运输费用较高

    C. 运输管道造价太高　　　　　　D. 运输时间长

4. 站库安全技术不包括（　　　）。

    A. 防火防爆　　　　　　　　　　B. 防雷

    C. 防水　　　　　　　　　　　　D. 防静电

5. （　　　）不属于管道清洗的方法。

    A. 物理清洗　　　　　　　　　　B. 化学清洗

    C. 物理和化学结合清洗　　　　　D. 机械清洗

三、多项选择题

1. 管道运输的优点是（　　　　）。
   A. 运输过程中可避免散失、灭失等损失
   B. 不存在运输过程消耗动力所形成的无效运输问题
   C. 适合大批量连续不断运输
   D. 投资大

2. 管道运输设施的组成包括（　　　　）。
   A. 线路设施　　　　　　　　B. 运输设施
   C. 管道站、库设施　　　　　D. 附属设施

3. 管道的线路设施是管道的主体，主要有（　　　　）。
   A. 石油管道　　　　　　　　B. 天然气管道
   C. 自来水管道　　　　　　　D. 泥浆管道

4. 按所输送的物品分类，运输管道包括（　　　　）。
   A. 输油管道　　　　　　　　B. 输气管道
   C. 固体浆料管道　　　　　　D. 集输管道

5. 固定料浆的输送工艺包括（　　　　）。
   A. 制浆　　　　　　　　　　B. 管道输送
   C. 固液分离　　　　　　　　D. 加压

四、简答题

1. 简述管道运输的优缺点。
2. 简述管道运输的分类。
3. 管道运输系统的基本设施包括哪些？
4. 分析管道运输系统的工艺。
5. 简述输油管道运输的主要事故。

案例讨论

　　美国BJS管道公司提议在美国的西部修建一条地下管道运输原油，这样就不再需要300艘原油油轮，而是用155英里的管道将石油运送到4个精炼厂，漏油风险也将减少很多。从经济角度看，这个方案可以创造很多的工作机会，提供上百万美元的税收，为美国经济注入大量资金。但是这个方案在进行公民意见调查时，遭到了大多数公民的反对，没有得到预期的支持，主要原因是居民担心管道漏油污染环境。经过该公司的努力，以及管道在原油运输中显而易见的优越性，这个方案最终获得了所需的支持。

案例研讨：

1. 你怎样看待管道运输与环境的关系？

2. 谈谈我国在环境保护与运输协调发展方面应如何完善相关法规？

本章综合实训

一、实训名称

关于某管道运输企业主要设备及安全管理的调查分析。

二、实训目标

1. 通过实际调查使学生感性接触管道运输的相关设施，并了解安全管理的重要性。

2. 培养学生调查收集整理相关信息的能力，并对调研企业安全管理措施做出分析。

三、实训内容

1. 管道运输的分类。

2. 管道运输系统的基本设施。

3. 管道运输系统的组成。

4. 管道运输生产与安全管理。

四、实训步骤

1. 以小组为单位到企业（油库、天然气供应公司）进行调查，注意做好调查记录。

2. 重点了解企业的安全管理制度。

3. 了解企业对突发事故的处理措施。

五、评价标准

1. 熟悉管道运输的分类。

2. 了解管道运输系统的基本设施。

3. 了解管道运输系统的组成。

4. 掌握管道运输生产与安全管理的内容。

六、成果形式

1. 以小组为单位写出调查分析报告。

2. 组织召开一次交流讨论会。

3. 根据分析报告和个人在交流中的表现，进行成绩评估。

07

Chapter

第七章

多式联运

知识目标
- 了解多式联运的概念和特点
- 熟悉多式联运经营人及其法律地位
- 掌握多式联运的组织与运作
- 掌握多式联运的责任划分

技能目标
- 具备处理多式联运常规工作的基本业务能力
- 能够正确填制多式联运单据

素养目标
- 了解我国多式联运示范工程的建设，提升学生建设强大祖国的责任意识
- 秉持"遵循程序、规范业务、诚信办事"原则，能够有效处理多式联运业务

● **思维导图**

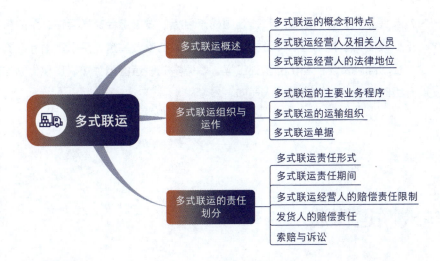

多式联运 ── 多式联运概述 ── 多式联运的概念和特点
　　　　　　　　　　　　　多式联运经营人及相关人员
　　　　　　　　　　　　　多式联运经营人的法律地位

　　　　 ── 多式联运组织与运作 ── 多式联运的主要业务程序
　　　　　　　　　　　　　多式联运的运输组织
　　　　　　　　　　　　　多式联运单据

　　　　 ── 多式联运的责任划分 ── 多式联运责任形式
　　　　　　　　　　　　　多式联运责任期间
　　　　　　　　　　　　　多式联运经营人的赔偿责任限制
　　　　　　　　　　　　　发货人的赔偿责任
　　　　　　　　　　　　　索赔与诉讼

引例
多方共同推动多式联运发展

2017年1月，交通运输部等18部门联合印发了《关于进一步鼓励开展多式联运工作的通知》，明确了5个方面18条举措，提出了我国多式联运发展的目标，指明了多式联运发展的行动路线。这是我国第一个多式联运的纲领性文件，标志着我国多式联运发展上升为国家战略，在我国多式联运发展史上具有里程碑意义。

2017年，多式联运在我国的发展热度空前。传统的铁水联运通道不断增量，新型铁水联运不断出现，中欧班列进入爆发式增长，中蒙俄通道、中国至东盟的通道、中国至南亚的通道逐步形成，长江黄金水道联通中欧班列、联通铁水联运通道的新市场、新模式逐步形成。"一带一路"倡议、京津冀协同发展、长江经济带等国家战略的实施，驱动新市场，跨区域产业合作不断深入，东、中、西部协同联动更加紧密，对外交流和贸易往来更加频繁，为中欧班列、国际海铁联运等多式联运业务提供了新机遇，同时为构建全方位、多渠道的国际多式联运服务网络，服务全球供应链合作提出新要求。

企业积极参与多式联运，看好多式联运的前景。铁路总公司把发展集装箱多式联运作为重点方向；沿海和内河港口企业主动开拓多式联运业务，不断增强港口多式联运服务的功能；无车承运人、无船承运人、大型货代企业积极进入多式联运服务领域；传统货运物流企业加快了向多式联运经营人转型的步伐，拓展了多式联运业务；龙头骨干企业或多式联运示范工程企业继续在产业实践中发挥引领作用。

第一节
多式联运概述

随着国际贸易的不断发展和国内产品的快速流通，货主对运输服务的要求也越来越高，不再满足于单一运输方式提供的不连贯运输。在这样的需求背景下，国际多式联运（简称"多式联运"）便迅速发展起来。多式联运是将多种运输工具有机地联结在一起，最合理、最有效地实现货物位移的一种运输方式。因此，多式联运是一种高级的运输组织形式。

一、多式联运的概念和特点

（一）多式联运的概念

《中华人民共和国海商法》（简称《海商法》）第一百零二条规定：本法所称多式联运合同，是指多式联运经营人以两种以上的不同运输方式，其中一种是海上运输方式，负责将货物从接收地运至目的地交付收货人，并收取全程运费的合同。前款所称多式联运经营人，是指本人或者委托他人以本人名义与托运人订立多式联运合同的人。

《联合国国际货物多式联运公约》对国际多式联运所下的定义是：国际多式联运是指按照多式联运合同，以至少两种不同的运输方式，由多式联运经营人将货物从一国境内接管货物的地点运到另一国境内指定交付货物的地点。

根据欧洲交通部长会议上的定义，多式联运具有广义和狭义之分。狭义的多式联运指使用连续的运输方式进行且在运输方式转换时不对货物本身进行单独处理的货物移动（使用同一装载单位或工具）。广义的多式联运指使用至少两种不同的运输方式进行的货物移动。

一般来讲，构成多式联运应具备下面几个主要条件：

（1）多式联运经营人与托运人之间必须签订多式联运合同，以明确承运人和托运人双方的权利、义务和豁免关系。多式联运合同是确定多式联运性质的根本依据，也是区别多式联运与一般联运的主要依据。

（2）必须使用全程多式联运单据。该单据既是物权凭证，又是有价证券。

（3）必须是全程单一运价。运价一次收取，包括运输成本（各段运杂费的总和）、经营管理费和合理利润。

（4）必须由一个多式联运经营人对全程运输负总责。该经营人是与托运人签订多式联运合同的当事人，也是签发多式联运单据或多式联运提单的人，承担自接受货物起至交付货物止的全程运输责任。

（5）必须是两种或两种以上不同运输方式的连贯运输。如为海/海、铁/铁、空/空联运，虽是两程运输，但仍不属于多式联运，这是一般联运与多式联运的一个重要区别。同时，在单一运输方式下的短途汽车接送也不属于多式联运。

（6）必须是跨越国境的国际间货物运输。这是区别国内运输与国际运输的限制性条件。

（二）多式联运的特点

多式联运是综合性的运输组织工作，不仅要考虑各种运输方式的特点和优势，合理地选择各区段的运输方式，而且还要考虑各种运输方式组成的运输线路的整体功能和各种运输方式优势的充分发挥。只有综合利用各种运输方式的技术和经济特性，扬长避短，相互补充，才能提供优质、方便、高效、快捷的运输服务，实现以最小的社会劳动消耗、最好的服务质量、最合理的运输组织，来满足社会对运输的需要。多式联运的基本特点如下：

1. 全程性

多式联运是由联运经营人完成和组织的全程运输，无论运输中包含几个运输段，包含几种运输方式，有多少个中转环节，多式联运经营人均要对运输的全程负责，完成或组织完成全程运输中所有的运输及相关的服务业务。

2. 简单性

多式联运实行一次托运、一份合同、一张单证、一次保险、一次结算费用、一票到底，比传统分段运输手续简便，大大方便了货主，还可以提前结汇，缩短货主资金占用时间，提高社会效益和经济效益。

3. 通用性

多式联运涉及两种以上运输方式的运输和衔接配合，与按单一运输方式的货运法规来办理业务不同，多式联运所使用的运输单证、商务规定、货运合同、协议、法律、规章等必须要适用于两种以上的运输方式。

4. 多式联运经营人具有双重身份

多式联运经营人在完成或组织全程运输过程中，首先要以本人身份与托运人订立多式联运合同，在该合同中它是承运人。然后又要与各区段不同运输方式的承运人分别订立各区段的分运合同，在这些合同中，多式联运经营人是以托运人和收货人的身份出现的，这种做法使多式联运经营人具有双重身份。就其业务内容和性质来看，多式联运经营人的运输组织业务主要是各区段运输的衔接组织，是服务性工作，这又与传统的货运代理人业务较为相似。

（三）多式联运的优越性

微课：
多式联运的
优越性

多式联运是货物运输的一种较高组织形式，它集中了各种运输方式的优点，组成连贯运输，实现简化货运环节、加速货运周转、减少货损货差、降低运输成本、实现合理运输的目的。它比传统单一运输方式具有无可比拟的优越性，主要表现在以下几方面：

1. 责任统一，手续简便

在多式联运方式下，不论全程运输距离多么遥远，需要使用多少种不同的运输工具，途中要经过多少次转换，一切运输事宜统一由多式联运经营人负责办理，而货主只要办理一次托运、订立一份运输合同、一次保险。一旦在运输过程中发生货物损害，多式联运经营人需要对全程负责。货方只需要与多式联运经营人打交道即可。与单一运输方式的分段托运相比，多式联运不仅手续简便，而且责任更加明确。

2. 减少中间环节，缩短货运时间，降低货损货差，提高货运质量

多式联运通常以集装箱为运输单元，实现"门到门"运输。货物从发货人仓库装箱验关铅封后直接运至收货人仓库交货，中途无须拆箱倒载，减少了很多中间环节。即使经过多次换装，也都是使用机械装卸，丝毫不触及箱内货物，货损货差和偷窃丢失事故就大为减少，从而较好地保证了货物安全和货运质量。此外，由于是连贯运输，各个运输环节和各种运输工具之间配合密切，衔接紧凑。货物所到之处中转迅速及时，减少了在途中的停留时间，能较好地保证货物安全、迅速、准确、及时运抵目的地。

3. 降低运输成本，节省运输费用

多式联运是实现"门到门"运输的有效方法。对货方来说，货物装箱或装上第一程运输工具后就可取得联运单据进行结汇，结汇时间提早，有利于加速货物资金周转，减少利息支出。如采用集装箱运输，还可以节省货物包装费用和保险费用。此外，多式联运全程使用的是一份联运单据和单一运费，这大大简化了制单和结算手续，节省了大量人力物力，尤其是便于货方事先核算运输成本，选择合理运输路线，为开展贸易提供了有利条件。

4. 扩大运输经营人业务范围，提高运输组织水平，实现合理运输

在开展多式联运以前，各种运输方式的经营人都是自成体系，各自为政的，只能经营自己运输工具能够涉及的运输业务，因而其经营业务的范围和货运量受到很大限制。一旦发展成为多式联运经营人或作为多式联运的参与者，其经营的业务范围可以大大扩展，各种运输方式的优势得到充分发挥，其他与运输有关的行业及机

构，如仓储、代理、保险等均可通过参加多式联运扩大业务。

5. 其他作用

从政府的角度来看，发展多式联运有利于加强政府部门对整个货物运输链的监督与管理，保证本国在整个货物运输过程中获得较大的运费收入配比例，有助于引进先进的运输技术，减少外汇支出，改善本国基础设施的利用状况，通过国家的宏观调控与指导职能保证利用对环境破坏最小的运输方式以达到保护本国生态环境的目的。

知识链接
多式联运的组合形式

1. 海陆联运

海陆联运是多式联运的主要组织形式，也是远东、欧洲多式联运的主要组织形式之一。目前组织和经营远东、欧洲海陆联运业务的主要有班轮公会的三联集团、北荷、冠航和丹麦的马士基等国际航运公司，以及非班轮公会的中国远洋运输公司、中国台湾长荣航运公司和德国那亚航运公司等。这种组织形式以航运公司为主体，签发联运提单，与航线两端的内陆运输部门开展联运业务，与大陆桥运输展开竞争。

2. 陆桥运输

在多式联运中，陆桥运输起着非常重要的作用。它是远东、欧洲多式联运的主要形式。所谓陆桥运输是指采用集装箱专用列车或卡车，把横贯大陆的铁路或公路作为中间"桥梁"，使大陆两端的集装箱海运航线与专用列车或卡车连接起来的一种连贯运输方式。严格地讲，陆桥运输也是一种海陆联运形式。只是因为其在多式联运中的独特地位，故在此将其单独作为一种运输组织形式。

3. 海空联运

海空联运又被称为空桥运输。在运输组织方式上，空桥运输与陆桥运输有所不同：陆桥运输在整个货运过程中使用的是同一个集装箱，不用换装，而空桥运输的货物通常要在航空港换入航空集装箱。不过，两者的目标是一致的，即以低费率提供快捷、可靠的运输服务。海空联运方式运输时间比全程海运少，运输费用比全程空运低。

二、多式联运经营人及相关人员

（一）多式联运经营人

1980年的《联合国国际货物多式联运公约》（简称"1980年公约"）和1992年生效的贸发会议/国际商会多式联运单证规则（简称"1992年规则"）采用"multi-modal transport operator"（MTO）作为多式联运经营人的名称。1980年公约规定：多式联运经营人是指其本人或通过其代表订立多式联运合同的任何人，他是事主，而不是发货人的代理人或代表或参加多式联运的承运人的代表人或代表，并且负有履行合同的责任。1992年规则规定：多式联运经营人是指签订一项多式运输合同，并以承运人身份承担完成此项合同责任的任何人。我国《海商法》规定：多式联运经营人，是指本人或者委托他人以本人名义与托运人订立多式联运合同的人。通常根据多式联运经营人是否参加海上运输，把多式联运经营人分为：

（1）以船舶运输经营为主的多式联运经营人，或称有船多式联运经营人。他们通常承担海运区段的运输，而通过与有关承运人订立分合同来安排公路、铁路、航空等其他方式的货物运输。

（2）无船多式联运经营人。无船多式联运经营人可以是除海上承运人以外的运输经营人，也可以是没有任何运输工具的货运代理人、报关经纪人或装卸公司。

无论是有船多式联运经营人还是无船多式联运经营人，其法律地位并无差异。多式联运经营人、无船承运人和传统货运代理的异同比较见表7-1。

表7-1　多式联运经营人、无船承运人和传统货运代理的异同比较

比较项目		多式联运经营人	无船承运人	传统货运代理
相同之处		它们均属于运输中间商，其主要业务是为供需双方提供运输服务或代理服务，以求赚取运费或代理费		
不同之处	涉及运输方式	至少两种运输方式	海运	海运、陆运、空运
	法律地位	对货主而言是承运人，对各区段承运人而言是货主	对货主而言是承运人，对船公司而言是货主	代理人
	资金占用	很大	较大	很少
	是否拥有船舶	必要时可以拥有	禁止拥有	禁止拥有
	是否拥有陆运与空运工具	必要时可以拥有	必要时可以拥有	禁止拥有
	是否有自己的提单	有	有	无
	是否有自己的运价表	有	有	无
	收入性质	运费（差价）	运费（差价）	代理费或佣金

（二）区段承运人

我国《海商法》和《民法典》没有对区段承运人作明确定义，从它们的有关规定来看，区段承运人是指与多式联运经营人签订合同，履行多式联运某一区段运输的人，他与托运人并无直接的合同关系，他参与多式联运合同的履行。

（三）履行辅助人

多式联运规则和公约均提及的代理人、受雇人、经营人和为履行多式运输合同提供服务的任何其他人都属于履行辅助人。履行辅助人包括：多式联运经营人的受雇人、代理人和独立的订约人（包括区段承运人、港站经营人、货运代理人等）。

三、多式联运经营人的法律地位

多式联运是由单一运输组合而成的独立运输方式，它比单一运输更加复杂。在多式联运中，至少产生如下几种法律关系：多式联运经营人与货方（包括发货人、收货人）的法律关系；多式联运经营人与海上运输承运人、公路运输承运人、铁路运输承运人或航空运输承运人等区段承运人的法律关系；多式联运经营人与其他履行辅助人（如装卸公司等第三方）的法律关系。在众多复杂的关系中，认清多式联运经营人的法律地位，具有非常重要的意义。多式联运经营人的法律特点如下：

（一）多式联运经营人是多式联运合同的主体

多式联运经营人一般不包揽全部运输，而是仅履行其中的一部分运输，有的多式联运经营人甚至不参与实际运输，仅负责组织运输。因此，多式联运经营人一方面要与托运人订立多式运输合同，负责全程运输，收取全程运费；另一方面要与各区段承运人订立各区段运输合同，组织运输，向各区段承运人支付运费。但是，必须明确，与托运人或发货人订立多式联运合同的只有多式联运经营人，托运人与区段承运人并不存在任何合同关系，而唯有多式联运经营人才是多式联运合同法律关系的相对人。因此，多式联运经营人的本质特征在于其是多式联运合同中与托运人相对的合同主体。

（二）多式联运经营人负责完成或组织完成多式联运合同

《民法典》第八百三十八条规定，多式联运经营人负责履行或者组织履行多式联运合同，对全程运输享有承运人的权利，承担承运人的义务。虽然《海商法》和《民法典》对多式联运的定义不同，但两者关于多式联运经营人的职能规定是一致的：多式联运经营人有负责完成多式联运合同或组织完成多式联运合同的职能。

（三）多式联运经营人负有履行多式联运合同的义务

一般而言，多式联运经营人的合同义务包括两个方面：第一，合理谨慎选择和监督区段承运人；第二，管理运输期间的货物。多式联运经营人对多式联运货物的责任期间，自接收货物时起至交付货物时止。在此期间，多式联运经营人的义务主要体现在：了解所接管的货物性质并对货物予以必要的照管，依据托运人的指示履行合同的义务。

（四）多式联运经营人对责任期间所发生的货物灭失、损害或迟延交付承担责任

多式联运经营人的本质特征在于其是多式联运合同的主体，他应对在整个多式联运过程中，在任何地方发生的损失、损害或迟延交付负责。多式联运的特点使得在发生货物灭失、损害或迟延交付的情况下，货方只能起诉多式联运经营人要求赔偿，或者起诉其他直接责任方要求承担侵权责任。在司法实践中，也有货方起诉区段承运人要求他们承担连带责任，但这在法律上是没有依据的。因为托运人和区段承运人之间不存在合同关系，法律也没有赋予多式联运方式下的货方对区段承运人像海运的货方对实际承运人那样直接起诉的法定权利。

从上述对多式联运经营人法律特征的论述可对其法律地位得出如下结论：多式联运经营人是与托运人或发货人订立多式运输合同，且对多式运输全程承担责任的自成一类的货物多式运输合同主体。

第二节
多式联运组织与运作

多式联运是由专业人员组织的全程运输，他们对交通运输网、各类承运人、代理人、相关行业和机构都有较深的了解和较为紧密的联系。能够选择最优运输路线，使用合理的运输方式，选择合适的承运人，实现最佳的运输衔接与配合，从而大大提高了运输组织水平，充分发挥现有设施和设备的作用，实现合理运输。

一、多式联运的主要业务程序

多式联运的业务程序如下。

（一）接受托运申请，订立多式联运合同

多式联运经营人根据货主提出的托运申请和运输路线等情况，判断是否接受该托运申请。如果能够接受，则双方议定有关事项后，在交给发货人或其代理人的场站收据副本上签章，证明接受托运申请，多式联运合同已经订立并开始执行。

发货人或其代理人根据双方就货物交接方式、时间、地点、付费方式等达成的协议，填写场站收据，并把其送至多式联运经营人处编号，多式联运经营人编号后留下货物托运联，将其他联交还给发货人或其代理人。

（二）集装箱的发放、提取及运送

多式联运中使用的集装箱一般应由多式联运经营人提供。这些集装箱来源可能有三个：一是经营人自己购置使用的集装箱；二是由公司租用的集装箱，这类集装箱一般在货物起运地点附近提箱而在货物交付地点附近还箱；三是由全程运输中的某一区段承运人提供，这类集装箱一般需要在多式联运经营人为完成合同运输与该分运人订立分运合同后获得使用权。

如果双方协议由发货人自行装箱，则多式联运经营人应签发提箱单或者将租箱公司或区段承运人签发的提箱单交给发货人或其代理人，由他们在规定日期到指定的堆场提箱并自行将空箱托运到货物装箱地点准备装货。如发货人委托亦可由经营人办理从堆场装箱地点的空箱托运。如是拼箱货或整箱货，但发货人无装箱条件不能自装，则由多式联运经营人将所用空箱调运至接受货物集装箱的货运站，做好装箱准备。

（三）出口报关

若联运从港口开始，则在港口报关；若联运从内陆地区开始，则在附近的海关办理报关。出口报关事宜一般由发货人或其代理人办理，也可委托多式联运经营人代为办理。报关时应提供场站收据、装箱单、出口许可证等有关单据和文件。

（四）货物装箱及接收货物

若是发货人自行装箱，发货人或其代理人提取空箱后在自己的工厂和仓库组织装箱，装箱工作一般要在报关后进行，并请海关派员到装箱地点监装和办理加封事宜。如需理货，还应请理货人员现场理货并与之共同制作装箱单。若发货人不具备装箱条件，可委托多式联运经营人或货运站装箱，发货人应将货物以原来的形态运至指定的货运站并由其代为装箱。如是拼箱货物，发货人应负责将货物运至指定的集装箱货运站，由货运站按多式联运经营人的指示装箱。无论装箱工作由谁负责，装箱人均需制作装箱单，并办理海关监装与加封事宜。

对于由货主自装箱的整箱货物，发货人应负责将货物运至双方协议规定的地点，多式联运经营人或其代理人在指定地点接收货物。如是拼箱货，经营人在指定的货运站接收货物。验收货物后，代表联运经营人接收货物的人应在场站收据正本上签章并将其交给发货人或其代理人。

（五）订舱及安排货物运送

经营人在合同订立之后，即应制订货物运输计划，该计划包括货物的运输路线和区段划分，各区段实际承运人的选择确定及各区段衔接地点的到达、起运时间等内容。这里所说的订舱泛指多式联运经营人要按照运输计划安排洽定各区段的运输工具，与选定的各实际承运人订立各区段的分运合同。这些合同的订立由经营人本人或委托的代理人办理，也可请前一区段的实际承运人作为代表向后一区段的实际承运人订舱。

（六）办理保险

在发货人方面，应投保货物运输险。该保险由发货人自行办理，或由发货人承担费用，并由多式联运经营人代为办理。货物运输保险可以全程投保，也可以分段投保。在多式联运经营人方面，应投保货物责任险和集装箱保险，由经营人或其代理人向保险公司办理或以其他形式办理。

（七）签发多式联运提单，组织完成货物的全程运输

多式联运经营人的代表收取货物后，经营人应向发货人签发多式联运提单。在把提单交给发货人前，应注意按双方议定的付费方式及内容、数量向发货人收取全部应付费用。

多式联运经营人有完成或组织完成全程运输的责任和义务。在接收货物后，要组织各区段实际承运人、各派出机构及代表人共同协调工作，完成全程各区段的运输以及各区段之间的衔接工作，运输过程中所涉及的各种服务性工作和运输单据、文件及有关信息等的组织和协调工作。

（八）运输过程中的海关业务

按照惯例，国际多式联运的全程运输均应视为国际货物运输。因此，该环节的工作主要包括货物及集装箱进口国的通关手续，进口国内陆段保税运输手续及结关等内容。如果陆上运输要通过其他国家海关和内陆运输线路时，还应包括这些海关的通关及保税运输手续。

这些涉及海关的手续一般由多式联运经营人的派出机构或代理人办理，也可由各区段的实际承运人作为多式联运经营人的代表办理，由此产生的全部费用应由发货人或收货人负担。

如果货物在目的港交付，则结关应在港口所在地海关进行；如果货物在内陆地交货，则应在口岸办理保税运输手续，海关加封后方可运往内陆目的地，然后在内陆海关办理结关手续。

（九）货物交付

当货物运至目的地后，由目的地代理通知收货人提货。收货人需凭多式联运提单提货，经营人或其代理人需按合同规定，收取收货人应付的全部费用。收回提单后签发提货单，提货人凭提货单到指定堆场和集装箱货运站提取货物。如果整箱提货，则收货人要负责至掏箱地点的运输，并在货物掏出后将集装箱运回指定的堆场，运输合同终止。

（十）货运事故处理

如果在全程运输中发生了货物灭失、损害和运输延误，无论是否能确定发生的区段，发（收）货人均可向多式联运经营人提出索赔。多式联运经营人根据提单条款及双方协议确定责任并做出赔偿。如果已对货物及责任投保，则存在要求保险公司赔偿和向保险公司进一步追索的问题。如果受损人和责任人之间不能取得一致，则需要在诉讼时效内通过提起诉讼和仲裁来解决。

二、多式联运的运输组织

在传统的分段运输情况下，货物从最初的起运地到最终目的地的运输要经过多个环节，由多个承运人采用接力的方式完成。货方通过与各段承运人订立运输合同来实现各段的运输，从全程运输和各区段运输组织来讲，各段承运人仅负责自己承担区段的组织工作，而货方要负责大部分的组织工作，包括运输线路的确定、运输区段划分、中转地点的选择、各区段运输方式的选择及承运人的选择、各区段的衔接和所需各种服务及手续的办理等。这种做法使得货方不仅要在准备货物方面花费精力，而且需在运输问题上花费更多的精力。如果他们没有精力或能力完成这些工作，则需要通过支付佣金，委托代理人完成各项工作，这种做法给货方带来了许多不方便。由于货方难以对各种运输有较充分的了解，在运输组织和实施过程中，不可避免地会发生费时、费力，甚至多花费用等问题。

多式联运的产生和发展，为货主提供了最大限度的方便。作为一种新的、综合性的一体化运输，多式联运提供了理想的"门到门"方式，多式联运经营人履行多式联运合同所规定的运输责任的同时，可将全部或部分运输委托区段承运人完成，并订立分运合同。多式联运经营人通过承担货物全程运输组织工作，提供全面服务，使货主只要订立多式联运合同并在自己认为合适的地点将货物交给经营人，就可以完成货物的全程运输。发展货物多式联运不仅可为货主提供方便，而且可以促进交通运输业的发展。

（一）多式联运运输组织方法

货物多式联运的全过程就其工作性质的不同，可划分为实际运输过程和全程运输组织业务过程两部分。实际运输过程是由参加多式联运各种运输方式的实际承运人完成，其运输组织工作属于各方式下运输企业内部的技术和业务组织。全程运输组织业务过程是由多式联运全程运输的组织者——多式联运经营人完成的，主要包括全程运输所涉及的所有商务性事务和衔接服务性工作的组织实施。其运输组织方法可以有很多种，但就其组织方法来说，基本上分为协作式多式联运的运输组织方法和衔接式多式联运的运输组织方法两大类。

1. 协作式多式联运的运输组织方法

协作式多式联运的组织者是在各级政府主管部门协调下，由参加多式联运各种方式的运输企业和中转港站共同组成联运办公室（或其他名称），制订货物全程运输计划。协作式多式联运过程如图7-1所示。

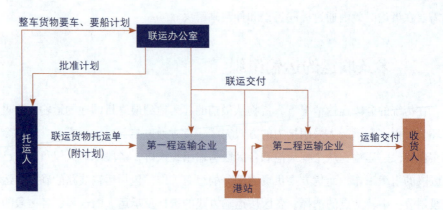

图7-1　协作式多式联运过程示意图

在这种机制下，需要使用多式联运形式运输整批货物的发货人根据运输货物的实际需要，向联运办公室提出托运申请，并按月申报整批货物要车、要船计划。联运办公室根据多式联运线路及各运输企业的实际情况制订该托运货物的运输计划，并把该计划批复给托运人并转发给各运输企业和中转港站。发货人根据计划安排向多式联运第一程的运输企业提出托运申请并填写联运货物托运委托书，第一程运输企业接受货物后经双方签字，联运合同即告生效。第一程运输企业组织并完成自己承担区段的货物运输至与后一区段衔接地，直接将货物交给中转港站，经换装由第二程运输企业继续运输，直到最终目的地由最后一程运输企业向收货人直接交付。在前后程运输企业之间和港站与运输交接货物时，需填写货物运输交接单和中转交接单。联运办公室或第一程企业负责按全程费率向托运人收取运费，然后按各企业之间商定的比例向各运输企业及港站分配。

在这种组织体制下，全程运输组织是建立在统一计划、统一技术作业标准、统一运行图和统一考核标准基础上的，而且在接受货物运输、中转换装、货物交付等业务过程中使用的技术标准、衔接条件等也需要在统一协调下同步建设或协议解决，并配套运行以保证全程运输的协同性。对这种多式联运的组织体制，在有的资料中称为"货主直接托运制"。协作式联运是计划经济体制下特有的一种形式，一般指为保证指令性计划的货物运输、重点物资和国防、抢险、救灾等急需物资的运输而开展的在国家和地区计划指导下的合同运输。这种联运最显著的特点是在国家统一计划下的全程性运输协作。随着我国市场经济体制的建立健全，这种联运方式正在逐渐减少。

2. 衔接式多式联运的组织方法

衔接式多式联运的全程运输组织业务是由多式联运经营人完成的，这种联运组织下的货物运输过程如图7-2所示。

图7-2　衔接式多式联运运输过程示意图

在这种组织体制下，需要使用多式联运形式运输成批或零星货物的发货人首先向多式联运经营人（MTO）提出托运申请，多式联运经营人根据自己的条件考虑是否接受，如接受，双方订立货物全程运输的多式联运合同，并在合同指定的地点办理货物的交接，联运经营人签发多式联运单据。接受托运后，多式联运经营人首先要选择货物的运输路线，划分运输区段，确定中转、换装地点，选择各区段的实际承运人，确定零星货物集运方案，制订货物全程运输计划并把计划转达发给各中转衔接地点的分支机构或委托的代理人，然后根据计划与第一程、第二程……第N程的实际承运人分别订立各区段的货物合同，通过这些实际承运人来完成货物全程位移。全程各区段之间的衔接，由多式联运经营人（或其代表，或其代理人）采用从前程实际承运人手中接收货物，再向后程承运人发运的方式完成，在最终目的地从最后一程实际承运人手中接收货物后再向收货人交付货物。

在与发货人订立运输合同后，多式联运经营人根据双方协议费率收取全程运费和各类服务费、保险费等费用。多式联运经营人在与各区段实际承运人订立各分运合同时，需向各实际承运人支付运费及其他必要费用；在各衔接地点委托代理人完成衔接服务时，也需向代理人支付委托代理费用。

在这种多式联运组织体制下，承担各区段运输的运输企业的业务与传统分段运输形式完全相同，这与协作式体制下还要承担运输衔接工作有很大区别。这种联运组织体制在有些资料中称为"运输承包发运制"。目前在国际货物多式联运中主要采用这种组织体制，在国内多式联运中采用这种体制的也越来越多。随着我国市场经济体制的日益完善，这种组织体制将成为国内多式联运的主要组织方式。

（二）多式联运的运输组织业务

多式联运的运输组织业务主要包括：

（1）货源组织。主要包括搜集和掌握货源信息，加强市场调查和预测，建立与货主的联系机制，组织货物按期发运，组织货物均衡发运和组织货物合理运输。

（2）制订运输计划。主要包括选择各票货物的运输路线、运输方式、各区段的实际承运人及代理人，确定运输批量，编制定舱计划，集装箱调运计划，装箱、接货计划及各批货物的运输计划等。

（3）组织各项计划的实施。主要包括与各区段选择的实际承运人签订分运合同，将计划下达给有关人员或机构，监督其按计划工作，及时了解执行情况，并组织有关信息传递工作。

（4）计划执行情况监督及计划的调整。根据计划及执行反馈信息检查、督促各区段、各转接点的工作，如出现问题则对计划进行必要调整，并把有关信息及时传达给有关人员与机构，以便执行新的指令。

（5）组织货物交付、事故处理及集装箱回运等工作。

三、多式联运单据

多式联运单据是证明多式联运合同成立及证明多式联运经营人接管货物，并负责按照多式联运合同条款交付货物的单据。货运多式联运单据是在多式联运经营人接管货物后，经托运人要求，由多式联运经营人签发或其授权人签发。当国际多式联运的运输方式之一是海运，尤其是第一程运输是海运时，国际货运多式联运单据通常表现为多式联运提单。

（一）多式联运单据的内容

多式联运单据是多式联运经营人、实际承运人、发货人、收货人等当事人之间进行业务活动的凭证，起到货物的收据和交货凭证的作用，证明货物的外表状况、数量、品质等情况。多式联运单据的内容是否准确、清楚、完整，对保证货物正常交接、安全运输有着重要意义。多式联运单据应记载的主要内容包括以下几项：

（1）货物品类、识别货物所必需的主要标志；

（2）货物的外表状况；

（3）多式联运经营人的名称和主要营业场所；

（4）发货人、收货人名称；

（5）多式联运经营人接管货物的地点和日期；

（6）交付货物的地点、日期或期间；

（7）表示多式联运单据为可转让或不可转让的声明；

（8）多式联运单据的签发地点和日期；

（9）多式联运经营人签字或其授权人的签字；

（10）有关运费支付的说明；

（11）有关运输方式和运输路线的说明；

（12）履行合同的法律依据等。

以上一项或者多项内容的缺乏，不影响单据作为多式联运单据的性质。如果多式联运经营人知道或者有合理的根据怀疑多式联运单据所列的货物品类、标志、包装、数量、重量等没有准确地表明实际接管货物的状况，或者无适当方法进行核对的，多式联运经营人应在多式联运单据上做出保留，注明不符合之处及怀疑根据或无适当核对方法。如果不加批注，则应视为已在多式联运单据上注明货物外表状况的良好。

（二）多式联运单据的分类

多式联运单据可以分为以下两大类。

1. 可转让的多式联运单据

（1）多式联运单据以可转让的方式签发时，应列明按指示或向持票人交付；如列明按指示交付，须经背书后转让；如列明向持票人交付，无须背书即可转让；如签发一套一份以上的正本，应注明正本份数；如签发任何副本，每份副本均应注明"不可转让副本"字样。

（2）只有交出可转让多式联运单据，并在必要时经正式背书，才能向多式联运经营人或其代表提取货物。

（3）如签发一套一份以上的可转让多式联运单据正本，而多式联运经营人或其代表已按照其中的一份正本交货，则该多式联运经营人便已履行其交货责任。

2. 不可转让的多式联运单据

（1）多式联运单据以不可转让的方式签发时，应指明记名的收货人。

（2）多式联运经营人将货物交给此种不可转让的多式联运单据所指明的记名收货人或经收货人以书面形式正式指定的其他人后，该多式联运经营人即已履行其交货责任。

（三）多式联运单据的性质与作用

（1）多式联运单据是多式联运经营人与托运人之间订立的多式联运合同的证明，是双方在运输合同中确定权利和责任的准则。

（2）多式联运单据是多式联运经营人接管货物的依据。多式联运经营人向托运人签发多式联运单据，表明已承担运送货物的责任，并接管了货物。

（3）多式联运单据是收货人提货和多式联运经营人交货的凭证。收货人或其代理人在目的地提取货物时，必须凭多式联运单据换取提货单（收货记录）才能提货。

（4）多式联运单据是货物所有权的证明。多式联运单据持有人可以押汇、流通转让，因为多式联运单据是货物所有权的证明，可以产生货物所有权转移的法律效力。

第三节
多式联运的责任划分

一、多式联运责任形式

由于多式联运的发展改变了传统的货物交接界限，也从根本上改变了多式联运经营人的承运责任范围。因此，传统单一运输方式有关承运人的责任形式已不能满足要求，新的责任形式不断形成。在多式联运中出现了两层赔偿关系：一是多式联运经营人与货主之间的赔偿关系；二是多式联运经营人与各区段实际承运人之间的赔偿关系。它是按造成该货损的实际运输区段的责任限制予以赔偿，在各种运输方式中作为赔偿的法律依据主要有：

（1）公路运输——根据《国际公路货物运输合同公约》或国内法；

（2）铁路运输——根据《国际铁路货物运输公约》或国内法；

（3）海上运输——根据《海牙规则》、相关国际公约或国内法；

（4）航空运输——根据《华沙公约》或国内法。

由于货物多式联运至少经过两种运输方式，而每一种运输所在区段所适用的法律对承运人的责任规定往往不同，因而多式联运的责任划分比较复杂。一方面它是由各种单一运输模式组合而成的，建立在各种单一运输基础之上，具有"复合性"，无法脱离单一运输模式法律的影响；另一方面，它又是由各种单一运输组合的一种新的运输模式，有自己的特点，需要新的法律来规范。多式联运责任形式主要有：

（一）责任分担制

责任分担制是指多式联运经营人和各区段承运人在合同中事先划分运输区段，货物发生毁损灭失时，多式联运经营人依约只限于自己直接负责运输方式及区间，毁损灭失发生在其他承运人运输方式及区间的，由该承运人直接向托运人负责。这种责任制实际上是单一运输方式的简单组合，并没有真正发挥多式联运的优越性，故目前很少被采用。

（二）网状责任制

网状责任制是指多式联运经营人对全程运输负责，货物的灭失或损坏发生于多式联运的某一区段，多式联运经营人的赔偿责任和责任限额适用于调整该区段运输方式的有关法律规定。货损发生在海上，按照海运法律赔偿；货损发生在公路上，按照公路运输的法律赔偿；多式联运经营人的责任及其责任限额取决于货损发生的区段。该责任制充分认识到了多式联运的"复合性"，对既存的各单式运输公约和国内法给予了充分的考虑，且对某一特殊运输区段的法律予以保留。但是，它倾向于对多式联运经营人的保护，当货物的灭失、损坏发生的区段不能确定时，货方无法预见货物索赔最终适用何种责任制度，从而对货方造成很大风险分摊的不确定性。

（三）经修正的网状责任制

经修正的网状责任制是指在网状责任制的基础上规定，如果货物的灭失、损坏发生的区段不能确定，多式联运经营人按照合同规定的某一标准来确定赔偿责任和责任限制。1992年规则采纳了该责任制，《中华人民共和国海商法》也采用了这种责任制。经修正的网状责任制虽然有效克服了货损无法确定和"责任间隙"的问题，然而并没有产生任何更大的可预见性。在损失或损害情况下，货方仍然无法预料多式联运经营人对其承担的赔偿责任和责任限制，而且也不能解决纯网状责任制中存在的逐渐发生的损失的赔偿问题。

（四）统一责任制

统一责任制是指多式联运经营人对全程运输负责，不论损害发生在哪一区段，多式联运经营人承担的赔偿责任和责任限制是一样的。在统一责任制下，规定的赔偿责任和责任限制适用于整个运输区段。也就是说，多式联运经营人对全程运输中货物的灭失、损害或延迟交付负全部责任，无论事故是隐蔽的还是明显的，是发生在海运区段还是发生在内陆区段，均按一个统一的归责原则由多式联运经营人按统一的限额赔偿。它为货方提供了最大风险分摊的可预见性，很好地解决了货损区段不能确定时的赔偿责任、责任限制，以及网状责任制下可能出现的法律真空问题。但是，统一责任制也存在一些无法回避的问题，如适用于各运输区段的国际公约或者法律所确定的区段承运人的责任不同，而且可能低于多式联运经营人根据统一责任制所承担的责任，这意味着多式联运经营人向货方承担赔偿责任后，面临着不能向造成货物损害的区段承运人全额追偿的风险，从而无法预见其最终承担的责任，实际上是将货方对运输风险的不可预见性转移给了多式联运经营人。

（五）经修正的统一责任制

经修正的统一责任制是指多式联运经营人对全程运输负责，并且原则上全程运输采用单一的归责原则和责任限额，但保留适用于某种运输方式较为特殊的责任限额的规定。这种修正通常针对多式联运的海运区段，且有利于多式联运经营人。经修正的统一责任制最大限度上保留了原统一责任制的优点，同时通过对其加以修正，缓和统一责任制下各区段运输方式责任体制之间存在的差异和矛盾，较好地适应了运输法律发展的现状，使多式联运中的运输风险在承托双方之间得到较为合理的分配。1980年公约采用的即为经修正的统一责任制。

二、多式联运责任期间

责任期间是行为人履行义务、承担责任在时间上的范围。对多式联运经营人的责任期间，1980年公约和1992年规则均规定为：自多式联运经营人接管货物之时起到交付货物时止。我国《海商法》规定：多式联运经营人对多式联运货物的责任期间，自接收货物时起至交付货物时止。这一责任包括了多式联运经营人接收货物后装运前在仓库或堆场的时间、运输的全过程，以及货物运抵目的地之后交付货物之前的时间。

三、多式联运经营人的赔偿责任限制

（一）赔偿责任限制基础

对承运人赔偿责任的基础目前各种运输公约的规定不一，但大致可分为过失责任制和严格责任制两种，以过失责任制为主。1980年公约对多式联运经营人规定的赔偿责任基础包括：

（1）多式联运经营人对于货物的灭失、损害或延迟交货所引起的损失。如果该损失发生在货物由多式联运经营人掌管期间，则应负赔偿责任。除非多式联运经营人能证明其本人受雇人、代理人或其他有关人为避免事故的发生及其后果已采取了一切符合要求的措施。

（2）如果货物未在议定的时间内交付，或者如无此种协议，但未在按照具体情况对一个勤奋的多式联运经营人所能合理要求的时间内交付，即构成延迟交货。

（3）如果货物未在按照上述条款确定的交货日期届满后连续90日内交付，索赔人即可认为这批货物业已灭失。

从上述规定中可以看出，1980年公约对多式联运经营人所规定的赔偿责任基础采用的是过失责任制，即除了对由于多式联运经营人本人所引起的损害负责赔偿外，对于他的受雇人或代理人的过失也负有赔偿责任。

在国际货物运输中，一般的国际货物公约对延迟交货责任一般都有规定，只是有的规定明确，有的则相反。如海上货物运输，由于影响运输的原因较多，很难确定在什么情况下构成延迟交货，因此，《海牙规则》对延迟交货未作任何明确规定。相形之下，1980年公约的规定是明确的。

1980年公约规定，在延迟交货下，多式联运经营人的赔偿责任有以下两种情况：

（1）未能在明确规定的时间内交货；

（2）未能在合理时间内交货。

在运输实务中，延迟交货情况一旦发生，收货人通常会采取以下两种处理方法：

（1）接收货物，再提出由于延迟交货而引起的损失赔偿；

（2）拒收货物，并提出全部赔偿要求。

（二）赔偿责任限制

赔偿责任限制指多式联运经营人对每一件或每一货损单位负责赔偿的最高限额。关于货物的赔偿限额，各国际公约均有不同的规定。《海牙规则》对每一件或每一货损单位的赔偿最高限额为100英镑；《维斯比规则》则规定为10 000金法郎，或毛重每千克30金法郎，两者以较高者计。此外，《维斯比规则》对集装箱、托盘或类似的装运工具在集装运输时也做了规定。如在提单上载明这种运输工具中的件数或单位数，则按载明的件数或单位数负责赔偿。《汉堡规则》规定每一件或每一货损单位为835个特别提款权（S.D.R），或按毛重每千克2.5个特别提款权，两者以较高者为准。《汉堡规则》对货物用集装箱、托盘或类似的其他载运工具在集装时所造成的损害赔偿也作了与《维斯比规则》相似的规定。1980年公约规定，货物的灭失、损害赔偿责任按每一件或每一货损单位计，不得超过920个特别提款权，或毛重每千克2.75个特别提款权，两者以较高者计。如果货物是用集装箱、托盘，或类似的装运工具运输，赔偿则按多式联运单证中已载明的该种装运工具中的件数或包数计算，否则，这种装运工具的货物应视为一个货运单位。表7-2是一些国际货物运输公约对每一件或每一货损单位，或每千克毛重赔偿限额的规定。

表7-2　国际货物运输公约有关赔偿限额的规定

公约名称	每一件或每一单位责任限额（S.D.R）	每千克毛重责任限额（S.D.R）	备　　注
联合国国际货物多式联运公约	920	2.75	包括海运或内河运输
联合国国际货物多式联运公约	—	8.33	不包括海运或内河运输
汉堡规则	835	2.50	—
国际公路货物运输合同公约	—	8.33	—
国际铁路货物运输公约	—	16.67	—
华沙公约	—	17.00	—

对于延迟交货的责任限制，《汉堡规则》规定：相当于该延迟交付货物应付运费的2.5倍，但不超过运输合同中规定的应付运费的总额。关于货物延迟交付的赔偿限额，各国际公约均有不同的规定，如表7-3所示。

表7-3　各国际公约关于货物延迟交付的赔偿限额的规定

公约名称	赔偿责任限额	赔偿责任总额
联合国国际货物多式联运公约	应付运费的2.5倍（40%以下）	不超过合同应付运费总额
华沙公约	无限额规定	无限额规定

公约名称	赔偿责任限额	赔偿责任总额
海牙规则	无限额规定	无限额规定
汉堡规则	应付运费的2.5倍	不超过合同应付运费总额
国际铁路货物运输公约	应付运费的2倍	无限额规定
国际公路货物运输合同公约	延误货物运费总额	无限额规定

有关延迟交货的赔偿基数是建立在运费基数上的，与运费基数成正比。多式联运的运费基数是由各种货物，各运输区段的运费之和作为总的赔偿基数。

（三）赔偿责任限制权力的丧失

为了防止多式联运经营人利用赔偿责任限制的规定，从而对货物的安全掉以轻心，致使货物所有人遭受不必要的损失，从而影响国际贸易与国际运输业的发展，多式联运公约明确规定在下列情况下，多式联运经营人将丧失赔偿责任限制：

（1）如经证明货物的灭失、损害或延迟交货是由于多式联运经营人有意造成，或明知有可能造成而又毫不在意的行为或不作为所引起，则多式联运经营人无权享受赔偿责任限制的权益。

（2）如经证明货物的灭失、损害，或延迟交货是由于多式联运经营人的受雇人或代理人或为履行多式联运合同而使用其服务的其他人有意造成或明知可能造成而又毫不在意的行为或不作为所引起，则该受雇人、代理人或其他人无权享受有关赔偿责任限制的规定。

但在实际业务中，作为明智的多式联运经营人，在有赔偿责任限制的保护下，故意造成货物灭失、损害而失去责任限制，这是不现实的。所谓毫不在意的行为或不作为，即多式联运经营人已经意识到这种做法有可能引起损失，但他仍然采取了不当的措施，或没有及时采取任何措施，即为明知而又毫不在意。

四、发货人的赔偿责任

在多式联运过程中，如果多式联运经营人所遭受的损失是由于发货人的过失或疏忽，或者是由于他的受雇人或代理人在其受雇范围内行事时的疏忽或过失所造成的，发货人对这种损失应负赔偿责任。发货人在将货物交给多式联运经营人时应保证：

（1）所申述的货物内容准确、完整；

（2）集装箱铅封牢固，能适合多种方式运输；

（3）标志、标签应准确、完整；

（4）如是危险货，应说明其特性和应采取的预防措施；

（5）自行负责由于装箱不当、积载不妥引起的损失；

（6）对由于自己或其雇员、代理人的过失对第三者造成的生命、财产损失负责；

（7）在货运单据上订有"货物检查权"的情况下，海关和承运人对集装箱内的货物有权进行检查，其损失和费用由发货人自行负责。

五、索赔与诉讼

在国际货运公约中，一般都规定了货物的索赔与诉讼条款。如《海牙规则》和各国船公司对普通货运提单的索赔与诉讼规定：收货人应在收到货物3天之内，将有关货物的灭失、损害情况以书面形式通知被索赔人，如货物的状况在交货时已由双方证明，则不需要书面索赔通知。收货人提出的诉讼时间为自货物应交付之日起1年内，否则承运人将在任何情况下免除对于货物所负的一切责任。一般的国际货运公约对货损提出的诉讼时效通常为1年，但自《汉堡规则》以后，诉讼时效有所延长。由于集装箱运输的特殊性，有的集装箱提单规定在3天或7天内以书面形式通知承运人，说明有关货损情况。至于诉讼时效，有的集装箱提单规定为1年，有的规定为9个月，如属全损，有的集装箱提单仅规定为2个月。

根据公约有关国际多式联运的任何诉讼，货物受损人如果在两年内没有提起诉讼或交付仲裁，即失去时效。但是，如果在货物交付之日后六个月内，或者如果货物未能交付，在本应交付之日后六个月内，没有提出说明索赔的性质和主要事项的书面索赔通知，则在此期限届满后即失去诉讼时效。但要使一个索赔案成立，必须同时具备以下条件：

（1）提出索赔的人具有正当的索赔权；

（2）货物的灭失、损害具有赔偿事实；

（3）被索赔人负有实际赔偿责任；

（4）货物的灭失、损害是在多式联运经营人掌管期间内；

（5）索赔、诉讼的提出在规定的有效期内。

习题与训练

一、名词解释

多式联运经营人　协作式多式联运　衔接式多式联运　赔偿责任限制

二、单项选择题

1. 下列不属于多式联运经营人和传统货运代理的区别的是（　　　）。

　　A. 法律地位　　　　　　　　　　B. 是否拥有船舶

C. 是否有自己的提单　　　　　　D. 为供需双方提供运输服务

2. 多式联运中使用的集装箱一般应由（　　　）提供。

　　A. 发货人　　　　　　　　　　B. 收货人

　　C. 多式联运经营人　　　　　　D. 实际承运人

3. 对于由货主自装箱的整箱货物，（　　　）应负责将货物运至双方协议规定的地点。

　　A. 发货人　　　　　　　　　　B. 收货人

　　C. 多式联运经营人　　　　　　D. 实际承运人

4. 1980年公约采用的多式联运责任形式为（　　　）。

　　A. 责任分担制　　　　　　　　B. 网状责任制

　　C. 统一责任制　　　　　　　　D. 经修正的统一责任制

5. 多式联运经营人对货物承担的责任期限是（　　　）。

　　A. 自己运输区段　　　　　　　B. 全程运输

　　C. 实际承运人运输区段　　　　D. 第三方运输区段

三、多项选择题

1. 一般来讲，构成多式联运应具备的条件包括（　　　　　）。

　　A. 有一个多式联运经营人对货物的运输全程负责

　　B. 有一份多式联运合同

　　C. 使用一份全程多式联运单据

　　D. 使用全程单一费率

　　E. 两种或两种以上运输方式连续运输

2. 多式联运的优越性主要体现在（　　　　　）。

　　A. 责任统一，手续简便

　　B. 减少中间环节，缩短货运时间

　　C. 降低运输成本，节省运输费用

　　D. 扩大运输经营人的业务范围，提高运输组织水平，实现合理运输

3. 多式联运的运输组织业务包括（　　　　　）。

　　A. 货源组织　　　　　　　　　B. 制订运输计划

　　C. 组织各项计划的实施　　　　D. 计划执行情况监督及计划调整

　　E. 组织货物交付、事故处理及集装箱回运等工作

4. 发货人将货物交给多式联运经营人时应保证（　　　　　）。

　　A. 集装箱铅封完整　　　　　　B. 标志、标签准确、完整

　　C. 说明危险货物特性　　　　　D. 申诉货物内容准确、完整

5. 协作式多式联运的运输组织是建立在（　　　　　）基础上的。

　　A. 统一计划　　　　　　　　　B. 统一技术标准

　　C. 统一运行图　　　　　　　　D. 统一考核标准

四、简答题

1. 简述多式联运的特点及优越性。
2. 简述多式联运经营人的法律特点。
3. 简述多式联运的业务程序。
4. 简述多式联运的责任形式。

案例讨论

案例1

山东某多式联运经营人从新加坡通过大陆桥运输进口家具，家具装载于8个20英尺的集装箱内。第一批货为4个集装箱，于2月21日抵达集装箱站，而另外4个集装箱却迟迟未见。后经过多方查找得知，由于国外代理制单填错到站名，将货错发至福州。当时福州正遭遇洪水灾害，7月25日该多式联运经营人收到货后，打开集装箱发现大部分家具被水浸泡、破损，已不能使用。

案例研讨：

1. 简述多式联运责任形式主要有哪几种？
2. 此案中谁应对货损负责，并阐述原因。

案例2

中国香港某出口商委托一家多式联运经营人作为货运代理，将一批半成品的服装经孟买运至印度新德里。货物由多式联运经营人在其货运站装入2个集装箱，且签发了清洁提单，表明货物是处于良好状态下接收的。集装箱经海路从中国香港运至孟买，再由铁路运至新德里。在孟买卸船时发现1个集装箱外表破损。多式联运经营人在该地的代理人将此情况于铁路运输前通知了铁路承运人。集装箱在新德里开启后发现，外表损坏的集装箱所装载的货物严重受损；另一集装箱虽然外表良好、铅封完整，但内装货物也已受损。该出口商要求多式联运经营人赔偿其损失。

案例研讨：

1. 多式联运经营人是否需要对案例中的这2个集装箱货损负责？
2. 多式联运经营人如需负责，可否享受有关赔偿责任限制？

本章综合实训

一、实训名称

多式联运企业调研。

二、实训目标

1. 通过实际调查使学生了解多式联运的组织过程。

2. 通过实际调查使学生了解多式联运使用的各种交易场所。

3. 培养学生调查、收集、整理相关信息的能力，了解多式联运过程中货损案例的处理方法。

三、实训内容

1. 多式联运经营人及相关人员。

2. 多式联运的主要业务操作程序。

3. 多式联运的运输组织。

4. 多式联运相关单据。

5. 多式联运的责任划分。

6. 多式联运的索赔与诉讼。

四、实训步骤

1. 以小组为单位到企业调查，注意做好调查记录。

2. 了解企业选择运输方式考虑的主要因素。

3. 了解企业货损案件的处理方法及法律依据。

4. 了解多式联运组织方法和使用的各种单证。

五、评价标准

1. 熟悉多式联运经营人的角色分配。

2. 掌握多式联运的主要业务操作程序。

3. 熟悉多式联运的运输组织。

4. 能够认识并正确填制多式联运单据。

5. 清楚多式联运的责任划分。

6. 清楚多式联运的索赔与诉讼条件及程序。

六、成果形式

1. 以小组为单位写出调查分析报告。

2. 组织召开一次交流讨论会。

3. 根据分析报告和个人在交流中的表现进行成绩评估。

08

Chapter

第八章

货物运输保险
与货物运输合同

知识目标

● 了解各种货物运输保险的种类、特点
● 掌握各种货物运输保险人与被保险人的权利与义务
● 掌握货物运输保险、运输合同的基本概念

技能目标

● 具备处理货物运输保险基本业务的能力
● 具备处理货物运输合同基本业务的能力

素养目标

● 树立货物运输风险意识，保障货物安全
● 具有法律意识，能够忠实履行货物运输合同

● **思维导图**

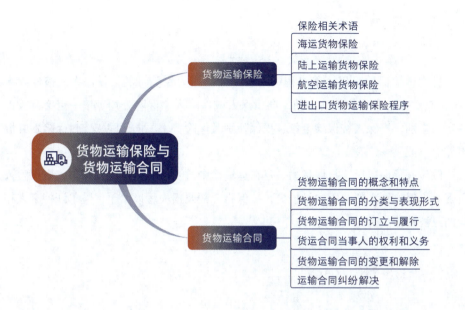

货物运输保险与货物运输合同

货物运输保险
- 保险相关术语
- 海运货物保险
- 陆上运输货物保险
- 航空运输货物保险
- 进出口货物运输保险程序

货物运输合同
- 货物运输合同的概念和特点
- 货物运输合同的分类与表现形式
- 货物运输合同的订立与履行
- 货运合同当事人的权利和义务
- 货物运输合同的变更和解除
- 运输合同纠纷解决

引例
保险条款不明确导致纠纷案

　　A公司以CIF价格条件引进一套产自英国的检测仪器，因合同金额不大，合同采用简式标准格式，保险条款一项只简单规定"保险由卖方负责"。仪器到货后，A公司发现仪器某一部件变形，影响其正常使用。A公司向外商反映，并要求索赔，外商答复仪器出厂时已经过严格检验，有质量合格证书，非他们的责任。后经海关检验认定，问题是由于运输途中部件受到震动、挤压造成的。A公司于是向保险公司索赔。保险公司认为此情况属于碰损、破碎险的承保范围，但A公司提供的保单上只投保了"协会货物条款（C）"，没有投保碰损、破碎险，所以无法索赔偿付。A公司无奈只好重新购买此部件，既浪费了资金，又耽误了时间。

【引例分析】

　　货物运输过程中因存在自然灾害、人为因素等种种原因，发生货损货差在所难免。货物运输保险可以帮助当事人将损失降到最小，所以，作为物流中的重要环节，货物运输更离不开保险。

　　为了保证运输过程的顺畅，明确相关当事人的责任及义务，运输当事人应签署货物运输合同。货物运输合同签署后，承运人按照合同的约定将承运货物运送到指定地点，托运人支付相应报酬。因此，掌握货物运输保险及货物运输合同的基础知识，能够处理货物运输过程中所涉及的基本业务和常见问题，已成为现代物流从业人员应具备的基本职业能力。

第一节
货物运输保险

货物运输保险是以运输过程中的各种货物作为保险标的，投保人或被保险人（买方或卖方）在货物装运之前，向承保人或保险人（保险公司）按一定金额投保一定的险别，投保人按保险金额、投保险别及保险费率，向保险人支付保险费并取得保险单证。

保险人承保以后，投保货物一旦在运输途中遭受约定范围内的损失，则保险人负责对投保险别责任范围内的损失，按保险金额及损失程度给予保险单证持有人相应的经济补偿。

一、保险相关术语

表8-1介绍了部分保险相关术语。

表8-1　保险相关术语

序　号	术　语	含　义
1	保险	指投保人根据合同约定，向保险人支付保险费，保险人对于合同约定的可能发生的事故因其发生所造成的财产损失承担赔偿保险金的责任
2	保险人	指与投保人订立保险合同，并承担赔偿或者给付保险金责任的保险公司
3	投保人	指与保险公司订立保险合同，并按照保险合同负有支付保险费义务的人。投保人在投保时必须具有行为能力。在多数海上保险合同中，投保人与被保险人应该是同一人，但在海上货物运输保险合同中，投保人和被保险人经常是分离的
4	被保险人	指受保险合同保障的人，是在保险标的遭受保险事故后发生损害，因而有权按照保险合同向保险人请求赔偿的人。被保险人若不是投保人，则不一定需要具有行为能力
5	保险合同	指投保人与保险人约定保险权利义务关系的协议
6	保险利益	又称可保利益，指投保人对保险标的具有法律上承认的利益
7	保险标的	指作为保险对象的财产及其有关利益，它是保险利益的载体
8	可保风险	指符合保险人承保条件的特定风险
9	受益人	指在保险合同中由投保人指定的享有保险金请求权的人
10	保险费	简称保费，指投保人交付给保险公司的钱
11	保险金	指保险事故发生后被保险人或受益人从保险公司领取的钱
12	保险单	简称保单，指保险公司给投保人的凭证，证明保险合同的成立及内容。保单上载有参加保险的种类、时间、保险金额、保险费、保险期限等保险合同的主要内容，保险单是一种具有法律效力的文件

序　号	术　语	含　义
13	保险责任	指保险公司承担赔偿或者给付保险金责任的项目
14	除外责任	指保险公司不予理赔的项目
15	保险期间	根据合同在约定时间内对约定的保险事故负保险责任，该约定时间称为保险期间，也称保障期，各个不同的险种有不同的保险期间
16	主险与附加险	主险指可以单独投保的保险险种。附加险指不能单独投保，只能附加于主险投保的保险险种。主险因失效、解约或满期等原因效力终止或中止时，附加险效力也随之终止或中止

二、海运货物保险

海运货物保险要明确承保责任的范围和保险险别，这是保险人和被保险人履行权利和义务的依据。在办理货物运输保险时，当事人应根据货物的性质、包装情况、运输方式，以及自然气候等因素全面考虑，合理选择。

（一）海运货物保险的承保范围

海运货物保险的承保范围包括：海上风险、海上损失与费用，以及海上风险以外的其他外来原因所造成的风险与损失，如图8-1所示。

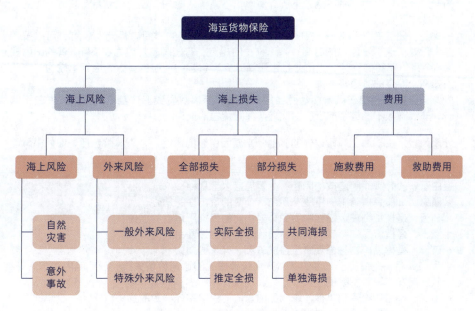

图8-1　海运货物保险的承保范围

1. 海上风险

海上风险分类如表8-2所示。

表8-2　海上风险分类

类　别	描　述
（1）海上风险	海上风险又称海难，一般是指货物或船舶海上航行中发生的或随附海上运输发生的风险。它既非一切海上发生的风险，亦非局限在航行过程中发生的风险，那些与海上航行有关的发生在陆上或海陆、海河或与驳船相连接之处的风险，也属于海上风险。海上风险包括自然灾害和意外事故
① 自然灾害	自然灾害指不以人的意志为转移的由自然界力量所引起的灾害，如恶劣气候、雷电、海啸、地震、浪涌落海、洪水、流冰、火山爆发，以及其他不可抗力的灾害，不包括一般自然力所造成的灾害。这些灾害在保险业务中都有特定的含义（我国现行的海运货物保险条款的基本险条款不提供浪击落海的风险）
② 意外事故	意外事故是指由于偶然的、难以预料的原因造成的事故，如船舶搁浅、触礁、碰撞、火灾、沉没、失踪、倾覆或其他类似具有明显海洋特征的重大意外事故 ● 搁浅，是指船底同海底或浅滩保持一定时间的固定状态。这一状态必须是在事先预料不到的意外情况下发生的。至于规律性的潮汐涨落造成船底触及浅滩或滩床，退潮时搁浅、涨潮时船舶重新浮起继续航行，则属于必然现象，不能作为保险上的"搁浅"事故 ● 触礁，是指船体触及海中的险礁和岩石等造成的意外事件，叫"触礁"。船只同沉船的"残骸"相接触，也可以视为"触礁" ● 碰撞，船舶与他船或其他固定的、流动的固体物猛力接触叫碰撞。例如，与码头、桥梁、浮筒、灯标等相撞。船只同海水的接触以及船只停泊在港口内与他船并排停靠码头旁边，因为波动相互挤擦，均不能作为碰撞 ● 火灾，既包括船只本身、船上设备和机器的着火，也包括货物自身的燃烧等。引起火灾的原因很多：有的是自然灾害因素，如闪电、雷击等；有的是货物本身的特性受到外界气候、温度等影响而自燃，如黄麻、煤块等在一定高温下自己燃烧起来；有的是人为因素，如由于船上人员或修船人员的疏忽所引起的燃烧，如烟蒂未熄灭，使用电焊器火花溅及物体等 ● 沉没，是指船体的全部或大部分已经没入水面以下，并已失去继续航行的能力。如船体的一部分浸入水中或者不继续下沉，海水仍不断渗入舱内，但船只还具有航行能力的，则不能视作沉没 ● 失踪，船舶在航运中失去联络，音讯全无，在一定的时间内仍无消息者，可以按"失踪"论处。这"一定"的时间，并无统一的规定，有些国家规定为6个月，有的国家规定为4个月。船舶的失踪，大部分是由于海上灾害引起的，但也有人为因素造成的，如敌方的扣押，海盗的掳掠等 ● 倾覆，是指船舶在航行中遭受自然灾害或意外事故导致船体翻倒或倾斜，失去正常状态，非经施救不能继续航行，由此造成保险货物的损失
（2）外来风险	外来风险指由于海上风险以外的其他外来原因引起的风险。外来风险包括一般外来风险和特殊外来风险
① 一般外来风险	指由于一般外来原因造成的风险，主要包括以下几种： ● 偷窃，一般是指暗中的窃取，不包括公开的攻击性的劫夺 ● 沾污，是指货物在运输途中受到其他物质的污染所造成的损失 ● 渗漏，是指流质或者半流质的物质因为容器的破漏引起的损失 ● 破碎，是指易碎物品遭受碰压造成破裂、碎块的损失 ● 受热受潮，是指由于气温的骤然变化或者船上的通风设备失灵，使船舱内的水汽凝结，引起发潮发热导致货物的损失 ● 串味，是指货物受到其他异味物品的影响而引起串味导致的损失 ● 生锈，是指货物在运输过程中发生的锈损现象 ● 钩损，是指货物在装卸搬运的操作过程中，由于挂钩或手钩使用不当而导致的货物损失 ● 淡水雨淋，是指由于淡水、雨水或融雪而导致货物水残的损失 ● 短少和提货不着，是指货物在运输途中被遗失而未能运到目的地，或运抵目的地后发现整件短少，未能交给收货人

类　别	描　述
① 一般外来风险	● 短量，是指货物在运输过程中发生重量短少 ● 碰损，主要是指金属及其制品在运输途中因受震动、挤压而造成变形等损失
② 特殊外来风险	指战争、种族冲突或一国的军事、政治、国家政策法令和行政措施等的变化，如战争、罢工、交货不到、被拒绝进口或没收等

2. 海上损失

海上损失简称海损，是指被保险货物在海运过程中，由于海上风险所造成的损坏或灭失。海上损失分类如表8-3所示。

微课：
共同海损和
单独海损

表8-3　海上损失分类

类　别	描　述
（1）全部损失	全部损失简称全损，是指运输途中的整批货物或不可分割的一批货物的全部损失。全损有实际全损和推定全损之分
① 实际全损	实际全损指货物全部灭失，或完全变质，或不可能归还被保险人。如载货船舶失踪，经过一定时间（如两个月）后仍没有获知其消息，视为实际全损。被保险货物在遭受到实际全损时，被保险人可按其投保金额获得保险公司全部损失的赔偿
② 推定全损	推定全损指被保险货物在运输途中受损后，实际全损已经不可避免，或者为避免发生实际全损所需支付的费用与继续将货物运抵目的地的费用之和超过保险价值，也就是恢复、修复受损货物并将其运送到原定目的地时的费用将超过该目的地的货物价值 发生推定全损时，被保险人可以要求保险人按部分损失赔偿，也可以要求保险人按全部损失赔偿，这时必须向保险人发出委付（abandonment）通知
（2）部分损失	部分损失指不属于实际全损和推定全损的损失，即没有达到全部损失程度的损失。部分损失又可分为共同海损与单独海损
① 共同海损	共同海损指载货船舶在海运途中遇到危及船、货的共同危险，船方为了维护船舶和货物的共同安全或使航程得以继续完成，有意并且合理地做出的某些特殊牺牲或支出的特殊费用。共同海损的成立应具备以下条件： a. 船方在采取措施时，必须确有危及船、货共同安全的危险存在，不能主观臆测可能有危险发生而采取措施 b. 船方所采取的措施必须是有意的、合理的。有意是指共同海损的发生必须是人为的、有意识行为的结果，而不是一种意外的损失 c. 所做出的牺牲或支出的费用必须是非常性质的。非常性质是指这种牺牲或费用不是通常业务中所必然会遇到或支出的 d. 构成共同海损牺牲和费用支出必须是有效的。即采取某种措施后，船舶和货物的全部或一部分最后安全抵达航程的终点港或目的港，避免了船货的同归于尽 共同海损牺牲的费用应该由船舶、货物和运输三方共同按最后获救的价值比例分摊，这种分摊叫做共同海损分摊
② 单独海损	单独海损指货物受损后未达到全损程度，而且是单独一方的利益受损并只能由该利益所有者单独负担的一种部分损失

3. 费用

海上货物运输保险人承担的费用是指保险标的发生保险事故后，为减少货物的实际损失而支出的合理费用，如表8-4所示。

表8-4　费用分类

类　　别	描　　述
（1）施救费用	施救费用指在遭遇保险责任范围内的灾害事故时，被保险人或其代理人、雇佣人员和保险单证受让人等为抢救保险标的物，防止其损失扩大而采取措施所支出的费用
（2）救助费用	救助费用是指保险标的物遇到上述灾害事故时，由保险人和被保险人以外的第三方采取救助行为而向其支付的报酬

（二）我国海运货物保险险别

保险险别是指保险人对风险和损失的承保责任范围。在保险业务中，各种险别的承保责任是由各种不同的保险条款规定的。

我国海运货物保险险别按照能否单独投保，可分为基本险和附加险两类，如图8-2所示。基本险可以单独投保，而附加险不能单独投保，只有在投保基本险的基础上才能加保附加险。附加险是对基本险的补充和扩大。附加险是不能独立投保的险别，承保的是由于外来原因所造成的损失。目前，中国人民保险公司《海洋运输货物保险条款》中的附加险有一般附加险和特殊附加险。

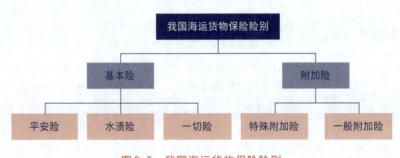

图8-2　我国海运货物保险险别

1. 基本险

（1）平安险（free from particular average，FPA）。平安险原文的含义是"单独海损不赔"，平安险一词是我国保险业的习惯叫法，沿用已久。

平安险承保责任范围可以归结如下：平安险负责赔偿被保险货物由于海上自然灾害所造成的全部损失；由于海上意外事故所造成的全部损失或部分损失；在海上意外事故发生前后，由于自然灾害所造成的部分损失。平安险是承保责任范围最小的一种保险，适用于大宗、低值粗糙的无包装货物，如废钢铁、木材、矿砂等。

① 被保险货物在运输途中由于恶劣气候、雷电、海啸、地震、洪水等自然灾害造成的整批货物的实际全损或推定全损。当被保险人要求赔付推定全损时，必须将受损货物及其权利委付给保险公司。若被保险货物用驳船运往或远离海轮时，则每一驳船所装的货物可视作一个整批。

② 由于运输工具遭到搁浅、触礁、沉没、互撞、与流冰或其他物体碰撞，以及失火、爆炸等意外事故所造成的货物全部或部分损失。

③ 在运输工具已经发生搁浅、触礁、沉没、焚毁等意外事故的情况下，货物在此前后又在海上遭受恶劣气候、雷电、海啸等自然灾害所造成的部分损失。

④ 被保险人对遭受承保责任的危险货物采取抢救，防止或减少货损的措施所支付的合理费用，但以不超过该批被毁货物的保险金额为限。

⑤ 在装卸或转船时由于一件或数件甚至整批货物落海所造成的全部损失或部分损失。

⑥ 运输工具遭遇海难后，在避难港由于货物卸货引起的损失以及在中途港或避难港由于卸货、存仓和运送货物所产生的特殊费用。

这一项责任是指保险人在平安险下承担货物在避难港卸货引起的直接损失。如由于卸货引起的吊索损害和特殊费用损失。在这一项责任下，保险人承担的责任很大，但它的前提是载货船舶遇难了。

⑦ 共同海损的牺牲、分摊和救助费用。这一项责任是指保险人在平安险下，不但承担遭受共同海损牺牲的货物损失的赔偿责任，而且承担货主分担共同海损分摊以及救助费用损失。

⑧ 运输契约订有"船舶互撞责任"条款，则根据该条款规定，应由货方偿还船方的损失。

上述责任范围表明，在投保平安险的情况下，保险公司对于因自然灾害所造成的部分损失不负责赔偿，而对于因意外事故所造成的部分损失则要负赔偿责任。

（2）水渍险（with particular average，WPA/WA）。水渍险也是我国保险业沿用已久的名称，原文的含义是"负单独海损责任"。它的承保责任范围是：① 平安险所承保的全部责任；② 被保险货物在运输途中，由于恶劣气候、雷电、海啸、地震、洪水等自然灾害所造成的部分损失。水渍险通常适用于不易损坏或易生锈但不影响使用的货物。

（3）一切险（all risks，A.R.）。一切险的责任范围除了包括平安险和水渍险的各项保险责任外，还对被保险货物在运输过程中，由于外来原因造成偷窃提货不着、淡水雨淋、短量、包装破裂、混杂沾污、渗漏、碰损破碎、串味、受潮受热、钩损、锈损等全部损失或部分损失负赔偿责任。投保本险别后，根据投保的需要，还可以加保特殊附加险（如战争险、交货不到险等）。

由于一切险的承保责任范围是三种基本险中最广泛的一种，因而适用于价值较高，可能遭受损失因素较多的货物投保。

一切险承保责任范围不包括由于运输延迟、货物本身特性所造成的损失，物价下跌的损失，以及战争和罢工所造成的损失等。

2. 附加险

（1）一般附加险。一般附加险所承保的是由于一般外来风险所造成的全部损失或部分损失。一般附加险不能作为一个单独的项目投保，而只能在投保平安险或水渍险的基础上，根据货物的特性和需要加保一种或若干种一般附加险。

一般附加险的种类主要包括：

① 偷窃提货不着险（theft，pilferage & non-delivery，T.P.N.D.）。在保险有效期内，保险货物被偷走或窃走，以及货物运抵目的地以后，整件货物未交的损失，由保险公司负责赔偿。

② 淡水雨淋险（fresh water and/or rain damage risks，F.W.R.D.）。货物在运输中，由于淡水、雨水，以及雪融所造成的损失，保险公司都应负责赔偿。淡水包括船上淡水舱、水管漏水，以及汗湿等。

③ 短量险（shortage risk）。短量险负责保险货物数量短少和重量损失，通常包括货物的短少，保险公司必须要查清外包装是否发现异常现象，如破口、破袋、扯缝等。如属散装货物，往往将装船和卸船重量之间的差额作为计算短量的依据。

④ 混杂、沾污险（risk of intermixture and contamination）。保险货物在运输过程中，混进了杂质所造成的损失，以及保险货物因为和其他物质接触而被沾污所造成的损失。

⑤ 渗漏险（leakage risk）。流质、半流质的液体物质和油类物质，在运输过程中因为容器损坏而引起的渗漏损失。

⑥ 碰损、破碎险（risk of clash or breakage）。碰损主要是对金属、木质等货物而言，破碎则主要是对易碎性物质而言。

⑦ 串味险（risk of odor）。保险人对因其他异味物品的影响而导致货物本身气味的改变而降低其使用价值或市场价值的损失承担赔偿责任。

⑧ 受热、受潮险（damage caused by sweating and/or heating）。保险人对货物因气温变化或水蒸气的影响而导致的损失承担赔偿责任。

⑨ 钩损险（hook damage）。保险货物在装卸过程中因为使用手钩、吊钩等工具所造成的损失。

⑩ 包装破裂险（loss and/or damage caused by breakage of packing）。因为包装破裂造成货物的短少、沾污等损失。

⑪ 锈损险（risk of rusting）。保险公司负责保险货物在运输过程中因为生锈而造成的损失。

（2）特殊附加险。特殊附加险属于附加险类，但不属于一切险的范围之内。它承保由于军事、政治、国家政策法令，以及行政措施等特殊外来原因所造成的风险与损失。它必须依附于基本险项下投保，不能独立投保。

① 战争险（war risk）。战争险负责赔偿直接由于战争、类似战争行为和敌对行为、武装行为或海盗行为所致的损失，以及由此所引起的捕获、拘留、扣留、禁止、扣押所造成的损失；各种常规武器（包括水雷、鱼雷、炸弹）所致的损失，以及由上述责任范围而引起的共同海损的牺牲、分摊和救助费用。不负责赔偿使用原子或热核武器造成的损失。

战争险的责任起讫与"平安险""水渍险"及"一切险"的责任起讫不同，它不采用仓至仓条款。战争险的负责期限仅限于水上危险或运输工具上的危险。例如，海运战争险规定自保险单所载明的起运港装上海轮或驳船时开始，直到保险单所载明的目的港卸离海轮或驳船时为止，如果货物不卸离海轮或驳船，则保险责任最长延至货物到目的港之当日午夜起算15天为止。如在中途港转船，则不论货物在当地卸载与否，保险责任以海轮到达该港或卸货地点的当日午夜起算满15天为止，待再装上续运的海轮时，保险人仍继续负责。

保险条款还规定，在投保战争险前提下，加保罢工险不另收费。

② 罢工险（strike risk）。罢工险的赔偿范围包括：被保险货物由于罢工工人被迫停工或参加工潮暴动等因人员的行动或任何人的恶意行为所造成的直接损失和上述行动或不作为所引起的共同海损的牺牲、分摊和救助费用。不赔偿的范围包括：罢工期间由于劳动力短缺或不能使用劳动力所造成的被保险货物的损失；因罢工引起的动力或燃料缺乏使冷藏机停止工作所致的冷藏货物的损失；无劳动力搬运货物，使货物堆积在码头淋湿受损。

罢工险对保险责任起讫的规定与其他海运货物保险险别一样采取仓至仓条款。按照国际保险业惯例，已投保战争险后另加保罢工险的，不另增收保险费，如仅要求加保罢工险，则按战争险费率收费。

③ 黄曲霉素险（aflatoxin）。对被保险货物因所含黄曲霉素超过进口国的限制标准被拒绝进口、没收或强制改变用途而遭受的损失负责赔偿。

🔲 知识链接

黄曲霉素是一种带有毒性的物质，发霉的花生、大米经常含有这种毒素，如果这种毒素的含量超过进口国规定的限制标准时，会被进口国拒绝进口、没收或强制改变用途。黄曲霉素险就是承保货物的这类损失。该险别实际上是一种具体针对黄曲霉素的拒收险，属于C.I.C（中国保险条款，CHINA INSURANCE CLAUSE）中的特殊附加险。

案例：黄曲霉素险保险合同纠纷案

某食品公司分别于2019年11月和2019年12月将其出口到德国汉堡K公司的1 050袋苦杏仁向保险公司投保海运一切险，附加黄曲霉素险。运输路线为天津新港至德国汉堡港。2020年1月和2月两批货物分别到港后，收货方按照欧盟REGULATION（EG）N01525/98的4PPB标准对货物进行检验，因发现部分货物黄曲霉素超标而拒收，并将拒收情况通知发货人。

投保人遂向保险公司报案，要求赔偿138 600美元的损失。后经汉堡的货检代理委托相关机构按法定程序抽样化验，结果显示货物中黄曲霉素含量符合欧盟（EG）N01525/98中10PPB的标准。最后保险公司以未出现保险事故为由不予赔偿。

《民法典》第四百九十六条规定：格式条款是当事人为了重复使用而预先拟定，并在订立合同时未与对方协商的条款。采用格式条款订立合同的，提供格式条款的一方应当遵循公平原则确定当事人之间的权利和义务，并采取合理的方式提示对方注意免除或者减轻其责任等与对方有重大利害关系的条款，按照对方的要求，对该条款予以说明。提供格式条款的一方未履行提示或者说明义务，致使对方没有注意或者理解与其有重大利害关系的条款的，对方可以主张该条款不成为合同的内容。《保险法》第十七条规定，订立保险合同，采用保险人提供的格式条款的，保险人向投保人提供的投保单应当附格式条款。保险人应当向投保人说明合同的内容。……

本案中，买卖合同明确规定4PPB标准，而保险合同中所用标准却为10PPB标准，但由于投保人投保时因对黄曲霉素险条款中所指标准不了解而投保了该险种，最终至损失发生后不能得到赔偿。

④ 交货不到险（failure to delivery risk）。对不论由于任何原因，从被保险货物装上船舶时开始，不能在预定抵达目的地的日期起6个月内交货的，负责按全损赔偿。

⑤ 舱面险（on deck risk）。对被保险货物存放舱面时，除了按保险单所载条款外，还包括被抛弃或被风浪冲击落水在内的损失。

知识链接
舱面险

海上运输的货物，无论是干货船还是散装船，一般都是装在舱内的。在制定货物运输的责任范围和费率时，都是以舱内运输作为基础的。如果货物是装在舱面的，保险公司对此不能负责。但是有些货物由于体积大、有毒性或者有污染性，根据航运习惯必须装载于舱面，为了解决这类货物的损失补偿，就产生了附加舱面险。由于货物装载在舱面风险很大，所以保险人一般都在平安险的基础上加保舱面险。此外，由于现在广泛应用的集装箱运输的船舶设备优良，抗风险能力强，所以虽然集装箱按习惯一般可以装载在舱面上，但保险业界一般也都将其视为装在舱内的货物，不需加保舱面险即可得到保障。

⑥ 进口关税险（import duty risk）。当被保险货物遭受保险责任范围以内的损失，而被保险人仍须以完好货物价值通关时，保险公司对损失部分货物的进口关税负责赔偿。

⑦ 拒收险（rejection risk）。对被保险货物在进口港被进口国政府或有关当局拒绝进口或没收，按货物的保险价值负责赔偿。

知识链接
拒收险

拒收险是指保险公司对被保险货物因在进口港被进口国政府或有关当局拒绝进口或没收予以负责，并按照被拒绝进口或没收货物的保险价值赔偿。

当被保险货物出于各种原因，在进口港被进口国政府或有关当局拒绝进口或没收而产生损失时，保险人依据拒收险对此承担赔偿责任。但是，投保拒收险的条件是被保险人在投保时必须持有进口所需要的一切手续（特许证、许可证或进口限额）。如果被保险货物在起运后至抵达进口港之前的期间内，进口国宣布禁运或禁止进口的，保险人只负责赔偿将该货物运回出口国或转运到其他目的地所增加的运费，且以该货物的保险金额为限。

同时，拒收险条款还规定：被保险人所投保的货物在生产、质量、包装、商品检验等方面，必须符合产地国和进口国的有关规定。如果因被保险货物的记载错误、商标或生产标志错误、贸易合同或其他文件存在错误或遗漏、违反产地国政府或有关当局关于出口货物规定而引起的损失，保险人概不承担赔偿责任。

（三）险别责任范围比较

从三种基本险别的责任范围来看（见表8-5），平安险的承保责任范围最小，它对海上自然灾害造成的全部损失、海上意外事故造成的全部损失和部分损失，以及海上意外事故发生前后由自然灾害造成的部分损失负赔偿责任。水渍险的责任范围除包括平安险承保的责任范围外，还包括因恶劣气候、雷电、地震、海啸、洪水等自然灾害所造成的部分损失。一切险的责任范围是三种基本险别中最大的一种，除包括平安险、水渍险承保的责任范围外，还包括一般附加险，即被保险货物在运输过程中，由于一般外来风险所造成的全部损失或部分损失。由此可见，一切险可以说是平安险、水渍险和一般附加险的总和。

表 8-5　海运货物保险各险别承保范围之间的关系

特殊附加险				
一切险	一般附加险			
	水渍险	因恶劣天气等自然灾害所造成的部分损失		
		平安险	海上自然灾害所造成的全部损失	
			海上意外事故造成的全部损失或部分损失	
			海上意外事故发生前后由自然灾害造成的部分损失	

（四）保险责任的起讫

按照国际保险业的习惯，基本险采用的是"仓至仓"（warehouse to warehouse，W/W）条款，即保险责任自被保险货物按保险单所载明的起运地（发货人仓库或储存处所）开始生效，包括正常运输过程中的海上、陆上、内河和驳船运输在内，直至该项货物到达保险单所载明目的地收货人的最后仓库或储存处所或被保险人用作分配分派或非正常运输的其他的储备处所为止，但最长不超过被保险货物卸离海轮后60天。

（五）除外责任

基本险别的除外责任指保险不予负责的损失或费用，一般都有属于非意外的、非偶然性的或须特约承保的风险。为了明确保险人承保的责任范围，中国人民保险公司《海洋运输货物保险条款》对海运基本险别的除外责任有下列5项规定：

（1）被保险人的故意行为或过失所造成的损失。

（2）属于发货人的责任所引起的损失。

（3）在保险责任开始前，被保险货物已存在的品质不良或数量短差所造成的损失。

（4）被保险货物的自然损耗、本质缺陷、特性，以及市价跌落、运输延迟所引起的损失和费用。

（5）属于战争险和罢工险条款所规定的责任范围和除外责任。

空运、陆运、邮运保险的除外责任与海运基本险别的险外责任基本相同。

（六）伦敦保险业协会海运货物保险条款

前面介绍的海运货物保险都是我国海洋运输货物保险条款，具体内容由1981年1月1日正式施行的中国人民保险公司（PICC）《海洋货物运输保险条款》（ocean marine cargo clause）——又称中国保险条款（China insurance clause，CIC）规定。

在世界各国海运保险业务中，英国的保险业务历史悠久且比较发达，它所制定的保险规章制度，特别是保险单和保险条款对世界各国影响深远。目前世界上大多数国家在海上保险业务中直接采用英国伦敦保险协会所制定的《协会货物条款》（Institute cargo clauses, ICC）。ICC最早制定于1912年，1982年1月1日修订完成，于1983年4月1日起正式实行。

ICC的保险条款共有6种险别，分别是：协会货物（A）险条款（Institute cargo clauses A），简称ICC（A）；协会货物（B）险条款（Institute cargo clauses B），简称ICC（B）；协会货物（C）险条款（Institute cargo clauses C），简称ICC（C）；协会战争险条款（货物）（Institute war clauses cargo），简称IWCC；协会罢工险条款（货物）（Institute strikes clauses cargo），简称ZSCC；恶意损害险条款（Malicious damage clauses）。ICC（A）险承保责任很广，对承保风险的规定采用"一切风险减除外责任"的方式，即除了对在除外责任项下所列风险导致的损失不负责外，其他风险导致的损失均予负责，近似于一切险；ICC（B）承保范围采用"列明风险"方式，近似于水渍险；ICC（C）承保范围采用"列明风险"方式，承保"重大意外事故"，小于平安险。ICC（B）和ICC（C）均采用列明风险的方式，凡属承保责任范围内的损失，无论是全部损失还是部分损失，保险人均负责赔偿。

三、陆上运输货物保险

1981年1月1日修订的中国人民保险公司《陆上运输货物保险条款》规定，陆上运输货物保险的基本险分别为陆运险（overland transportation risks）和陆运一切险（overland transportation all risks）两种。此外，还有适用于陆运冷藏货物的专门保险——陆上运输冷藏货物险（overland transportation insurance "frozen products"）（也属于基本险性质），以及陆上运输货物战争险（火车）（overland transportation cargo war risks "by train"）等附加险。

（一）两个基本险别

1. 陆运险（overland transportation risks）

对被保险货物在运输途中遭受暴风、雷电、地震、洪水等自然灾害；或由于陆上运输工具遭受碰撞倾覆或出轨；如有驳运过程，包括驳运工具搁浅、触礁、沉没或由于遭受隧道坍塌、崖崩或火灾、爆炸等意外事故所造成的全部损失或部分损失，负责赔偿。

2. 陆运一切险（overland transportation all-risks）

除了包括上述陆运险的责任外，对在运输中由于外来原因造成的短少、短量、偷窃、渗漏、碰损、破碎、钩损、生锈、受潮、受热、发霉、串味、沾污等全部损失或部分损失负赔偿责任。

在投保上述任何一种基本险别时，经过协商还可加保附加险。

（二）陆上运输冷藏货物险

陆上运输冷藏货物险是陆上运输货物险中的一种专门险。其主要责任范围除了负责赔偿陆运险所列举的自然灾害和意外事故所造成的全部损失或部分损失外，还负责赔偿由于冷藏机器或隔温设备在运输途中损坏所造成的被保险货物解冻溶化而腐败的损失。一般的除外责任条款也适用本险别。

陆上运输冷藏货物险的责任起讫自被保险货物运离保险单所载起运地点的冷藏仓库装入运送工具开始运输时生效，包括正常陆运和与其有关的水上驳运在内，直到货物到达目的地收货人仓库为止。但是，以被保险货物到达目的地车站后10天为限。

陆上运输冷藏货物险的索赔时效从被保险货物在最后目的地全部卸离车辆起计算，最多不超过两年。

（三）陆上运输货物战争险

陆上运输货物战争险是陆上运输货物险的特殊附加险，只有在投保了陆运险或陆运一切险的基础上方可加保。

陆上运输货物保险还可加保罢工险。与海洋运输货物保险相同，在投保战争险的前提下，加保罢工险，不再另收费。如仅要求加保罢工险，则按战争险费率收费。陆上运输罢工险的承保责任范围与海洋运输货物罢工险的承保责任范围相同。

（四）除外责任

陆上运输货物保险的除外责任与海洋运输货物保险条款中的规定相同。

（五）责任起讫

陆上运输货物保险的责任起讫也是"仓至仓"。如未进仓，则以到达最后卸载车站满60天为止。如加保了战争险，其责任起讫自货物装上火车时开始，至目的地卸离火车时为止。如不卸离火车，以火车到达目的地的当日午夜起满48小时为止。如在中途转车，不论货物在当地卸载与否，以火车到达中途站的当日午夜起满10天为止。如货物在10天内重新装车续运，保险责任继续有效。

四、航空运输货物保险

（一）两个基本险别

1. 航空运输险（air transportation risks）

对被保险货物在运输途中遭受雷击、火灾、爆炸，或由于飞机遭受恶劣气候或其他危难事故而被抛弃，或由于飞机遭受碰撞、倾覆、坠落或失踪等意外事故所造成的全部损失或部分损失负赔偿责任。

2. 航空运输一切险（air transportation all-risks）

除了包括上述航空运输险的责任外，还对由于外来原因造成的全部损失或部分损失负赔偿责任。

在投保上述任何一种基本险别时，经过协商还可以加保附加险。

（二）除外责任

航空运输货物保险的除外责任与海洋运输货物保险条件中的规定相同。

（三）责任起讫

航空运输货物保险的责任起讫也是"仓至仓"。如未进仓，以被保险货物在最后卸载地卸离飞机后满30天为止。如加保了战争险，其责任起讫自被保险货物装上飞机时开始至目的地卸离飞机时为止。如不卸离飞机，以飞机到达目的地的当日午夜起满15天为止。如在中途港转运，以飞机到达转运地的当日午夜起满15天为止，装上续运的飞机时保险责任继续有效。

知识链接
航空货物运输险保险标的范围

1. 凡在中国境内经航空运输的货物均可为本保险标的。
2. 下列货物非经投保人与保险人特别约定，并在保险单（凭证）上载明，不在保险标的范围以内：金银、珠宝、钻石、玉器、首饰、古币、古玩、古书、古画、邮票、艺术品、稀有金属等珍贵财物。
3. 下列货物不在航空货物运输险保险标的范围以内：蔬菜、水果、活牲畜、禽鱼类和其他动物。

五、进出口货物运输保险程序

（一）确定保险金额

保险金额指保险人承担赔偿或者给付保险责任的最高限额，也是保险人计算保险费用的基础。保险金额是根据保险价值确定的，保险价值一般包括货价、运费、保险费，以及预期利润。

1. 确定保险价值

货物的保险价值是保险责任开始时货物在起运地的发票价格或者非贸易商品在起运地的实际价格，以及运费和保险费的总和。保险金额由保险人与被保险人约定，保险金额不得超过保险价值；超过保险价值的，超出部分无效。

2. 计算

在国际货物买卖中，凡按CIF或CIP条件达成的合同一般均按规定保险金额，而且，保险金额通常还需要在发票金额的基础上增加一定的百分率，即所谓"保险加成"。这是由国际贸易特定需要决定的，如果合同对此未作规定，按《国际贸易术语解释通则®2020》（简称《INCOTERMS 2020》或《2020年通则》）和《跟单信用证统一惯例（2007年修订本）》（简称《UCP 600》）规定，卖方有义务按CIF或CIP价格的总值另加10%作为保险金额。这部分增加的保险金额就是买方进行这笔交易所支付的费用和预期利润。如果买方要求按较高金额投保，而保险公司也同意承保，卖方也可以接受，那么因此而增加的保险费在原则上应由买方承担。

保险金额的计算公式为：

$$保险金额 = CIF（或CIP）价 \times （1+保险加成率）$$

由于保险金额一般是以CIF或CIP价格为基础加成确定的，因此，在仅有货价与运费（即已确定CFR或CPT）的情况下，CIF或CIP价可按下列公式计算：

$$CIF（CIP）价 = \frac{CFR（CPT）}{1-［保险费率 \times （1+投保加成率）］}$$

为简化计算程序，中国人民保险公司制定了一份保险费率常用表，将CFR（或CPT）价格直接乘以表内所列常项，便可算出CIF（或CIP）价格。

（二）保险险别约定

按FOB条件成交时，运输途中的风险由买方承保，保险费由买方负担。按CIF或CIP条件成交时，运输途中的风险本应由买方承保，但一般保险费则约定由卖方负担，因货价中包括保险费。买卖双方约定的险别通常为平安险、水渍险、一切险三种基本险别中的一种。但有时也可根据货物特性和实际情况加保一种或若干种附加险。如果约定采用英国伦敦保险协会货物保险条款，也应根据货物特性和实际需要约定该条款的具体险别。在双方未约定险别的情况下，按照惯例，卖方可按最低险别投保。

在CIF或CIP货价中，一般不包括加保战争险等特殊附加险的费用，因此，如果买方要求加保战争险等特殊附加险时，其费用应由买方负担。

（三）办理投保和交付保险费

出口合同采用CIF或CIP条件时，保险由卖方办理。出口企业在向当地保险公司办理投保手续时，应根据买卖合同或信用证规定，在备妥货物并确定装运日期和运输工具后，按规定格式逐笔填制投保单，具体列明被保险人的名称，被保险货物的名称、数量、包装及标志，保险金额，起讫地点，运输工具名称，起航日期，投保险别，送交保险公司投保并交付保险费。投保人交付保险费，是保险合同生效的前提条件。保险费率是计算保险费的依据。目前，我国出口货物保险费率按照不同商品、不同目的地、不同运输工具和不同险别分别制定为"一般货物费率"和"指名货物加费费率"两大类，前者适用于所有的货物，后者仅适用于特别指明的货物。

保险公司收取保险费的计算方法是：

保险费＝保险金额 × 保险费率

如果是按照 CIF 或 CIP 加成投保，上述公式可改为：

保险费＝CIF（CIP）价 × （1+投保加成率）× 保险费率

进口货物保险费率有进口货物保险费率和特约费率两种。

（四）取得保险单据

保险单据是保险人与被保险人之间订立保险合同的证明文件，它反映了保险人与被保险人之间的权利和义务关系，也是保险人的承保证明。当发生保险责任范围内的损失时，它又是保险索赔和理赔的主要依据。

1. 保险单据种类

（1）保险单（insurance policy）。保险单俗称大保单（见表8-6），是使用最广泛的一种保险单据。货运保险是承保一个指定航程内某一批货物的运输保险的单据。它具有法律效力，对双方当事人均有约束力。

表8-6 保 险 单

中国太平洋保险公司
CHINA PACIFIC INSURANCE COMPANY LIMITED
保 险 单
INSURANCE POLICY

填制提单号次
POLICY NO.

中国太平洋保险公司（以下简称"本公司"）
THIS POLICY OF INSURANCE WITNESSES THAT CHINA PACIFIC INSURANCE COMPANY OF CHINA（HEREINAFTER CALLED "THE COMPANY"）
根据
AT THE REQUEST OF
（以下简称"被保险人"）的要求，由被保险人向本公司缴付约定的保险费，按照本保险单承保险别和背面所载条款下列条款承保下述货物运输保险，特立本保险单。
（HEREINAFTER CALLED "THE INSURED"）AND IN CONSIDERATION OF THE AGREED PREMIUM PAID TO THE COMPANY BY THE INSURED UNDERTAKES TO INSURE THE UNDERMENTIONED GOODS IN TRANSPORTATION SUBJECT TO THE CONDITIONS OF THIS POLICY AS PER THE CLAUSES PRINTED OVERLEAF AND OTHER SPECIAL CLAUSES ATTACHED HEREON

标 记 MARKS & NOS.	包装及数量 QUANTITY	保险货物项目 DESCRIPTION OF GOODS	保险金额 AMOUNT INSURED

总保险金额：

保费 PREMIUM		费率 RATE		装载运输工具 PER CONVEYANCE SS.		
开航日期 SLG. ON OR ABT.			自 FROM		至 TO	
承保险别： CONDITIONS						

本保单项下之保险责任最迟于货物装船时生效。

THE COVER IS EFFECTIVE AT THE LATEST FROM THE DATE OF LOADING ON BOARD.

所保货物，如遇出险，本公司凭本保险单及其他有关证件给付赔款。

CLAIMS, IF ANY, PAYABLE ON SURRENDER OF THIS POLICY TOGETHER WITH OTHER RELEVANT DOCUMENTS

所保货物，如发生本保险单项下负责赔偿的损失或事故，应立即通知本公司下述代理人查勘。

IN THE EVENT OF ACCIDENT WHEREBY LOSS OR DAMAGE MAY RESULT IN A CLAIM UNDER THIS POLICY IMMEDIATE NOTICE APPLYING FOR SURVEY MUST BE GIVEN TO THE COMPANY'S AGENT AS MENTIONED HEREUNDER

赔款偿付地点

CLAIM PAYABLE AT/IN		中国太平洋保险公司上海分公司
日期	上海	CHINA PACIFIC INSURANCE CO. OF CHINA
DATE	SHANGHAI	SHANGHAI BRANCH
		× × ×
		General Manager

地址：中国上海太平南路××号 TEL：86-21-63234305，86-21-63217466-44 Telex：33128

ADDRESS: × × TAI PING NAN LU ROAD, SHANGHAI, CHINA.

（2）联合凭证（combined certificate）。联合凭证，又称承保证明（risk note），亦称联合发票（combined invoice），是一种发票和保险相结合的比保险单更为简化的保险单证。保险公司将承保的险别、保险金额，以及保险编号加注在投保人的发票上，并加盖印戳，其他项目均以发票上列明的为准。这种单证只有我国采用，并且仅限于我国港澳地区的少数客户。

（3）预约保单（open policy）。预约保单又称预约保险合同，它是被保险人与保险人之间订立的合同。订立这种合同的目的是简化保险手续，又可使货物一经起运即可取得保障。合同中规定承保货物的范围、险别、费率、责任、赔款处理等条款，凡属合同约定的运输货物，在合同有效期内自动承保。

2. 保险单填报内容

（1）被保险人名称。要按照保险利益的实际有关人填写。

（2）标记。应该和提单上所载的标记符号一致，特别要同刷在货物外包装上的实际标记符号一样，以免发生赔偿时，引起检验、核赔、确定责任的混乱。

（3）包装数量。要将包装的性质，如箱、包、件、捆，以及数量都写清楚。

（4）货物名称。要具体填写，一般不要笼统地写纺织品、百货、杂货等。

（5）保险金额。通常按照发票CIF价加成10% ~ 20%计算，如发票价为FOB带保险或CFR，应将运费、保费相应加上去，再另行加成。需要指出的是保险合同是补偿性合同，被保险人不能从保险赔偿中获得超过实际损失的赔付，因此溢额投保（如过高的加成、明显偏离市场价格的投保金额等）是不能得到全部赔付的。

（6）船名或装运工具。海运需写明船名，转运也需注明；联运需注明联运方式。

（7）航程或路线。如到目的地的路线有两条，要写上自××经××至××。

（8）承保险别。必须注明，如有特别要求也在这一栏填写。

（9）赔款地点。除特别声明外，一般在保险目的地支付赔款。

（10）投保日期。应在开航前或运输工具开行前。

（11）其他注意事项。①投保申报情况必须属实；②投保险别、币制与其他条件必须和信用证上所列保险条款的要求相一致；③投保险别和条件要和买卖合同上所列保险条款相符；④投保后发现投保项目有错漏，要及时向保险公司申请批改，如保险目的地变动、船名错误，以及保险金额增减等。

（五）保险索赔

在索赔工作中，被保险人应做好下列工作：

1. 损失通知

当被保险人获悉或发现被保险的货物已遭损失，应立即通知保险公司或保险单上所载明的保险公司在当地的检验、理赔代理人，并申请检验。

2. 向承运人等有关方面提出索赔

当被保险货物运抵目的地，被保险人或其代理人提货时发现货物有明显的受损痕迹、整件短少或散装货物已经残损，应立即向理货部门索取残损或短理证明。如货损涉及第三方的责任，则首先应向有关责任方提出索赔或声明保留索赔权。在保留向第三方索赔权的条件下，可向保险公司索赔。被保险人在获得保险补偿的同时，须将受损货物的有关权益转让给保险公司，以便保险公司取代被保险人的地位或以被保险人的名义向第三方责任方进行追偿。保险人的这种权利，叫做代位追偿权（the right of subrogation）。

3. 采取合理的施救、整理措施

被保险货物受损后，被保险人应迅速对受损货物采取必要合理的施救、整理措施，防止损失的扩大。因抢救、阻止、减少货物损失而支付的合理费用，保险公司负责补偿。被保险人能够施救而不履行施救义务，保险人对于扩大的损失甚至全部损失有权拒赔。被保险人收到保险公司发出的有关采取防止或者减少损失的合理措施的特别通知的，应按照保险公司的通知要求处理。

4. 备妥索赔单证

被保险货物的损失经过检验，并办妥向承运人等第三方责任方的追偿手续后，应立即向保险公司或其代理人提出赔偿要求。提出索赔时，除了应提供检验报告外，通常还需提供其他的单证，包括保险单或保险凭证正本；运输单据，包括海运单、海运提单等；发票；装箱单或重量单；向承运人等第三方责任方请求赔偿的函电及其他必要的单证或文件；货损货差证明；海事报告摘录；列明索赔金额及计算依据，以及有关费用的项目和用途的索赔清单。根据国际保险业惯例，保险索赔或诉讼时效为自货物在最后卸货地卸离运输工具时起算，最多不超过两年。

（六）保险单的背书

保险单据按信用证的要求和需要将由被保险人在单据上背书（endorsement）。

在信用证的单据付款之时或以前，被保险人的权利应该转移。保险单据的背书应与提单背书保持一致。

一般保险单据的背书有两种：空白背书和记名背书。保险单据的背书根据信用证规定和被保险人的不同情况分为以下几种（见表8-7）。

（1）持单人是被保险人（出口商）时，做成空白背书。

（2）按信用证规定做成记名背书。

（3）被保险人是买方/进口商，则卖方/出口商不需要背书，保险单如需转让，应由买方被保险人背书。

（4）被保险人是第三者、中性名称（to whom it may concern），若保险单转让时，不需要背书。

表8-7 空白背书与记名背书

种 类	具体做法	使用条件	意 义
空白背书	在保险单据背面打上被保险人公司的名称或盖上公司章，再加上背书人签字。此外不再作任何批注 在被保险人的名称上面打印上"DELIVERY TO（THE ORDER OF）××BANK（Co.,）"，即"交由××银行（或公司）的（指示）"	信用证规定"EN-DORSED IN BLANK"或"BLANK ENDORS-ED"时 信用证对保险单据的背书无明确规定时	保险单据做成空白背书意味着被保险人或任何保单持有人在被保险货物出险后享有向保险公司或其代理人索赔的权利并得到合理的补偿
记名背书	以银行或公司为背书人，记名背书大都给开证行 保险单据的被保险人，如果不是我方出口公司，而是其他国家或地区的"××Co., LTD."，我方出口公司不用背书。如被保险人需转让海运提单，保险单据上由其他国家或地区的"××Co., LTD."背书	如果保险单据的被保险人是托运人，即我国外贸进出口公司或企业，根据信用证的不同规定，有时可做成空白背书，有时也可做成记名背书 记名背书在日常业务中较少使用	保险单据做成记名背书意味着保险单据的受让人在被保货物出险后享有向保险公司或其代理人索赔的权利

（5）被保险人是持票人（bearer），在赔付地点写明claim payable at（place）to bearer or holder，保险单据若转让时，不必背书。

从保险单据的背书与海运提单的背书的区别和联系看：在CIF价格条件下成交，提单的背书关系到货物所有权的归属，而保险单据的背书关系到被保货物出险后对保险公司及其代理人的索赔权和合理补偿权。所以在货物出险后只有在掌握了提单的同时又掌握了保险单据的情况下，才是真正地掌握了货权。

一般来说，保险单据的背书应与提单的背书保持一致，即通过背书的保险单据的转让范围应等于或大于提单的转让范围。如果提单做成记名背书，保险单据可做同样内容的记名背书，也可做成空白背书；如果提单做成空白背书，保险单据也应该做成空白背书。在FOB和CFR价格条件下成交，由买方投保，如买方需要转让提单，保险单据也需要转让，两者的转让如上所说必须保持一致，在被保险货物出险后，保单持有人凭保单向保险公司索赔并取得合理的补偿。表8-8为保险单样本。

表8-8 保险单样本

PICC中国人民财产保险股份有限公司
PICC Property and Casualty Company limited

地址（ADD）： 邮编：100098
电话（TEL）： 传真（FAX）：

货物运输保险投保单
APPLICATION FORM FOR CARGO TRANSPORTATION INSURANE

被保险人
Insured : _____

发票号（INVOICE NO.）
合同号（CONTRACT NO.）
信用证号（L/C NO.）
发票金额（INVOICE AMORNT） 投保加成（PLUS） 110%

兹有下列物品向中国人民保险公司北京市分公司投保。
（INSURANCE IS REQUIRED ON THE FOLLOWING COMMODITTES:）

标 记 MARKS & NOS	包装及数量 QUANTITY	保险货物项目 DESCRIPTION OF GOODS	保险金额 AMOUNT INSURED

启运日期： 装载运输工具：
DATE OF COMMENCEMENT _____ PER CONVEYANCE _____
自 经 至
FROM _____ VIA _____ TO _____
提单号： 赔款偿付地点：
B/L NO.: _____ CLAIM PAYABLE AT _____
投保险别：（PLEASE INDICATE THE CONDITIONS AND/OR SPECIAL COVERAGES:）

请如实告知下列情况：（如"是"在[ ]中打"√"，"不是"打"×"）IF ANY, PLEASE MARK "√" OR "×"：
1. 货物种类： 袋装[ ] 散装[ ] 冷藏[ ] 液体[ ] 活动物[ ] 机器/汽车[ ] 危险品等级[ ]
   GOODS： BAG/JUMBO BULK REEFERR LEQUID LIVE ANIMAL MACHINE/AUTO DANGEROUS CLASS
2. 集装箱种类：普通[ ] 开顶[ ] 框架[ ] 平板[ ] 冷藏[ ]
   CONTAINER:ORDINARY OPEN FRAME FLAT REFRIGERATOR
3. 转运工具： 海轮[ ] 飞机[ ] 驳船[ ] 火车[ ] 汽车[ ]
   BY TRANSIT: SHIP PLANE BARGE TRAIN TRUCK
4. 船舶资料： 船籍[ ] 船龄：[ ]
   PARTICULAR OF SHIP: RIGISTRY AGE

备注：被保险人确认本保险合同条款和内容已经完全了解。
APPLICANT'S SIGNATURE THE ASSURED CONFIRMS HEREWITH THE TERMS AND CONDITIONS OF THESE INSURANCE CONTRACTS FULLY UNDERSTOOD.

投保人（签名盖章）_____ 电话（TEL）：_____
投保日期（DATE）：_____ 地址（ADD）：_____

本公司自用（FOR OFFICE USE ONLY）
费率： 保费：
RATE _____ PREMIUM _____ 备注：
经办人： 核保人： 负责人：
BY _____ _____ _____

第二节
货物运输合同

社会分工和商品交换的发展，促使运输业不断革新。随着运输需求的持续增强，运输业中不断更新运输技术，采用新型运输工具，增加运输设施，最终产生了方式更多、运距更远、速度更快、更为安全的运输服务，运输过程变得极其错综复杂。多样化的运输及其所产生的多样化运输的社会效果，产生了多样化的运输合同形式。

一、货物运输合同的概念和特点

（一）货物运输合同的概念

货物运输合同是指承运人按照托运人的要求，将承运的货物运送到指定地点，并交付收货人，托运人或收货人按规定给付运费的协议。

货物运输合同的主体是托运人和承运人。托运人是将货物委托承运人运输的人，包括自然人、法人和其他组织。托运人可以是货物的所有人，也可以不是。承运人是运送货物的人，多为法人，也可以是自然人、其他组织。货物运输合同涉及收货人，收货人是接收货物的人。收货人与托运人可以是同一人，但多为第三人。当第三人为收货人时，收货人就是货物运输合同的关系人，此时货物运输合同就是为第三人利益订立的合同。

货物运输合同中的运输物包括各种动产，不限于商品。不动产和无形资产不作为货物运输合同中的货物。

（二）货物运输合同的特点

（1）大宗货物运输合同，根据货物调拨计划、运输能力和运输计划签订。零星货物合同根据国家有关运输规定签订。

（2）货物运输合同中的运费，合同当事人都可以参考国家运输部门的相关规定。

（3）货物运输合同除了承运人和托运人以外，通常还有收货人参加。货物运输合同是由托运人和承运人协商、订立的结果，托运人和承运人是合同双方的当事人。托运人和收货人不一致时，收货人成为货运合同的第三人，收货人一般不是合同的订立者，但同样可以是合同利益的关系人，享有合同规定的权利，并承担相应的义务。这类合同属于为第三人利益订立的合同。

二、货物运输合同的分类与表现形式

（一）货物运输合同的分类

根据不同的标准，可以将货物运输合同进行不同的分类。同一种类的运输合同又可以依据其他分类标准进行二次分类或三次分类。

1. 根据运输对象划分

运输对象是借助运输工具进行空间位移的人和物品。依此将运输合同划分为旅客运输合同和货物运输合同。货物运输合同因货物的种类与要求不同可分为普通货物运输合同、特种货物运输合同、危险品货物运输合同等。

2. 根据运输是否跨越国界划分

运输对象的起运点、所经线路和终点均在一国境内的，为国内运输合同。运输对象跨越一国或者多国边界的，为国际运输合同或称涉外运输合同。

3. 根据运输方式划分

根据公路、铁路、内河、海上、航空、管道等不同的运输方式，运输合同可以分为公路运输合同、铁路运输合同、内河运输合同、海上运输合同、航空运输合同、管道运输合同等。

4. 按运输组织方式划分

运输合同可分为单一运输合同和多式联运合同。单一运输合同是一个托运人与另一个承运人之间签订的运输服务合同，双方权利义务划分清晰明确。多式联运有水水联运、水陆联运、公铁联运、水铁联运等多种形式，订立合同时与单一运输合同不同，其涉及的承运人和权利义务关系众多，多式联运合同订立应考虑各运输环节之间的权利和义务等责任划分等诸多问题。

（二）货物运输合同的表现形式

1. 提单

提单是承运人在接管货物或把货物装船之后签发给托运人，证明双方已订立运输合同，并保证在目的港按照提单所载明的条件支付货物的一种书面凭证。

2. 航空货运单

航空货运单是在国内和国际航班上使用的货物运输凭证。它是一份不可转让的单据，对发货人来说是作为航空运输的货物收据，表明承运人已经接收航空货运单上所列货物，并有责任把货物按照指定的条件送达目的地机场。

3. 铁路货物运单

与航空货物运单类似，铁路货物运单也是一份不可转让的单据，对发货人来说是作为铁路运输的货物收据，表明承运人已经接收铁路货物运单上所列的货物，并有责任把货物按照指定的条件送达目的地车站。

4. 公路货物托运单

托运人向公路运输企业托运货物时，需填写货物托运单（或称运单）作为书面合同。

三、货物运输合同的订立与履行

订立运输合同的程序，是当事人依法就运输合同的主要条款达成一致意见的过程，在实际运输往来中，一般经过要约和承诺两个主要步骤。

1. 要约

要约是当事人一方向他方提出订立运输合同的提议，也可称为订约提议。其中发出要约的一方为要约人，要约发向的一方为受要约人或相对人。要约是一种法律行为。

（1）要约应具备如下条件：应明确表示以要约内容订立运输合同的意思或愿望；要约的内容应具体、肯定，涵盖合同的主要条款；要约应送达受要约人；要约应由特定的当事人做出。

（2）要约的效力。要约的效力是指要约所引起的法律后果，分为对要约人的效力和对受要约人的效力两个方面。要约生效后，对受要约人来说，只是取得承诺的资格，并没有承诺的义务，受要约人不为承诺，只是使合同不能成立，此外不负任何责任。而对要约人来说，要约人在要约的有效期内不得随意撤销或变更，并附有与对方订立运输合同的义务；若以特定物为合同标的时，不得以该特定物为标的的同时向第三人发出相同的要约，或与第三人订立运输合同，否则应承担法律效力。

（3）要约不生效或要约终止。① 要约被撤回。② 要约被拒绝。③ 要约的有效期限届满。④ 其他情况。如要约人是公民时，要约人死亡或丧失行为能力；如要约人是法人时，要约人被撤销法人资格等，要约也会失去效力。

2. 承诺

承诺是指受要约人向要约人做出的对要约完全同意的表示，也可称为接受提议。承诺也是一种法律行为。

（1）承诺应具备的条件如下：必须是由受要约人做出；承诺的内容要与要约的内容完全一致；承诺应在要约的有效期内做出；承诺应送达要约人。

（2）承诺的效力。承诺的效力是指承诺所引起的法律后果。其效力在于合同成立，订立合同的阶段结束。如果国家法律规定或当事人双方约定，合同必须经过鉴证、公证或主管部门批准登记的，则履行有关手续后，合同方为成立。

（3）不发生法律效力的承诺。① 承诺被撤回。承诺在生效期内可以撤回，但撤回的通知必须先于承诺或与承诺同时到达要约人。② 承诺迟到。承诺在要约的有效期届满后到达要约人，称为承诺迟到，不发生效力。

四、货运合同当事人的权利和义务

（一）托运人的义务

1. 托运人有如实申报的义务

托运人办理货物运输手续时，应当向收货人（也可以是凭某种指示的收货人），清楚表明货物的名称、性质、重量、数量、收货地点等必要情况。因托运人申报不实或遗漏重要情况，造成承运人损失的，托运人应当承担损害赔偿责任，承运人不负有对货物损害的赔偿责任。

货运合同一般是格式合同，在订立合同或填写托运单时加以说明，另有特别要求的应附加说明。

2. 对需要办理审批、检验手续的货物有提交批准文件的义务

我国对某些物品运输有一些法律、法规方面的限制规定。确实需要运输的要到有关部门通过审批、检验等手续，取得批准文件（准运证之类）。批准文件成为办理运输的前置程序。各类批准文件分散在其他法律法规中，托运人应当熟悉有关法律和规定，办理完有关手续之后提交承运人。托运人负有保证其真实性和合法性的责任，承运人没有检查批准文件真实性的义务。托运人提交的批准文件不全或不符合规定，造成承运人损害的应负赔偿责任。当然，承运人也可以解除合同。

3. 按照运输包装要求或约定方式包装货物的义务

《民法典》对运输包装做了原则规定：托运人交付的货物不符合运输包装要求的，承运人可以拒绝运输。托运人应当按照约定方式包装货物。如果对包装方式没有约定或约定不明确的，托运方和承运方应当就该种货物的包装方式进行充分的协商，各自提出合理建议和要求，待达成一致后再订立货运合同，交付货物按达成方式检验包装。特殊情况下，也可以由托运人委托承运人负责货物的包装，并在货运合同中约定包装式样、数量等。

4. 对危险货物进行妥善包装、制作标志和标签及提供防范措施的书面材料的义务

托运人托运易燃、易爆、有毒、有腐蚀性、有放射性等危险物品，应当按照国家有关危险品运输的规定对货物妥善包装，制作醒目的标识和标签。有特别要求的提交说明文件。危险品与普通货物不同，具有极大的危险性，稍有不慎，会造成车毁人亡、财产损失的严重后果。妥善包装要求在包装材料、包装方式和封口、保护和衬垫材料、包装材料的强度和相容性、预留空间、装卸部位等方面均符合规定。危险货物的标志和标签也应按国家统一规定的图案、标识、尺寸大小制作。粘贴在外包装的位置要求明显、突出，不能被遮挡。提供的书面材料应有危险品的名称、化学性质和成分、装卸保管要求、对货物的防范措施等内容。托运人没有履行上述各项义务或任意一项义务的，承运人均应拒绝承运。对已经交付的危险货物，承运人应及时采取安全措施对危险货物进行处理。由此发生的作业处理费用及由此造成

的停运损失由托运人承担。

5. 赔偿因变更、中止运输造成的承运人损失的义务

《民法典》第八百二十九条规定：在承运人将货物交付收货人之前，托运人可以要求承运人中止运输、返还货物、变更到达地或者将货物交给其他收货人，但是应当赔偿承运人因此受到的损失。托运人因经济活动的变化使履行合同已无必要，托运人此时可以依法请求对运输合同解除或变更，承运人一般无权拒绝。因此产生的费用由托运人承担，原运输费用按违约条款中的约定处理。对于已交付收货人货物未结清运费的视同已履行完毕运输行为，托运人不得再提出变更合同，并以此来拒付运输费用。国家或主管部门的法律、法规还有一些规定托运人无权变更、中止运输合同的限制性条款。例如：铁路运输合同对于货物变更就不允许"变更同一批货物中的一部分"。

（二）收货人的义务

1. 及时提货的义务

收货人在接到承运人发出的到货通知或货物运到指定地点时（如收货人仓库），收货人应当及时验货提货。对于超出宽限期提货的，收货人负有支付保管费用的义务。承运人签发提单时，收货人提货时还应交验提单。

2. 及时验收的义务

收货人提货时应及时按约定的期限检验货物。合同对验收时间没有约定或约定不清的，承运人和收货人可以达成补充协议或按交易习惯通常做法确定。在验货过程中，收货人发现货物的数量不符或者损坏的，应在约定的期限内向承运人提出异议，否则，视为承运人已按照运输单证记载的内容交付的"初步证据"。由于货物某些内在的损伤外部查看不出，需专门的检验才能发现，而此时货物可能已交付收货人。因此，如果有证据证明内在损伤是在运输过程中造成的，可以推翻"初步证据"。

3. 支付运费和保管费的义务

货运合同中约定由收货人支付运费和相关费用的，收货人应承担支付运费的义务，发生保管费用及其他费用的亦应承担支付义务。收货人支付运费通常情况下是和发货人达成协议的，收货人不能因与发货人发生诸如质量差、规格不符合要求等纠纷而拒付运费。否则，承运人对货物享有留置权。关于留置权，《民法典》第六百三十六条规定：托运人或者收货人不支付运费、保管费以及其他运输费用的，承运人对相应的运输货物享有留置权，但当事人另有约定的除外。例如《1978年联合国海上货物运输公约》规定，托运人或收货人不能正常履行支付运费的义务时，承运人可请求海事法院拍卖运输物资以清偿所欠运输费用。

（三）承运人的义务

承运人除运输合同规定的基本义务"在约定时间将货物安全运输到约定地点"外，还应包括：

1. 及时通知收货人提取货物的义务

承运人在将货物交付收货人之后，其合同中的义务才履行完毕。承运人在将货物运送到目的地之后，应当及时通知收货人前来提货或运送到约定地点办理验货交付手续。承运人的通知义务是以可能和必要为前提条件的。如果因托运人表明的收货人和地点有误等原因，致使承运人不知道收货人而无从通知，或提货通知被退回（无人领），就可能无法完成通知义务。如果托运人在法律上对货物有处分权，已变更收货人或目的地，乃至要求中止运输的，承运人没有必要再履行通知原收货人提取货物的义务，改为由通知变更后的收货人来提取货物。

2. 对运输过程中货物的毁损、灭失承担损害赔偿的义务

承运人负有安全运送货物到约定地点的义务。从托运人将货物交付承运人起，至承运人将货物交付给收货人止，运输货物实际在承运人的监控保管之下，负有采取适当措施进行保管的义务，承运人对在运输过程中发生的货物毁损、灭失承担赔偿责任。如果不是自身原因造成的，还负有举证责任加以证明。

承运人对毁损、灭失货物的赔偿额、范围和方法，按双方当事人在签订货运合同时的约定办理。没有约定或约定不明确的，可签订补充协议或根据交易习惯确定。如仍不能确定，对于货物赔偿均以到达地的市场价格为基础进行计算。对已投保的货物，保险费用亦可作为损失计算的参考标准。托运人已投保的，保险公司应依保险合同赔偿损失。如果保险金不足以抵偿损失，托运人可以要求承运人赔偿。

五、货物运输合同的变更和解除

货物运输合同的变更或解除指的是货运合同成立后，托运人只要告知承运人，就有权单方变更或解除合同。这种变更或解除可以不经过承运人的同意，承运人也无权过问对方变更或解除的原因，只要托运人提出变更或解除合同，均应予以实现。

六、运输合同纠纷解决

（一）运输合同纠纷类型

运输合同纠纷因一方或双方没有履行合同条款中规定的义务造成了另一方的利益损失而引起。具体纠纷类型有如下。

1. 货物灭失纠纷

（1）交通事故造成货物灭失。货物交付承运人后装上指定的运载工具进行运输，此时承运人往往无法直接掌控运输工具，可能由于承运人的运输工具发生事故，如船舶沉没、触礁、飞机失事，车辆发生交通事故等，使得货物连同运输工具一起灭失。而上述交通事故既可能是由于无法避免的风险，如突如其来的恶劣气候、其他车辆的过失等造成的；也有可能是由于承运人的过失造成的，如车辆或船舶等在未出行前就存在的不安全因素、不适航状况等导致在途事故的发生；或是因为承运人所雇佣的驾驶员的过失引起碰撞、倾覆、或飞机失事。因此，对交通事故引起的货物灭失，承运人承担的责任往往根据实际情况不同而大小不一。

另外，因为货物本身的原因导致运输工具发生事故，从而造成货物的全部灭失。如精选矿粉的运输：大部分精选矿粉是由水浮选矿法从压碎的矿石中分离出来的，所以这种精矿粉在先天即含有相当水分。若又在露天存放而受雨淋则含水量更高，尤其是袋装的（如萤石粉）会吸入更多的雨水又难以漏出，然后再在货舱里拆袋散装，其水分也一定进入舱内。此外，在袋装中为了防止粉尘飞扬而不断地喷水，因此更增加含水量。往往在装舱时看不出精矿粉中含有多大水分，但在航行中由于船身受风浪而不断摇摆、振动、颠簸，表层的精矿粉便慢慢地沉至中层，并把水分挤出，使精矿粉表层上形成一层水的自由液面，各货舱大面积自由液面对船舶的稳定性有很大威胁。

（2）因政府法令禁运和没收，或战争行为造成货物灭失。目前，世界局部地区战争仍时有发生，战争的突发会造成民用运输工具被误伤而导致货物的灭失。另外，有些国家为保护本国的动植物和人类的卫生状况而对到境的货物实施没收和禁运。2017年以来，非洲猪瘟在全球多个国家发生、扩散、流行，为了防止疫情的扩散、传播，未发现疫情的国家通常通过政府法令没收有关货物，以防造成货物的全部灭失。

📊 知识链接

2018年4月23日，匈牙利农业部向OIE紧急报告，匈牙利赫维什州（Heves）于4月20日发生一起野猪非洲猪瘟疫情。2018年5月7日，为保护中国畜牧业安全，防止疫情传入，根据《中华人民共和国进出境动植物检疫法》等有关法律法规的规定，海关总署、农业农村部发布公告。

自公告发布之日起禁止直接或间接从匈牙利输入猪、野猪及其相关产品（源于猪、野猪未经加工或者虽经加工但仍有可能传播疫病的产品），停止签发从匈牙利输入猪、野猪及其相关产品的"进境动植物检疫许可证"，撤销已经签发的"进境动植物检疫许可证"；来自匈牙利的猪、野猪及其相关产品，一律做退回或销毁处理；禁止邮寄或旅客携带来自匈牙利的猪、野猪及其相关产品入境，一经发现，一律做退回或销毁处理；在途经我国或在我国停留的国际航行船舶、飞机和火车等运输工具上，如发现有来自匈牙利的猪、野猪及其相关产品，一律做封存处理。其废弃物、泔水等，一律在海关的监督下做无害化处理，不得擅自抛弃；对边防等部门截获的非法入境的来自匈牙利的猪、野猪及其相关产品，一律在海关的监督下做销毁处理。

（3）因盗窃造成货物灭失。货物处于承运人掌控时，因涉及的环节较多，其间可能遭受偷盗致损。

（4）因承运人管理过失造成货物灭失。由于装运积载不当，货物毁损、集装箱落海也是货物灭失的重要原因之一。另外由于管货的过失，如相关手续混乱造成错装错卸，使一部分货物无法交给正确的收货人也视为灭失。

（5）故意行为造成货物灭失。由于承运人故意、恶意毁坏运输工具以骗取保险，从而造成所运货物全部灭失。而目前更多发生的，则是利用运输进行诈骗活动，或是利用单据骗取货物，令货主受损或承运人承担货物灭失的责任。

2. 货损、货差纠纷

（1）未装车前已受损或已存在潜伏的致损因素。例如，据UK船东保赔协会专家们研究，散谷的水分含量高于安全运输的限度则会先发热后发霉，而不论在运输途中通风或不通风。货损的主要原因是散谷原先含水量过高，而不是不通风。在发达国家中，散谷装入筒仓时要除尘去湿，故其散谷在海运过程中很难发生因不通风而引起的货损。这说明干燥的散谷是无须通风的，散谷的货损往往是因为其本身的原因所致。

（2）装卸作业受损。例如，2019年9月，收货人在检验运抵火车站时，发现五箱货物外包装严重破损，内货外露，39号锡林筒脱位，34号锡林筒被刮伤，29号机头倾斜，降轴、左手轮轴、变速箱弯曲变形，并有不少缺件。经查货损原因系在运输过程中，粗鲁装卸碰撞挤压所致，同时几方当事人也认识到鉴于卖方包装标记不清，使野蛮装卸成为可能，托运人（卖方）也应对货损负一定责任。

（3）运输工具积载不当。2019年1月8日，"樱桃花"号货轮由美国装载纤维棉和地毯纺织机械设备30箱，运往上海、天津。2月抵上海后卸下部分纤维棉，剩余部分连同地毯设备于3月1日抵天津新港。根据船方签具的清洁提单，这些货物在美国装船是完好无损的，但卸货过程中发现地毯织机设备有22箱严重残损。3月20日，中国某理货公司制作22箱货物残损清单，船方也予以签订。卸货后，收货人北京燕山石油化工总公司请天津海关鉴定。根据鉴定结果，货损原因系由于"樱桃"号货轮货舱没有分层隔板，货箱不适当地装载于货垛中层，货箱遭受上层货物的重压所致。

（4）装运后与途中及卸货前的期间保管不当。如途中的通风不当，假设船舶在气温很高与相对湿度很大的港口装货后即开航，若沿途不通风而驶抵温度很低的水域，则舱内空气中水汽很可能在寒冷的船壳板上凝结成小水珠。反之在气温很低的港口装货后即开航，若沿途不通风而驶抵温度很高且相对湿度很大的港口，骤然开舱或强力通风，则舱外空气中的水汽就会在寒冷的货物表面上凝结成小水珠。这些水珠就会使货物受潮霉烂、发热自燃、加速腐败，造成货损。

（5）自然灾害。由于自然灾害，如台风、海啸、泥石流等人力无法控制和预测的灾害造成的运输货物受损。

3. 货物延迟交付纠纷

货物延迟，即因承运货物的交通工具发生事故，或因承运人在接受托运时未考虑到本班次载货能力而必须延误到下一班期才能发运，或在货物中转时因承运人的过失使货物在中转地滞留，或因承运人为自身的利益绕航而导致货物晚到卸货地。在航空货运中，经常会由于故障、天气原因和海关扣关等原因造成货物的延迟交付。

4. 运输单证纠纷

承运人未使用签发提单，或托运人未要求签发提单而造成托运人受损，承运人应托运人要求倒签、预借提单，从而影响到收货人的利益，收货人在得知后向承运人索赔，继而承运人又与托运人之间发生纠纷；或因承运人（或其代理人）在单证签发时的失误引起承托双方的纠纷；此外也有因货物托运过程中的某一方伪造单证引起的单证纠纷。

 知识链接
A进出口公司诉韩国B公司海运航空提单签发、货物交付纠纷

2019年8月22日，原告山东省A进出口公司与韩国B公司签订了一份来料加工合同，由原告为其加工一批服装，加工费（工缴费）总额为64 647.40美元，产品出口价值为201 689.83美元。原料装运港和目的港分别为韩国仁川港或釜山港至青岛港，产品装运港分别为青岛港至仁川港或釜山港；产品装运期最晚为2019年10月，缴费支付方式为T/T（装运后3天）。2019年9月27日，原告向被告订舱，并出具了委托书，要求被告为其运输一个20英尺集装箱到韩国釜山。委托书注明：托运人为"A进出口公司"，收货人为"韩国B公司"，通知方为"收货人（SAME AS CONSIGNEE）"，货物名称为"夹克衫、汗衫和裤子"，件数213箱，运费到付。

被告接受委托后，于2019年10月11日将货物装上船，当时原告未索要正本提单。10月6日货到目的港釜山港并将货物交付收货人韩国B公司。后因原告未收到韩国收货人的加工费，于2019年10月11日书面要求被告退运，被告通知原告该票货物已按照惯例交给了指定的收货人，至于有关费用应由原告与收货人协商解决。原告于是向青岛海事法院起诉称：被告在没有正本提单的情况下，将货物

交付出去，致使原告的加工费无法收回。因此，原告诉被告赔偿原告来料加工费10 478.90美元。

青岛海事法院审理认为原告未要求被告签发提单，被告将货物运到目的港后，将货物交给委托书指定的收货人，已履行了双方运输合同约定的义务。海上运输合同履行完毕后，原告无权要求承运人补签提单。由于托运人未及时要求签发提单而遭受损失的，应由托运人自己承担。

5. 其他纠纷

在运输过程中，除了与货物直接相关的纠纷以外，还会有运费、租金等纠纷，如由于承租人或货方的过失或故意，未能及时或足额交付运费或租金；承租的运输工具的技术规范达不到原合同的要求而产生的纠纷；由于运输市场行情变化，导致交易一方认为原先订立的合同使其在新的市场情况下受损，故毁约而产生的纠纷；双方在履行合同过程中对其他费用，如滞期费、装卸费等发生纠纷；因托运人的过失，造成对承运人的运输工具，如船舶、集装箱、汽车、火车及航空器等的损害引发的纠纷。

（二）运输合同纠纷解决办法

运输合同纠纷解决办法分三个层次或步骤：一是双方协商；二是行政仲裁；三是法院判决。仲裁有机构仲裁和临时仲裁两种形式。双方均有权向法院提起诉讼由法院判决；不服判决，可向上级法院上诉。我国专门设有海事法院和铁路运输法院。

（三）索赔时效

海事赔偿请求时效为1年，追偿请求时效为90天，航次租船赔偿请求时效为2年；公路运输赔偿请求时效为6个月；铁路运输赔偿请求时效为9个月。

习题与训练

一、名词解释

保险单　联合凭证　预约保单　代位追偿权　推定海损

二、单项选择题

1. 货物运输保险是（　　　）。
   A. 以运输途中的货物作为保险标的
   B. 以海上财产以及与之有关的利益，和与之有关的责任作为保险标的

C. 以各类运输工具作为保险标的

D. 以国内船舶和海上船舶作为保险标的

2. 以下可以单独投保的是（　　　　）。

    A. 淡水雨淋险
    B. 一般附加险
    C. 特殊附加险
    D. 基本险

3. 货物运输保险的保险责任的起讫期限采用（　　　　）。

    A. 装上运输工具至卸下运输工具
    B. 仓至仓
    C. 从承运人处接货至货交收货人
    D. 保险单签收至货交收货人

4. 在海运基本险别中责任范围最大的是（　　　　）。

    A. 平安险
    B. 水渍险
    C. 一切险
    D. 特殊附加险

5. 投保一般附加险，只有在（　　　　）基础上才能加保。

    A. 平安险
    B. 水渍险
    C. 平安或水渍险
    D. 一切险

三、多项选择题

1. 共同海损的构成条件有（　　　　　　）。

    A. 必须确有共同危险

    B. 采取的措施是有意的、合理的

    C. 牺牲和费用的支出是非常性质的

    D. 构成共同海损的牺牲和费用的开支最终必须是有效的

2. 为防止运输途中串味，出口茶叶办理保险时，应投保（　　　　　　）。

    A. 串味险
    B. 平安险加串味险
    C. 水渍险加串味险
    D. 一切险

3. 土畜产公司出口肠衣一批，为防止在运输途中因容器损坏而引起渗漏损失，保险时应投保（　　　　　　）。

    A. 渗漏险
    B. 一切险
    C. 一切险加渗漏险
    D. 水渍险加渗漏险

4. 根据我国海洋运输保险条款规定，一般附加险包括（　　　　　　）。

    A. 短量险
    B. 偷窃提货不着险
    C. 交货不到险
    D. 串味险

5. 我国海上货物保险的基本险种包括（　　　　　　）。

    A. 平安险
    B. 战争险
    C. 水渍险
    D. 一切险

四、简答题

1. 简述海运货物的风险构成。
2. 我国海运基本险有哪些？其责任范围有什么关系？
3. 如何进行投保险别的选择？
4. 简述货运合同当事人的权利和义务。
5. 货物运输合同纠纷类型有哪些？

案例讨论

案例1

某货轮载货后，在航行途中不慎发生搁浅，事后反复开倒船，强行起浮，致使船上轮机受损并且船底划破，海水渗入货舱，造成部分货物损失。该船行驶至临近的一个港口船坞修理，暂时卸下大部分货物，前后花费了10天时间，增加了各项费用支出，包括员工工资。货轮修复后装上原货启航后不久，A舱起火，船长下令对该舱灌水灭火。经灭火后发现A舱原载文具用品一部分被焚毁，另一部分文具用品和全部茶叶被浸湿。

案例研讨：

1. 试分析以上各项损失的性质。
2. 简析上述案例可以投保什么险，保险公司才负责赔偿。

案例2

我国外贸公司以CFR条件进口4 000吨钢管，我方为此批货物向某保险公司投保我国海运保险水渍险。钢管在上海卸下时发现有500吨生锈，经查其中200吨钢管在装船时就已经生锈，但由于钢管外表有包装，装船时没有被船方检查出来。还有200吨钢管因船舶在途中搁浅，船底出现裂缝，海水浸湿生锈，另有100吨钢管因为航行途中曾遇雨天，通风窗没有及时关闭而被淋湿生锈。

案例研讨：

分析以上损失的原因，并简析保险人是否应该予以赔偿。

本章综合实训

一、实训名称

虚拟运输企业情景，模拟签订运输合同。

二、实训目标

1. 通过实训使学生掌握运输合同的形式和主要内容。

2. 培养学生搜集资料、谈判沟通的能力。

三、实训内容

1. 货物运输合同的概念和特点。

2. 货物运输合同的分类与表现形式。

3. 货物运输当事人的权利与义务。

4. 货物运输合同的变更和解除条件。

5. 运输合同纠纷的解决。

四、实训步骤

1. 以2人为一个小组，分别承担托运人和承运人的角色。

2. 选定不同的运输商品，并选择合适的运输方式。

3. 托运人与承运人就运输的具体问题进行磋商，谈妥相关约定。

4. 填写相应的运输合同。

五、评价标准

1. 掌握货物运输的概念和特点。

2. 熟悉运输合同的分类与表现形式。

3. 明确货物运输当事人的权利与义务。

4. 掌握货物运输合同的变更与解除条件。

5. 熟悉运输合同纠纷的类型及解决办法。

六、成果形式

1. 以小组为单位提交货物运输合同。

2. 抽取部分同学介绍运输合同内容。

3. 根据合同内容的完善程度和格式的规范程度及个人在交流过程中的表现进行成绩评估。

第九章

运输决策与管理

知识目标

- 掌握运输成本项目
- 熟悉影响运输成本的因素
- 掌握影响不同运输方式选择的因素
- 了解用数学方法确定行车路线的原理
- 掌握物联网、大数据在智慧物流中的应用

技能目标

- 具备合理选择运输方式的能力
- 具备利用数学工具确定合理运输路线的能力
- 具备合理选择运输服务的能力

素养目标

- 培养学生能够用先进的管理理念及信息技术进行行业创新的精神
- 了解国家对于绿色物流发展的相关政策规划，强化作为物流人的使命担当意识

● **思维导图**

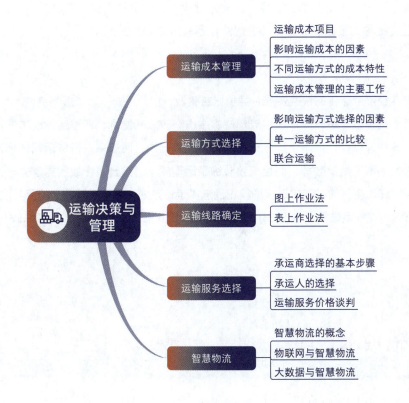

运输决策与管理
- 运输成本管理
  - 运输成本项目
  - 影响运输成本的因素
  - 不同运输方式的成本特性
  - 运输成本管理的主要工作
- 运输方式选择
  - 影响运输方式选择的因素
  - 单一运输方式的比较
  - 联合运输
- 运输线路确定
  - 图上作业法
  - 表上作业法
- 运输服务选择
  - 承运商选择的基本步骤
  - 承运人的选择
  - 运输服务价格谈判
- 智慧物流
  - 智慧物流的概念
  - 物联网与智慧物流
  - 大数据与智慧物流

引例
沃尔玛日运货物超百万箱 致力于打造绿色智能物流

2017年3月22日，沃尔玛中国有限公司在深圳举办2017年年度运输商大会，分享了绿色智能管理和移动技术在物流运输领域的应用成果。

沃尔玛供应链团队支持全国各地400多家门店的日常商品运转，为零售业务进行准确的供需预测、及时的补调货和安全高效的物流配送，运输是确保庞大网络正常运作的重要"血脉"。平均每天约有800辆卡车行驶在配送途中，行驶里程数超过21万千米，每天完成100万箱货物的准时送达。

在商品流转过程中，门店与配送中心、配送中心与承运商、承运商与单位车辆之间发生大量的端到端交互信息，如实时监控车辆位置、在途预警、异常反馈、车辆到达时间估算等。为精准处理动态信息，沃尔玛利用运输管理软件系统（TMS）及客户端APP，通过移动互联网与运输方共享信息。对于系统累积的信息和数据，增加大数据分析处理的功能。

为了提高商品流转效率，沃尔玛引入路径优化系统（ROS），规划商品到店最优路线。系统根据承运商的承载能力、配送中心的仓储情况，结合实时路况，通过移动客户端APP，进行在线车辆调度和到店顺序安排。

沃尔玛应用智能引擎管理系统（EMS）实时记录驾驶员的驾驶习惯，包括车速、刹车记录、历史轨迹、油耗、异常情况等，为安全驾驶提供参数指导，为推行优化运费结构政策提供数据支持，以降低运输成本。

【引例分析】

随着经济全球化的快速发展，竞争日益激烈，企业不断努力降低物流成本，以提升自身的竞争力。运输成本在物流总成本中占有较大的比例，通过运输成本的控制，可以有效地降低物流成本。沃尔玛在运输管理过程中，通过采取各种运输优化方案，不仅大大提高了运输效率，而且有效节约了运输成本，提升了企业的竞争力。因此，掌握运输成本管理的基础知识，能够正确选择运输方式，确定合理的运输路线及运输服务方式，加强运输信息管理，这已成为现代物流从业人员必须掌握的管理知识。

第一节
运输成本管理

党的二十大报告指出：加快发展物联网，建设高效顺畅的流通体系，降低物流成本。运输是物流系统中的核心功能，负责完成物品在物流据点之间的移动。运输成本则是指运输活动中所发生的一切相关费用，包括所支付的运输费用、运输行政管理费用和维持运输工具的相关费用等。明确运输成本核算的项目，是做好成本核算的基础工作。在此基础上，才能有效地进行运输成本的管理与控制。

一、运输成本项目

各种运输方式的运输成本通常由两类成本构成：一是直接成本（也称直接费用），是完成运输过程直接使用的费用；另一类是间接成本（也称间接费用），是管理和营销等费用。本章以汽车运输企业成本核算为例介绍运输成本项目，根据《企业会计准则》的规定，结合运输生产耗费的实际情况，汽车运输成本项目可划分为直接人工、直接材料、其他直接费用、营运间接费用四个基本部分。

（一）直接人工

直接人工是指支付给营运车辆司机和助手的工资。包括司机和助手随车参加本人所驾车辆保养和修理作业期间的工资、工资性津贴、生产性奖金，以及按营运车辆司机和助手工资总额计提的职工福利费。

（二）直接材料

物流运输过程中的直接材料包括：

1. 燃料

燃料指营运车辆运行过程中所耗用的各种燃料，如营运过程耗用的汽油、柴油等燃料。

2. 轮胎

轮胎指营运车辆所耗用的外胎、内胎、垫带、轮胎翻新费和零星修补费用等。

（三）其他直接费用

其他直接费用主要包括：

1. 保养修理费

保养修理费指营运车辆进行各级保养及各种修理所发生的料工费（包括大修理费用计提额）、修复旧件费用和行车耗用的机油、齿轮油费用等。采用总成互换保修法的企业，保修部门领用的周转总成、卸下总成的价值及卸下总成的修理费也包括在内。

2. 折旧费

折旧费指按规定计提的营运车辆折旧费。

3. 养路费

养路费指按规定向公路管理部门缴纳的营运车辆养路费。

4. 其他费用

其他费用指不属于以上各项目的与营运车辆运行直接有关的费用。包括车管费（指按规定向运输管理部门缴纳的营运车辆管理费）、行车事故损失（指营运车辆在运行过程中，因行车事故发生的损失。但不包括非行车事故发生的货物损耗及由于不可抗力造成的损失）、车辆牌照和检验费、保险费、车船使用税、洗车费、过桥费、轮渡费、司机途中住宿费、行车杂费等。

（四）营运间接费用

营运间接费用是指车队、车站、车场等基层营运单位为组织与管理营运过程所发生的，应由各类成本负担的管理费用和营业费用，包括工资、职工福利费、劳动保护费、取暖费、水电费、办公费、差旅费、修理费、保险费、设计制图费、试验检验费等。

📖 知识链接

成本对象是指成本的归集点，是根据需要对成本进行单独测定的任何活动。产品、服务、项目、客户、部门等都可以作为运输成本对象。直接运输成本是指与特定成本对象直接相关的、能够经济而又方便地追溯的运输成本，如运输工具的燃料费用。间接运输成本是与特定成本对象相关，但不能经济而又方便地追溯到各个成本对象的成本。间接运输成本要通过成本分配的方法分配给成本对象，如生产管理人员的工资。正确划分直接成本和间接成本对成本核算有重要的意义。运输成本与成本对象的关系如图9-1所示。

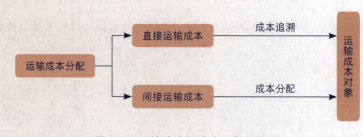

图9-1　运输成本与成本对象的关系

二、影响运输成本的因素

运输成本通常受7个因素的影响，尽管这些因素并不是运费表上的组成部分，但承运人在制定运输费率时，必须对每个因素加以考虑。这7个因素分别为运输距离、装载量、货物疏密度、配积载能力、装卸搬运、运输过程中所承担的附带责任，以及市场因素。一般来说，上述顺序也反映了每个因素的重要程度。

（一）运输距离

运输距离是影响运输成本的主要因素，它直接影响劳动、燃料和维修保养等变动成本。图9-2显示了运输距离与运输成本之间的一般关系，并说明了以下两个重点：第一，成本曲线不是从原点开始的，因为它的存在与距离无关，但与货物的提取和交付活动所产生的固定费用有关；第二，成本曲线的增长幅度是随距离增长而减小的，这种特征被称作递减原则（tapering principle），即运输距离越长，城市间每千米的单位费用越低。但市内配送是个例外，因市内配送通常会频繁停车，要增加额外的装卸成本。

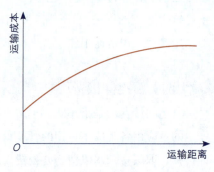

图9-2　运输距离与运输成本之间的一般关系

（二）装载量

装载量之所以会影响运输成本，是因为运输与其他许多物流活动一样存在着规模经济，每单位重量的运输成本随装载量的增加而减少（如图9-3所示）。之所以会产生这种现象，是因为提取和交付活动的固定费用以及企业管理费用可以随装载量的增加而被分摊。但是，这种关系在装载能力较小的运输工具上表现得并不明显，如卡车受最大尺寸的限制，一旦该车辆满载，对下一辆卡车会重复这种关系。这种关系对托运部门的启示是，大批量的托运应利用运载能力大的运输工具，以利于规模经济。

（三）货物疏密度

货物疏密度是把重量和空间方面的因素结合起来考虑。这一因素之所以重要，是因为运输费率通常表示为每单位重量所花费的金额，例如每吨金额数或每千克金额数等。但是，密度低的货物装载数量的限制往往是运输工具所能提供的装载空间，而不是重量限制。虽然这些产品的重量很轻，但车辆一旦装满，就不可能再增加装运数量。而运输工具实际消耗的劳动成本和燃料成本受其所装载的货物重量的影响甚微，因此，如果纯粹以货物重量来计算轻泡货物的运价，承运部门将难以承受。通常的做法是，设定一个标准密度（如图9-4所示），货物实际密度大于此标准密度的称为重货，按重量计价；货物实际密度小于此标准密度的称为轻（泡）货，将其体积按一定的折算关系换算成计费（重量）吨，再按重量计价。因此，密度越高，越可以把固定运输成本分摊到更大的重量上去，使这些产品所承担的每单位重量的运输成本相对较低。

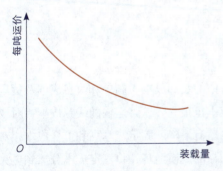

图9-3 装载量与运输成本之间的一般关系

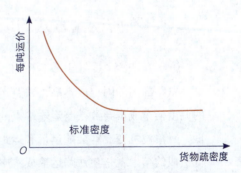

图9-4 货物疏密度与运输成本之间
的一般关系

（四）配积载能力

配积载能力是指产品的具体尺寸及其对运输工具（铁路车、拖车或集装箱）的空间利用程度的影响。由于有些产品具有特殊的尺寸和形状，以及超重或超长等特征，通常不能很好地与其他货物进行配载，并因此浪费运输工具的空间。一般来说，具有标准矩形的产品要比形状特殊的产品更容易积载；大批量产品往往能够相互嵌套、便利配载，而小批量产品则有可能难以配载。对长大、笨重的货物，承运部门一般都会制定一个特定的运费率，或在基本运费率的基础上加收一定的比例。

（五）装卸搬运

在货物转运时，运输成本必然增加，中转的装卸费用算入运输成本。在直达运输时，装货和卸货只有运输的两端各一次。但在转运时，中途需要装卸，运输成本随转运的次数增加而增加。企业应尽量采用直达运输，减少货物转运，从而降低运输成本。

（六）运输过程中所承担的附带责任

运输过程中所承担的附带责任一般与货物的易损坏性、易腐性、易被偷窃性、易自燃性及单位价值等特征有关。这些特征关系到货物损坏风险的大小，直接影响公司在承运过程中对货物损害所承担责任的大小，从而会影响到运输成本中保险费的高低。

（七）市场因素

运输通道流量和通道流量均衡等市场因素会影响运输成本。运输的起点和终点相向运输货物是否平衡，会引起运输成本的增减。如果往返程货物不平衡，会出现返回空载的现象，造成运力浪费，使运输成本增加。但由于制造地点与消费地点的需求不平衡，通道两端流量相等的情况很少见。此外，不平衡性也会受季节因素影响，如销售旺季时运输的水果和蔬菜。因此，需求的方向性和季节性导致运输率随方向和季节的变化而变化。

三、不同运输方式的成本特性

（一）铁路运输的成本特征

铁路部门的固定成本高，铁路运输过程中的装卸成本、制单和收费成本及货车的调度换车成本导致铁路运输端点的可变成本也很高。铁路运输的线路成本相对较低，且单位可变成本会随运量和运距的增加略有下降。固定成本高和可变成本相对低造成的结果就是在铁路运输成本中存在明显的规模经济，将固定成本分摊到更大的运量上会降低单位成本。相应地，如果将固定成本分摊到更长距离的运输中，铁路的吨千米成本就会下降。

（二）公路运输的成本特征

公路运输的固定成本是所有运输方式中最低的，因为承运人不拥有用于运营的公路，汽车只是很小的经济单位，车站的运营也不需要昂贵的设备。同时，汽车运输的可变成本很高，因为公路建设和公路维护成本都以燃油税、养路费、公路收费、吨千米税的方式征收。端点成本包括取货和送货成本、站台装卸成本、制单费和收费成本，约占汽车运输总成本的15%～25%。端点成本在运输批量较小时，会随运输批量变化而变化。当运量超过一定规模，随着取货、送货和装卸成本分摊到更大的运量上，端点成本会持续下降。线路费用占总成本的比例为50%～60%，单位线路费用随运距或运量的增加而降低，但并不明显。

（三）水路运输的成本特征

水路运输的固定成本主要投放在运输设备和端点设施上。水路和港口都是公有的，只有少数项目向水运承运人收费。水路运输的端点成本包括船只进入海港时的港口费和货物装卸费。水运货物装卸速度慢，除散货和集装箱货可以有效使用机械化装卸搬运设备外，昂贵的搬运成本（人工作业）使得其端点成本相对较高。

水运中常见的高端点成本在很大程度上被很低的线路费用抵消。水路不对使用者收费，且以很慢的速度、很小的单位运量牵引力进行运输，水运的可变成本尤其低。由于端点成本很高，线路费用很低，吨千米成本随运距和运量的变化急速下降。正因为如此，水运是最廉价的大宗货物运输方式之一，适合长距离、大批量运输。

（四）航空运输的成本特征

航空公司拥有的运输设备在经济寿命内对其进行折旧构成了昂贵的固定成本。航空公司根据需要，以燃油、仓储、场地租金和起降费等形式购买的机场服务构成了其可变成本的主要部分。航空公司的可变成本受运距的影响比受运量的影响大。由于飞机在起飞和降落阶段的油耗远比巡航时大，单位运距的可变成本便会随着运距的加长而降低。对于既定的飞机，运量对可变成本的影响不大，当然，大型飞机按吨千米计算的营运成本较低。

固定成本和可变成本合在一起使航空运输成为最贵的运输方式，短途运输尤其如此。但是，随着端点成本和其他固定开支分摊在大型飞机更大的运量上，单位成本会有所降低。如果在长距离内营运，还会带来单位成本进一步的下降。正因如此，航空运输适合于运输费用负担能力强，货运量小的中长距离运输。

（五）管道运输的成本特征

管道公司（或拥有管道的石油公司）拥有运输管道、泵站和气泵设备。这些固定装备的成本加上其他成本使管道运输的固定成本与总成本的比例在所有运输方式中最高。要提高管道运输的竞争力，必须有足够大的运量来摊薄较高的固定成本。可变成本主要包括运送产品（通常为原油和成品油）的动力和与泵站经营相关的成本。动力消耗与管道长度成正比，而运量则与管道的截面积成正比。因此，只要有足够大的运量，大管道的每吨千米成本会迅速下降。但在同一根管道上运送的产品种类过多，管道运输的规模收益会递减。

（六）多式联运的成本特征

多式联运的固定成本主要投放在衔接多种运输方式的枢纽设施上。多式联运铁路运输集装箱货物、公路运输货物，以及航空运输集装箱货物装卸要求不同，因此，衔接多种运输方式的枢纽设施成本较高。

多式联运的变动成本主要指运输成本，由货物流集合、跨枢纽运输、货物分配所产生的运输成本组成。这些成本与该段路径上运输货物流量的大小直接相关。此外，多式联运的变动成本还涉及由运输网络拥堵、高速公路维修、事故、噪声污染等运输环境引起的额外成本，但这些通常不由多式联运经营人直接支付。

四、运输成本管理的主要工作

运输成本是表明企业经营管理工作质量的一项重要的综合性指标，在很大程度上反映了企业生产经营活动的经济成果。运输成本管理的目的，是通过对成本的核算、分析和考核，挖掘企业内部降低成本的潜力，寻找降低成本的途径和方法，以降低生产费用和一切非生产性消耗，增加盈利。为此，必须加强成本管理，做好成本核算的各项基础工作。

（一）加强运输成本管理的基础工作

企业各职能部门必须在经理、财会部门的领导下，认真做好成本管理的基础工作。

（1）要建立健全货物招揽业务记录，运输生产记录，车辆维修作业记录，车辆、设备使用记录，财产物资变动记录，管理信息记录等原始记录。

（2）企业应对各种原材料、燃料、轮胎、工具和各级维修作业等，根据市场行情制订计划，定期调整价格差异，保证成本核算的真实性。

（3）对各种原材料、燃料、工具、工时、物资储备、资金占用、费用等制订出计划定额，并根据企业生产技术水平和管理水平的提高，生产环境的改善，定期或不定期地进行修订。

（4）对一切物资进出都要经过计量、验收，计量仪表要配备齐全，并定期校正和维修，保证计量的准确性和可靠性。

（5）企业的物资、财产要定期盘存，保证账实相符，并及时处理多余积压物资，减少物资损耗。

（二）严格区分不同性质的费用支出范围

企业的费用支出种类多，且费用来源和用途不同，为了加强运输成本管理，必须严格按规定的成本开支范围和标准开支。在企业会计核算中，要严格区分营业费用与基建费用的开支范围、营业支出与营业外支出的界限，保证成本的真实性与可比性，防止乱挤、乱摊成本等违犯财经纪律的行为。

（三）加强成本监督，保证成本核算的真实性

成本计划、成本控制和成本分析，依赖于成本核算资料。若成本核算不真实，则不能发挥成本管理的作用，同时企业财务成果将会失真。造成成本核算不真实的主要原因有：

（1）企业原始记录不健全，计量不准确。

（2）有些财务人员业务不熟悉，对各项费用的开支范围和标准不清楚，造成成本归集、分配和财务处理的方法不当。

（3）有些企业负责人违反会计核算准则，假账真算，搞"经理成本"。

要保证企业成本核算的真实性，还必须加强成本监督工作。认真审核成本计划和各项费用开支标准，经常进行成本检查，对违反成本法则的，要及时制止，确保成本核算的真实性。

（四）实行全面成本管理

全面成本管理，是指企业全员参与生产经营全过程的成本管理。企业成本高低，关系到企业的经济效益，也关系到企业每个职工的经济利益。因此，每个职工都应参与成本管理，做到干什么、管什么，成本管理责任到人。

运输企业要从供应、维修、装卸、运行、结算全过程进行成本管理。生产经营全过程的每个环节都对总成本有直接影响。例如，配件型号选择不当或价高质次，维修成本过高或维修质量不好，既影响车辆的占用成本，又影响车辆的使用效率和运输质量。在运输生产过程中，原料消耗、运输质量、驾驶员劳动生产率等都直接影响运输成本。

第二节
运输方式选择

各种运输方式和运输工具都有各自的特点，不同类型物品对运输的要求也不尽相同。因此，合理选择运输方式是合理组织运输、保证运输质量、提高运输效益的一项重要内容。物质产品从生产所在地向消费所在地的物理性转移，是通过不同的运输方式来实现的。运输决策的一个重要内容是根据运输商品对运输时间与运输条件的具体要求，选择适当的运输方式和运输工具，使企业能用最少的时间，走最短的路线，花最少的费用，安全地把商品从生产地运送到销售地。

一、影响运输方式选择的因素

各种运输方式均有优点和缺点，企业进行选择时，必须结合自己的经营特点和要求、商品性能、市场需求的缓急程度，对各种工具的运载能力、速度、频率、可靠性、可用性和成本等做了综合考虑和合理筛选。一般来讲，应重点考虑以下因素。

（一）商品性能特征

商品性能特征是影响企业选择运输工具的重要因素。一般来讲，粮食、煤炭等大宗货物适宜选择水路运输或铁路运输；水果、蔬菜、鲜花等鲜活商品，电子产品，宝石，以及时令性商品等适宜选择航空运输；石油、天然气、碎煤浆等适宜选择管道运输。

（二）运输速度和路程

运输速度的快慢、运输路程的远近决定了货物运送时间的长短。在途运输货物犹如企业的库存商品，会形成资金占用。因此，运输时间的长短对能否及时满足销售需要，减少资金占用有重要影响。所以，运输速度和路程是选择运输工具时应考虑的一个重要因素。一般来讲，批量大、价值低、运距长的商品适宜选择水路运输或铁路运输；而批量小、价值高、运距长的商品适宜选择航空运输；批量小、距离近的商品适宜选择公路运输。

（三）运输的可得性

对自用型运输而言，运输的可得性意味着其运输能力一般以能够应付某一时期的最大业务量为标准。运输能力的大小对企业分销影响很大，特别是一些季节性商品，旺季时会使运输达到高峰状态，若运输能力小，不能合理、高效率地安排运输，就会造成货物积压，商品不能及时送往用地，从而使企业错失销售良机。对营业型运输企业而言，运输的可得性涉及其业务的性质、运输能力及运输服务覆盖的范围。不同运输方式的运输可得性也有很大的差异，公路运输最可得，其次是铁路运输，水路运输与航空运输只有在港口城市与航空港所在地才可得。

（四）运输的一致性

运输的一致性是指在若干次装运中履行某一特定的运次所需的时间与原定时间或与前 N 次运输所需时间的一致性。它是运输可靠性的反映。近年来，托运方已把一致性看做是高质量运输最重要的特征。如果给定的一项运输服务第一次花费了两天、第二次花费了六天，这种意想不到的变化就会给生产企业带来严重的物流作业问题。厂商一般首先要寻求实现运输的一致性，然后再提高交付速度。如果运输缺乏一致性，就需要安全储备存货，以防预料不到的服务故障。运输一致性还会影响买卖双方承担的存货义务和有关风险。

（五）运输的可靠性

运输的可靠性涉及运输服务的质量属性。对质量来说，关键是要精确地衡量运输的可得性和一致性，这样才有可能确定总的运输服务质量是否达到所期望的服务目标。运输企业如要持续不断地满足顾客的期望，最基本的是要承诺不断地改善。运输质量来之不易，它是经过仔细计划，并得到培训、全面衡量和不断改善支持的产物。在顾客期望和顾客需求方面，基本的运输服务水平应该现实一点。必须意识到顾客的需求是不同的，所提供的服务必须与之相匹配。对于没有能力始终如一满足的、不现实的、过高的服务目标必须取缔，因为对不现实的全方位服务轻易做出承诺会极大地损害企业的信誉。

（六）运输费用

企业开展商品运输工作，必然要支出一定的财力、物力和人力，各种运输工具的运用都要企业支出一定的费用。因此，企业进行运输决策时，要受其经济实力以及运输费用的制约。例如，企业经济实力弱，就不可能使用运费高的运输工具（如航空运输），也不能自设一套运输机构来进行商品运输工作。

（七）市场需求的缓急程度

在某些情况下，市场需求的缓急程度也决定着企业应当选择何种运输工具。市场急需的商品必须选择速度快的运输工具，如航空或汽车直达运输，以免贻误时机；反之则可选择成本较低而速度较慢的运输工具。

二、单一运输方式的比较

五种基本的运输方式都具有各自的特性，在选择运输工具时，一般从速度、运量、运价、适合货物等方面来考查各种交通运输工具（方式）的特点，如表9-1所示。

表9-1　各种交通运输工具（方式）的特点比较

工具（方式）	速　度	运　量	运　价	适合货物
飞机（空运）	最快	少	最昂贵	贵重、急需、时间要求紧
轮船（水运）	最慢	最多	最便宜	大宗货物、时间宽松
汽车（陆运）	较慢	较少	较贵	时间要求灵活、量少、路程短
火车（陆运）	较快	较多	较便宜	量大、时间较紧
管道运输	连续	大	便宜	气体、液体、连续性强

三、联合运输

运输方式选择不限于单一的运输手段，而是通过多种运输手段的合理组合实现物流的合理化。物流管理者将两种或更多种运输方式的优势集中在一起称为联运，相比单一运输方式联运能为客户提供更快、风险更小的服务，其组合方式有很多种：① 铁路运输和公路运输；② 铁路运输和水路运输；③ 铁路运输和航空运输；④ 铁路运输和管道运输；⑤ 公路运输与航空运输；⑥ 公路运输和水路运输；⑦ 公路运输和管道运输；⑧ 水路运输和管道运输；⑨ 水路运输和航空运输；⑩ 航空运输和管道运输。这些组合并不是都实用，其中公路运输和铁路运输的组合（称"驮背运输"）得到广泛使用；公路运输和水路运输的组合（称"鱼背运输"）也得到了越来越多的采用，尤其在高价值货物的国际运输中。在一定范围内，公路运输与航空运输，铁路运输与水路运输的组合也是可行的。铁路运输和公路运输的联运使托运人既能享受到公路运输接送和发运的灵活性，又能获得铁路运输在远程运输中的高效率。几乎所有的航空运输都是联合运输，因为它需要由货车将货物接送并装到飞机上，然后由货车运至目的地。公路运输促使不同运输方式联运在一起，由它提供灵活、定期和短途的服务，使联合运输方式更有效率。联运可以提高运输效率、简化手续、方便货主，保证货物流通过程的畅通，它把分阶段的不同运输过程，联结成一个单一的整体运输过程，不仅给托运人或货运人带来了方便，而且加速了运输过程，有利于降低成本，减少货损货差的发生，提高运输质量。

目前，大多数运输涉及一种运输方式以上的服务，物流管理者面临的挑战就在于多种运输模式的均衡必须在整体物流系统的大框架下完成。物流运输系统的目标是实现物品迅速、完整和低成本的运输，而运输时间和运输成本则是不同运输方式相互竞争的重要条件，运输时间与运输成本的变化必然带来所选择的运输方式的改变。目前企业对缩短运输时间、降低运输成本的要求越来越强烈，在当今经营环境较复杂、较困难的情况下，只有不断降低各方面的成本，加快商品周转，才能提高企业经营效率，实现竞争优势，缩短运输时间和降低运输成本这种此消彼长的关系，也就是物流各项活动之间的"效益背反"的体现。所以选择运输方式时一定要有效地协调二者的关系。实现物流过程的合理运输，即从物流系统的总体目标出发，运用系统理论和系统工程的原理和方法，充分利用各种运输方式，选择合理的运输路线和运输工具，以最短的路径、最少的环节、最快的速度和最少的劳动消耗，组织好物品的运输活动。

🖳 知识链接

驮背运输是一种公路运输和铁路运输联合的运输方式，货运汽车或集装箱直接开上火车车皮，到达目的地后再从车皮上开下的运输方式。

鱼背运输是指公路运输与水路运输的结合，是一种将卡车或集装箱装载至驳船或远洋船舶上进行长途运输的方式。

第三节
运输线路确定

运输线路的选择影响到运输设备和人员的利用，正确地确定合理的运输线路可以降低运输成本。在运输管理中，经常用图上作业法和表上作业法来对运输线路的选择进行辅助决策。

一、图上作业法

图上作业法（graphical method）是一种借助于货物流向流量图，根据有关规则进行必要调整而进行货流合理规划的简便线性规划方法，它能求出最小运输费用或最大运输效率，从而消除环状交通网上物资调运中的相向运输（包括隐蔽相向运输）和迂回运输。这种方法使用图解的形式，直观易懂，计算简单，对于物资的合理调运、提高运输过程中的里程利用率、减少空驶、增加运量、充分利用现有运输设备等，是一个有效的工具，应用相当广泛。

图上作业法的基本步骤如下所述。

（一）绘制交通图

根据客户所需货物汇总情况、交通线路、配送点与客户点的布局，绘制出交通示意图。

在运输交通图上，用方形"□"表示生产地或配送地；用"□"旁边的数字表示该生产地的产量或配送地的供应量，用正数表示；用"○"表示销售地或需求地；用"○"旁边的数字表示该销售地的销售量或需求地的需求量，用负数表示。商品运输的方向用"→"表示。

⊗ [例题1]

设 A_1、A_2、A_3 这3个配送点分别有化肥40 t、30 t、30 t，需送往4个客户点 B_1、B_2、B_3、B_4，而且已知各配送点和客户点的地理位置及它们之间的道路通阻情况，则可据此制出相应的交通图，如图9-5所示。

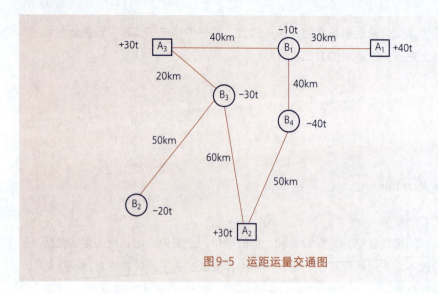

图9-5　运距运量交通图

（二）将初始调运方案反映在交通图上

任何一张交通图上的线路分布形态无非为成圈与不成圈两类。

对于不成圈的如A_1、B_2的运输，可按"就近调运"的原则即可，很容易得出调运方案。其中（$A_1 \rightarrow B_4$ 70 km）<（$A_3 \rightarrow B_4$ 80 km），（$A_3 \rightarrow B_2$ 70 km）<（$A_2 \rightarrow B_2$ 110 km），先假定（$A_1 \rightarrow B_4$），（$A_3 \rightarrow B_2$）运输。

对于成圈的如A_2、A_3、B_1所组成的圈，可采用破圈法处理，即先假定某两点（A_2与B_4）不通（即破圈），再对货物就近调运，（$A_2 \rightarrow B_3$）（$A_1 \rightarrow B_4$），数量不够的再从第二点调运，即可得出初始调运方案，如图9-6所示。在绘制初始方案交通图时，凡是按顺时针方向调运的货物调运线路（如A_3至B_1、B_1至B_4、A_2至B_3），其调运箭头线都画在圈外，称为外圈；否则，其调运箭头线（A_3至B_3）都画在圈内，称为内圈，或者两种箭头相反方向标注亦可，如图9-6所示。

（三）检查与调整

面对交通图上的初始调运方案，首先分别计算线路的全圈长、内圈长和外圈长（圈长即指里程数），如果内圈长和外圈长都分别小于全圈长的一半，则该方案即为最优方案；否则，即为非最优方案，需要对其进行调整。如图9-6所示，全圈长（$A_2 \rightarrow A_3 \rightarrow B_1 \rightarrow B_4$）为210 km，外圈（$A_3 \rightarrow B_1$ 40 km、$B_1 \rightarrow B_4$ 40 km、$A_2 \rightarrow B_3$ 60 km）长为140 km，大于全圈长的一半，显然，需要缩短外圈长度。调整的方法是在外圈（若内圈大于全圈长的一半，则在内圈）上先假定运量最小的线路两端点（A_3与B_1）之间不通，再对货物就近调运，可得到调整方案如图9-7所示。然后，再检查调整方案的内圈长与外圈长是否都分别小于全圈长的一半。如此反复得出最优调运方案为止。如图9-7所示，计算可得内圈长为70 km，外圈长为100 km，均小于全圈长的一半，可见，该方案已为最优方案。

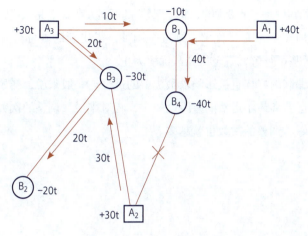

图9-6　A₂→B₄破圈调运图

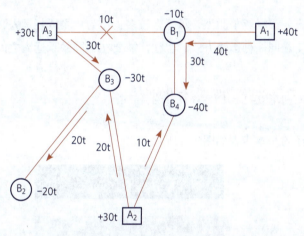

图9-7　A₃→B₁破圈调运图

二、表上作业法

图上作业法可以很简便地求得吨千米数最小的调运方案。可是吨千米数有时还不能充分地反映运输耗费的大小程度。表上作业法是为了解决费用最省的这个问题的。

表上作业法（tabular method）是用列表的方法求解线性规划问题中运输模型的计算方法。当某些线性规划问题采用图上作业法难以直观求解时，就可以将各元素列成相关表，作为初始方案，然后采用检验数来验证这个方案，否则就要采用闭回路法、位势法或矩形法等方法进行调整，直至得到满意的结果。这种列表求解方法就是表上作业法。

表上作业法的步骤是：

（1）列出被调物资的单位运价表和平衡表，然后判定初始调运方案，即求出初始基可行解。

（2）判别所得解是不是最优解（即运费最少的调运方案），若是最优解，则停止计算。

（3）如果所得解不是最优解，则进行调整，得出新的基可行解（新的调运方案），再判定新基可行解，直至得到最优解为止。

初始方案编制的好坏直接影响求最优解的进度，一般来说，初始方案编制得较好，该方案的运费离最小运费的差距就较小，相对来说，调整的次数也少；如果初始方案编得不好，调整的次数也就越多。

第四节
运输服务选择

由于运输服务市场竞争激烈，承运人较多，作为货主或托运人，在进行运输决策的时候，即使是同一种运输方式，也往往需要在不同的承运人之间做出选择。

一、承运商选择的基本步骤

承运商选择的基本步骤如图9-8所示。

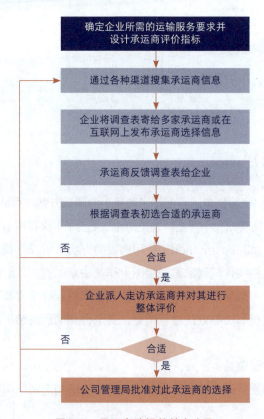

图9-8　承运商选择的基本步骤

（一）承运商选择的范围界定

首先要确定运输发生的地理范围，选择对这些区域运输比较熟悉的承运商；然后，根据企业物品运输的要求，如物品属性、运送批量和体积、运输频率、运送时间等，圈定适合运输企业物品的承运商范围。

（二）确定承运商选择指标

企业选择的承运商在一定程度上与企业之间的关系是战略伙伴关系，承运商的好坏不仅会影响企业战略目标的实现，而且在一定程度上会影响企业竞争力。因此，选择承运商要慎重，并事先确定企业选择承运商的标准。一般情况下，企业选择承运商可在长期项目和短期项目上分别制定选择的标准。

企业在选择承运商时，在长期项目上企业关注的指标有：

（1）承运商的经营状况，是否有成功运作的经验。

（2）考察承运商的运输能力，重点在承运商的运输网络构建上。

（3）承运商的整体服务水平和对突发事件的处理能力。

（4）承运商的履行合约的承诺与能力，道德和社会责任。

在短期评审项目上，企业更关注运输成本、运输周期、运送时间的变化率和货物安全。

（三）发布承运商选择信息

信息发布的面越广，越有利于选择合适的承运商。优秀的承运商能够帮助企业降低成本，提高市场竞争力。因此可以选择在互联网、报纸等媒体上发布信息。发布的信息内容要明确说明需要运输物品的属性、运送的体积大小、运送的频次、运送的数量等，并要求向承担企业运输任务的承运商提交企业的经营状况、运输资源等信息（主要是长期评审项目内容）。

（四）邀请承运商竞标

对有响应的承运商进行筛选，初选规模考虑为实际需要数量的3倍左右。对初选上的承运商，发出竞标邀请。

（五）与承运商进行洽谈

与出价比较合理并有意向结成伙伴关系的承运商洽谈。洽谈内容主要涉及短期评审项目内容。

（六）承运商评判

根据长短期项目评审内容，对承运商进行评判、打分。

（七）确定承运商并签订运输合同

确定承运商后，与之进行价格谈判，最后签订运输合同。运输合同也可以不马上签，先让其试运行，考察其短期运作水平，3 ~ 6个月后再考虑是否签订合同。

二、承运人的选择

（一）运输价格比较法

各承运人为了稳定自己的市场份额，都会努力提高服务质量，而随着竞争的日趋激烈，对于某些货物来说，不同的承运人所提供的服务质量基本上处于相同的水平，因此运价很容易成为各承运人的最后竞争手段。于是，作为货主或托运人在选择承运人时，面对几乎相同的运输服务质量，或对服务质量要求不是很高时，往往是对各承运人的运输价格进行横向比较，这时候运输价格就是选择承运人的一个重要指标。

（二）服务质量比较法

如果价格一样或接近，货主或托运人会根据享受到的运输服务质量来选择承运人。

1. 运输质量

运输所体现的价值是把货物从一个地方运送到另一个地方，完成地理上的位移，而无须对货物本身进行加工。但如果运输保管不当，就会对货物的质量产生影响。因此，客户在选择运输服务承运人时会将运输质量作为一个重要的因素来考虑。如要考查一个承运人的运输服务质量，就可以从运输工具的使用年限、新旧状态、装卸质量、承运方工作人员的经验及工作责任心、货物运输控制流程等方面加以评价。

2. 服务理念

除了对运输质量加以选择外，客户在面临运输服务的决策时，往往还会从以下几个方面来考查承运人的服务理念：

（1）运输的准班率。较高的准班率可以方便客户对货物的库存和发运进行控制，当然也为安排其接运等提供了便利。

（2）班次的间隔及车、船、飞机等的发货频率。合理的间隔可以方便客户选择托运的时间并安排发货的频率。

（3）单证的准确率。这是承运商整体素质的重要体现。

（4）信息查询的方便程度。不同的承运人除了提供运输以外，还在附加服务上进行投入，如价格查询、航班查询、货物跟踪等服务。

（5）货运纠纷的处理。无论承运人如何提高运输质量，改进服务水平，货运纠纷仍难免会发生，发生后如何及时圆满地处理是客户非常关心的一个问题。

由于运输技术及运输工具的发展，目前各承运人之间的运输质量差异正在缩小，为了吸引客户，承运人不断更新服务理念，以求与其他服务商有服务差异，为客户提供高附加值的服务，从而稳定自己的市场份额，增强竞争力。这也就为客户选择不同的服务提供了更多空间，客户可以根据自己的需要确定选择目标。

（三）综合选择法

更多的客户在选择运输服务时会同时考虑多个因素，如服务质量，运输价格，承运人的品牌、经济实力、服务网点数量等。客户可以根据自己的需要，调整不同因素的权重，然后做出决策。

 [例题2]

甲公司要从位于S市的工厂直接装运500台电视机送往位于T市的一个批发中心。这票货物价值150万元。T市的批发中心确定这批货物的标准运输时间为2.5天，如果超出标准运输时间，每台电视机每天的机会成本是30元。甲公司的物流经理设计了下述三个物流方案，请从成本角度评价这些运输方案的优劣。

（1）A公司是一家长途货物运输企业，可以按照优惠费率每千米0.05元/台来运送这批电视机，装卸费为每台0.10元。已知S市到T市的公路运输里程为1 100 km，估计需要3天时间才可以运到（因为货物装卸也需要时间）。

（2）B公司是一家水运企业，可以提供水陆联运服务，即先用汽车从甲公司的仓库将货物运至S市的码头（20 km），再用船运至T市的码头（1 200 km），然后再用汽车从码头运至批发中心（17 km）。由于中转的过程中需要多次装卸，因此整个运输时间大约为5天。询价后得知，陆运运费为每千米0.06元/台，装卸费为每台0.10元，水运运费为每百台0.6元/km。

（3）C公司是一家物流企业，可以提供全方位的物流服务，报价为22 800元。它承诺在标准时间内运到，但是准点的百分率为80%。

方案一：成本=（0.05×1 100+0.1×2）×500+30×500×0.5=27 600+7 500=35 100（元）

方案二：成本=（0.06×37+0.1×6+0.006×1 200+30×2.5）×500=42 510（元）

方案三：成本=22 800（元），可能追加成本=（2.5/0.8−2.5）×30×500=9 375（元），最高成本为32 175元。

最佳方案为方案三，因为该方案的成本最低。

三、运输服务价格谈判

在选择承运商运输服务时，企业要事先准备与之谈判相关要点，包括服务期望、运输时间、运输频率、运输可靠性和责任、价格、双方关系、持续时间等。其中运输服务价格谈判是非常重要的环节。在价格谈判之前，一定要有充分的准备，设定合理的目标价格，以此作为与承运商价格谈判的基础。除此之外，价格谈判还需注意的事项有以下几点：

1. 运输产品的特性、运输频率、数量、运送地点

对小批量、高运输频率的货物，其谈判的核心是交货期，要求其提供快速反应能力；对流水线、连续生产的大批量货物，谈判的核心是运输价格；对长距离、附加值低的货物，要考虑铁路运输、水路运输的可能性，谈判的核心仍是运输价格。

2. 运输市场状况和国家运输政策

运输市场供求状况决定运输价格。当市场运力紧张时，企业要提供较高的运输价格，才能谈判成功；相反，当运输市场处于买方市场时，企业可在谈判过程中获得较优的价格。此外，国家运输政策也是谈判要考虑的因素，如汽车运输谈判要以正常的装运水平进行，而不能以超载运输的成本考虑。

3. 全面考虑可能发生的运输费用

在运输过程中，除了发生的可预见费用（如运输费用和附加运输费用）外，还会发生一些不可预见费用，如货物突然散落所发生的费用等。这些费用可按总费用的15%折算，在谈判过程中承运商需要考虑相关情况。

4. 谈判双方"双赢"

一般来说，企业谈判都是要求承运商在满足服务要求下，尽量压价。但是，一定要保证承运商有合理的利润空间，否则承运商没有积极性来保证运输服务质量。一旦货物在运输过程中出现问题，交货期延长，企业的损失将不是谈判争得的价格能够补偿的。

5. 注重长期效用

价格谈判是一个持续的过程，每个承运商都有其对应的学习曲线，在提供运输服务一段时间后，其运输成本会持续下降。那么，企业在谈判时，从长期合作的角度出发，可要求承运商不断降低运输成本，促进其改进运输方案，企业亦可从中获益。

第五节
智慧物流

一、智慧物流的概念

微课：
智慧物流

"智慧物流"（Intelligent Logistics System，ILS）首次由 IBM 提出。IBM 于 2009 年提出建立一个面向未来的具有先进、互联和智能三大特征的供应链，通过

感应器、RFID标签、制动器、GPS和其他设备及系统生成实时信息的"智慧供应链"概念，紧接着"智慧物流"的概念逐渐延伸而出。与智能物流强调构建一个虚拟的物流动态信息化的互联网管理体系不同，"智慧物流"更重视将物联网、传感网与现有的互联网整合起来，通过以精细、动态、科学的管理，实现物流的自动化、可视化、可控化、智能化、网络化，从而提高资源利用率和生产力水平，创造更能丰富社会价值的系统。

智慧物流是利用集成智能化技术，使物流系统能模仿人的智能，具有思维、感知、学习、推理判断和自行解决物流中某些问题的能力。即在流通过程中获取信息从而分析信息做出决策，使商品从源头开始被实施跟踪与管理，实现信息流快于实物流。即可通过RFID、传感器、移动通信技术等让配送货物自动化、信息化和网络化。智慧物流是指通过智能硬件、物联网、大数据等智慧化技术与手段，提高物流系统分析决策和智能执行的能力，提升整个物流系统的智能化、自动化水平。

二、物联网与智慧物流

在智慧物流的管理过程中，充分体现出物联网技术的重要性。通过物联网的感应器，能够对重要的信息进行整合，并将信息存储到统一的平台中，利用这种方式进一步加强监督力度，为物流企业的战略性发展打下稳固基础。

物联网在智慧物流领域中得到越来越广泛的应用，主要体现在以下几方面。

（1）溯源保障。在医药、农产品、食品等领域，产品追溯在货物追踪、识别、查询、信息采集与管理等方面发挥着巨大作用，基于物联网技术的可追溯功能为产品质量与安全提供了保障。

（2）监控保障。基于GPS卫星导航定位技术、RFID技术、传感技术等，在物流过程中可以实时实现对车辆定位、运输物品监控、在线调度与配送，基于物联网技术的实时监控功能为产品质量与安全提供了保障。

（3）协同保障。基于传感器、RFID等物联网技术建立物流作业的智能控制和自动化操作网络，可以实现物流配送的全自动化，实现物流与生产联动，并与商流、信息流、资金流全面协同，为物流效率的提升提供了保障。

（4）预测保障。基于物联网技术升级智慧物流和智慧供应链的后勤保障网络系统，满足电商快速发展及智能制造等环境下产生的大量个性化需求与订单，帮助企业准确预测客户需求，提供预测保障。

三、大数据与智慧物流

智慧物流要求具备信息化、数字化、网络化、集成化、可视化等先进技术特征。最新的编码、定位、数据库、无线传感网络、卫星技术等高新技术的应用会产生海量数据，贯穿物流作业全过程。如何挖掘和分析这些海量数据，挖掘价值数据，提高智慧物流效率，是智慧物流大数据战略的核心所在。

智慧物流是以大数据处理技术为基础，利用软件系统使人与物流设备之间、设备与设备之间形成更加密切的结合，形成一个功能庞大的智慧物流系统，实现物流管理与物流作业的自动化与智能化。可以说，大数据技术是构建智慧物流的基础。

在"互联网+"的大环境下，智慧物流成为业界的一致追求，智慧物流的基础就是大数据相关技术。以大数据为基础的智慧物流，在效率、成本、用户体验等方面具有极大的优势，也从根本上改变了目前物流运行的模式，"双11"就是典型的案例。

随着大数据时代的到来，云计算和大数据技术通过大规模的物流数据挖掘新的商业价值，加速了对物流业的渗透，物流之争在一定程度上逐渐演变为大数据技术之争。

大数据在智慧物流中大有可为，如根据对用户的大数据分析，预测核心城市各片区主流单品的销量需求，提前在各个物流分站预先发货；根据历史销售数据和对市场的预测，帮助商家制订更精准的生产计划，帮助他们在合适的地区进行区域分仓等。从物流网点的智能布局，到运输路线的优化；从装载率的提升，到最后一公里的优化；从公司层面的决策，到配送员的智能推荐等，从点到面，大数据逐步提升智能化水平。合理地运用大数据，将对物流企业的管理与决策、客户关系维护、资源配置等起到积极作用。

习题与训练

一、名词解释
联合运输　图上作业法　表上作业法

二、单项选择题
1. 以下（　　）不属于营运车辆为进行运输生产而发生的车辆费用。

    A. 管理人员工资及福利基金　　　　B. 燃料

    C. 轮胎　　　　　　　　　　　　D. 折旧

2. 影响运输成本的最主要因素是（　　）。

    A. 距离　　　　　　　　　　　　B. 装载量

    C. 市场因素　　　　　　　　　　D. 产品密度

3. 以下基本运输方式中，运输最可得的是（　　）。

    A. 公路运输　　　　　　　　　　B. 铁路运输

    C. 水路运输　　　　　　　　　　D. 航空运输

4. 水果、电子产品、宝石等商品适宜选择的运输方式是（　　）。

    A. 公路运输　　B. 铁路运输　　C. 水路运输　　D. 航空运输

5. 关于运输服务的选择，以下说法不正确的是（　　）。

    A. 服务质量很容易成为承运人的最后竞争手段

    B. 运输价格很容易成为承运人的最后竞争手段

    C. 客户一般会同时考虑运输服务质量和运输价格因素

    D. 承运人服务质量应从运输工具、工作责任心等多方面加以评价

三、多项选择题

1. 影响运输成本的因素包括（　　）。

    A. 距离　　　　B. 装载量　　　C. 产品密度

    D. 配积载能力　E. 装卸搬运

2. 铁路运输的成本特征包括（　　）。

    A. 固定成本高　B. 可变成本高　C. 能够实现规模经济

    D. 固定成本低　E. 可实现"门到门"的服务

3. 影响运输方式选择的因素包括（　　）。

    A. 商品性能特征　　　　　B. 运输速度和路程

    C. 运输的可得性　　　　　D. 运输的一致性

    E. 运输费用

4. 关于五种基本运输方式的特点，以下说法正确的是（　　）。

    A. 飞机运价最昂贵　　　　B. 轮船运价最便宜

    C. 管道运输速度最快　　　D. 汽车运量最多

    E. 火车运输最灵活

5. 以下说法正确的是（　　）。

    A. 图上作业法能求出最小运输费用或最大运输效率

    B. 表上作业法能求出最小运输费用或最大运输效率

    C. 图上作业法解决费用最省的问题

    D. 表上作业法解决费用最省的问题

    E. 图上作业法较表上作业法能更好地进行运输线路选择

四、简答题

1. 简述运输成本项目的构成内容。

2. 简述运输成本的影响因素。

3. 选择运输方式时需要考虑哪些因素？

4. 运输服务的选择有哪些方法？

5. 简述物联网在智慧物流中的应用。

案例讨论

案例1

某公司从甲地向乙地某配送中心运输150台计算机监视器，其价值为292 500元，其转运确定的标准中转时间为2.5天，如果超出标准时间，每台监视器每天的机会成本为48元。现有以下三个运输方案：

1. A是一家长途卡车货运公司，可以按照合同费率，每车每千米12元来装运这批监视器。从甲地到乙地为1 940千米。A公司估计能够在3天内把这票货物送到目的地。一辆卡车能装载192台监视器。

2. B公司是一家铁路公司，能够在工厂的站台提取货物，然后直接送到指定地点。每车收取12 000元，但要5天时间。

3. C公司是第三方承运人，可以利用公路和铁路两种运输。它用卡车在工厂提货，然后送到一家联运铁路站，在那里拖车装到平板车上，再运输到乙地的一个联运铁路站，再用卡车送往配送中心。它的报价是2万元，时间是2.5天。但根据以往经验，有3%的产品灭失损坏，要弥补这些损失很难，通常只能得到33.3%的补偿。

案例研讨：

1. 讨论客户在进行运输服务选择时，可以采取哪几种方法？

2. 请从成本角度评价三种方案的优劣。

案例2

有某物资7 t，从发出点A1，A2，A3发出，发量分别为3 t，3 t，1 t；运往收点B1，B2，B3，B4，收量分别为2 t，3 t，1 t，1 t，收发量平衡，交通图如下图。

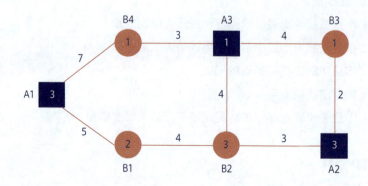

案例研讨：

1. 讨论图上作业法的步骤。

2. 请问应如何调动，才使吨千米最小？

本章综合实训

一、实训名称

不同运输方式成本的比较。

二、实训目标

1. 通过实际调查使学生全面认知运输企业的运作管理。

2. 了解企业不同运输方式的决策与管理流程。

3. 培养学生调查、收集、整理相关信息的能力。

三、实训内容

1. 运输成本项目内容。

2. 运输成本影响因素。

3. 运输方式选择的考虑因素。

4. 运输服务的选择。

5. 运输管理工作内容。

四、实训步骤

1. 以小组为单位到企业进行调查，要求被调查企业采用两种以上不同的运输方式。注意企业运输成本、运输收益、运输效益等信息的收集。

2. 重点了解企业运输决策与管理流程。

3. 以小组为单位讨论企业运输管理现状并提出改进的意见。

五、评价标准

1. 掌握运输成本项目的内容。

2. 了解运输成本的影响因素。

3. 熟悉运输方式选择的考虑因素。

4. 了解运输服务选择的办法。

5. 熟悉企业运输决策与管理的内容。

六、成果形式

1. 以小组为单位写出调查分析报告。

2. 组织召开一次交流讨论会。

3. 根据分析报告和个人在交流中的表现进行成绩评估。

参考文献

［1］ 井颖，季永青．运输管理实务 [M]．3版．北京：高等教育出版社，2014.

［2］ 赵泉午，卜祥智．现代物流管理 [M]．北京：清华大学出版社，2018.

［3］ 彭秀兰．道路运输管理实务 [M]．3版．北京：机械工业出版社，2020.

［4］ 傅莉萍．集装箱运输管理 [M]．北京：清华大学出版社，2018.

［5］ 中国物流与采购联合会，中国物流学会．中国物流发展报告（2018—2019）[M]．北京：中国财富出版社，2019.

［6］ 阎子刚．物流运输管理实务 [M]．3版．北京：高等教育出版社，2014.

［7］ 仪玉莉．运输管理 [M]．3版．北京：高等教育出版社，2018.

［8］ 毛宁莉．运输作业实务 [M]．2版．北京：机械工业出版社，2017.

［9］ 刘徐方，梁旭，张如云．物流成本管理 [M]．2版．北京：清华大学出版社，2016.

［10］ 冯耕中．物流成本管理 [M]．2版．北京：中国人民大学出版社，2014.

［11］ 余霞，石贵舟．运输管理实务 [M]．北京：人民邮电出版社，2012.

［12］ 刘雅丽，罗颖．集装箱运输管理实务 [M]．北京：人民邮电出版社，2011.

［13］ 徐家骅．物流运输管理实务 [M]．2版．北京：北京交通大学出版社，2017.

［14］ 江建达，李佑珍，颜文华．物流运输管理——理论、实务、案例、实训 [M]．3版．大连：东北财经大学出版社，2018.

［15］ 夏洪山．现代航空运输管理 [M]．北京：科学出版社，2019.

▌主编简介

　　井颖，副教授，高级物流师，研究生学历。从教15年来，一直致力于物流管理专业的教学研究。目前担任山东商业职业技术学院工商管理学院副院长，主要研究方向为物流管理。国家级共享资源课程《物流设备操作实训》、省级精品课《物流信息技术实务》主讲教师。多次指导学生参加物流技能大赛并获奖。出版专著《物流园区规划理论与实践》，主编国家规划专业教材2本，主编4本、参编7本专业教材。发表《物流园区选址问题分析》等多篇专业领域的核心论文。承担"山东省物流园区规划建设分析"等多项课题研究。曾作为物流管理专业主要负责人带领团队成功申报山东省省级品牌专业、山东省省级教学团队，申报并完成中央财政支持高等职业学校重点专业建设项目。

　　乔骏，副教授，国家高级采购师，毕业于法国巴黎埃夫里大学国际采购及商品流通学专业，工程管理硕士。现任山东商业职业技术学院智能冷链专业部副主任。拥有多年海外工作经历，曾任职于法国欧尚集团（AUCHAN，世界500强企业）、法国POLYSOLDES公司等，主要从事物流、采购与供应链管理工作。现任全国物流职业教育教学指导委员会校企合作专委会委员。

　　曾获省级教学调研活动一等奖一项，发表核心及国家级论文十余篇，主持或参与国家级、省级教研课题十余项，主编"十二五"职业教育国家规划教材一部。2012年，作为国家共享资源课程《物流设备操作实务》主讲教师。作为执笔人完成冷链物流技术与管理专业国家教学标准，荣获2017年度全国物流职业教育教学成果奖二等奖。2018年，指导学生参加山东省职业院校技能大赛（高职组）"智慧物流作业方案设计与实施"赛项，荣获一等奖。2019年，特聘为物流管理职业技能等级证书培训教师（中级）。担任2019年全国职业院校技能大赛中职组现代物流综合作业赛项裁判员。

郑重声明

高等教育出版社依法对本书享有专有出版权。任何未经许可的复制、销售行为均违反《中华人民共和国著作权法》，其行为人将承担相应的民事责任和行政责任；构成犯罪的，将被依法追究刑事责任。为了维护市场秩序，保护读者的合法权益，避免读者误用盗版书造成不良后果，我社将配合行政执法部门和司法机关对违法犯罪的单位和个人进行严厉打击。社会各界人士如发现上述侵权行为，希望及时举报，我社将奖励举报有功人员。

反盗版举报电话　（010）58581999　58582371

反盗版举报邮箱　dd@hep.com.cn

通信地址　北京市西城区德外大街4号　高等教育出版社法律事务部

邮政编码　100120

读者意见反馈

为收集对教材的意见建议，进一步完善教材编写并做好服务工作，读者可将对本教材的意见建议通过如下渠道反馈至我社。

咨询电话　400-810-0598

反馈邮箱　gjdzfwb@pub.hep.cn

通信地址　北京市朝阳区惠新东街4号富盛大厦1座　高等教育出版社总编辑办公室

邮政编码　100029

防伪查询说明

用户购书后刮开封底防伪涂层，使用手机微信等软件扫描二维码，会跳转至防伪查询网页，获得所购图书详细信息。

防伪客服电话　（010）58582300

网络增值服务使用说明

授课教师如需获取本书配套教辅资源，请登录"高等教育出版社产品信息检索系统"（http://xuanshu.hep.com.cn/），搜索本书并下载资源。首次使用本系统的用户，请先注册并进行教师资格认证。

高教社高职物流专业QQ群：213776041

高等职业教育
商科类专业群
新专业教学标准体系

电子商务类专业

- 国际商务文化与礼仪
- 客户服务与管理
- 电子商务物流
- 商品信息采集
- 电子商务文案写作
- 电子商务内容运营
- 电子商务基础
- 网络营销
- 选品与采购
- 电子商务法律法规
- 跨境电子商务基础
- 移动商务基础

市场营销类专业

- 市场营销
- 商品学基础
- 商务礼仪
- 消费者行为分析
- 市场调查与分析
- 市场营销策划
- 商务谈判与沟通
- 现代推销技术
- 广告原理与实务
- 品牌推广与管理
- 销售管理
- 渠道管理

网店运营管理
网店视觉营销
网店客户服务

新媒体营销
移动营销

新商科

商务数据分析与应用

跨境电子商务进出口实务
跨境电子商务推广

物流类专业

- 现代物流管理
- 智慧物流实训
- 供应链管理基础
- 物流法律法规
- 仓储与配送管理
- 采购与供应链管理
- 物流成本管理
- 物流营销
- 运输管理
- 物流信息管理
- 物流设施设备
- 国际货运代理

经济贸易类专业

- 外贸风险管理
- 跨境电商B2B实务
- 跨境电商B2C实务
- 报关与报检实务
- 国际商法
- 实用商务英语
- 国际贸易实务
- 进出口业务操作
- 外贸单证操作
- 外贸跟单操作
- 国际结算操作
- 外贸英文函电

电子商务类专业　　市场营销类专业　　新商科　　物流类专业　　经济贸易类专业